AGRUPAMENTO DE ESCOLAS

INDUÇÃO POLÍTICA E PARTICIPAÇÃO

MANUEL FLORES

AGRUPAMENTO DE ESCOLAS

INDUÇÃO POLÍTICA E PARTICIPAÇÃO

ALMEDINA
1955-2005

AGRUPAMENTO DE ESCOLAS

AUTOR
MANUEL FLORES

EDITOR
EDIÇÕES ALMEDINA, SA
Rua da Estrela, n.º 6
3000-161 Coimbra
Tel.: 239 851 904
Fax: 239 851 901
www.almedina.net
editora@almedina.net

EXECUÇÃO GRÁFICA
G.C. – GRÁFICA DE COIMBRA, LDA.
Palheira – Assafarge
3001-453 Coimbra
producao@graficadecoimbra.pt

Novembro, 2005

DEPÓSITO LEGAL
232393/05

AGRADECIMENTOS

Gostaria de agradecer a todos os membros do *Agrupamento Azul*, pela disponibilidade e entusiasmo com que acederam ao convite para participar neste estudo.

Quero também exprimir a minha gratidão ao Professor Doutor Almerindo Janela Afonso, pela disponibilidade que sempre me dispensou, pelas sugestões teóricas e metodológicas, pelas críticas e conselhos sempre oportunos num espírito de rigor científico, mas também de amizade e compreensão.

Gostaria de realçar ainda a preciosa colaboração do Prof. Doutor Ken Adey, da Universidade de Nottingham (Reino Unido), do Prof. Doutor Rufino González, da Universidade de Santiago de Compostela (Espanha) e também do Prof. Doutor Jean Danrey, da Universidade de Bourgogne – Dijon (França) pela validação dos dados relativos à organização dos sistemas educativos e administração das escolas nos respectivos países e pelo esclarecimento de algumas dúvidas que foram surgindo neste contexto.

Ao Sérgio, com quem partilhei algumas inquietações e reflexões, testemunhando a forte amizade construída.

Agradeço aos meus pais, pela dedicação carinhosa, aos meus irmãos, à Noélia e ao Pedro, pelo carinho e compreensão incondicionais.

A meus pais, Artur e Ilda
Aos meus irmãos
À Noélia e ao Pedro

PRINCIPAIS SIGLAS UTILIZADAS

AE	–	Assembleia de Escola
AR	–	Assembleia da República
CA	–	Conselho Administrativo
CAA	–	Conselho de Acompanhamento e Avaliação
CAE	–	Centro de Área Educativa
CE	–	Conselho Executivo
CEE	–	Comunidade Económica Europeia
CDT	–	Conselho de Directores de Turma
CNE	–	Conselho Nacional de Educação
CP	–	Conselho Pedagógico
DL	–	Decreto-Lei
DRE	–	Direcção Regional de Educação
CRSE	–	Comissão de Reforma do Sistema Educativo
FENPROF	–	Federação Nacional de Professores
GMS	–	*Grant Maintained Schools*
GT	–	Grupo de Trabalho
LBSE	–	Lei de Bases do Sistema Educativo
LEA	–	*Local Education Authorities*
LMS	–	*Local Management of Schools*
ME	–	Ministério da Educação
OCDE	–	Organização para a Cooperação Económica e para o Desenvolvimento
PS	–	Partido Socialista
PSD	–	Partido Social Democrata
SAE	–	Serviços de Administração Escolar

TEIP – Territórios Educativos de Intervenção Prioritária
UE – União Europeia
UNESCO – *United Nations Educational, Scientific and Cultural Organization*
ZEP – *Zones d'Éducation Prioritaires*

PREFÁCIO

Numa sociedade democrática, supostamente aberta e pluralista como a nossa, em que, ao contrário do que seria de esperar, são ainda frágeis os instrumentos e lugares de concertação social na área da Educação, e em que, por razões diversas, as próprias políticas governamentais, em geral, apresentam uma textura cada vez mais híbrida e heterogénea, não é estranho que várias tensões e *mandatos* contraditórios estejam inscritos nos discursos, textos, orientações, decisões e medidas legais e regulamentadoras das políticas educativas públicas, daí decorrendo, embora não exclusivamente, expectativas e constrangimentos que se tornam mais explícitos nas práticas que se desenvolvem e actualizam em contextos escolares e locais, também estes, de algum modo, atravessados, de uma forma mais ou menos visível, por ambiguidades, contradições e (in)definições várias.

De entre os muitos (e novos) factores que podem ser convocados para explicar a actual crise da Escola pública, certamente um deles diz respeito ao confronto com tensões e *mandatos* contraditórios, os quais, por sua vez, são fortemente ampliados pela crescente incapacidade da Escola equacionar e gerir esses distintos *mandatos* num contexto adverso, marcado pela retracção da autonomia relativa do Estado--nação e do seu poder de regulação económica e social e pela simultânea expansão, a todos os níveis, dos efeitos das ideologias neoconservadora e neoliberal, vinculadas, por um lado, a valores de maior controlo social e, por outro, manifestamente indutoras de estratégias de privatização e mercadorização, quer dos serviços públicos, em particular, quer da vida social, em geral. Neste sentido, um dos aspectos que interessa salientar é, sobretudo, a crise de legitimidade do Estado nacional e das suas formas tradicionais de actuação (ainda, aliás, amplamente conhecidas e actualizáveis há poucas décadas atrás) e, consequentemente, interessa também referenciar a crise de legitimidade da Escola pública, tutelada e administrada por esse mesmo Estado.

Por isso, lidar com esta crise de legitimidade tem implicado o recurso a novas estratégias de actuação, nomeadamente nas relações entre o *centro* do sistema educativo e as suas *periferias*. Assim, por exemplo, a função de controlo social, baseada, em grande medida, no uso de instrumentos de *violência simbólica* por parte da Escola pública estatal, tem que ser agora articulada, ainda que contraditória e provisoriamente, com a função de desregulação e (re)regulação, passando esta articulação a exigir, nomeadamente, o uso de novas formas de legitimação das decisões políticas, mais frequentemente baseadas em protocolos de colaboração e parcerias várias entre o poder central e as instâncias regionais, locais e comunitárias. Trata-se, por isso, em situações muito diversas e acompanhadas da retórica da descentralização e de (aparente) reconhecimento de autonomia, de convocar os actores educativos locais e institucionais para que eles assumam uma parte das responsabilidades das decisões políticas que, no entanto, continuam a ser exclusivamente centrais. Esta é, entre outras, uma das razões subjacentes aos crescentes apelos à ideia de *comunidade* (e *comunidade educativa*) e, mais amplamente, à participação da chamada sociedade civil para que estas cubram alguns dos défices (sobretudo financeiros e organizacionais) decorrentes da retracção do Estado central. Mas, paradoxalmente, em consequência da criação dos *agrupamentos de escolas* como novas e mais complexas organizações educativas, é a própria representação social de *comunidade educativa* (frequentemente fluida nos seus contornos e escassa em conteúdos e possibilidades) que corre o risco de se esvaziar ainda mais como resultado da ampliação contraditória das novas heterogeneidades espaciais, identitárias, temporais, curriculares, culturais e motivacionais.

Por outro lado, se tivermos em mente algumas das decisões mais recentes, nomeadamente a interrupção (autoritária) da *horizontalidade voluntária* e a *imposição burocrática da verticalidade* na constituição dos *agrupamentos de escolas* (pelo menos de alguns, por enquanto), verificamos, no mesmo sentido atrás referido, a retracção evidente de alguns elementos constitutivos do *princípio da comunidade* e, consequentemente, a presença de uma lógica de desvalorização das *colegialidades solidárias* e, mesmo, de outros princípios de justiça, cidadania e igualdade, estruturantes do *domínio público*. Estas últimas dimensões políticas e educacionais são incongruentes, como sabemos, com formas gestionárias especialmente especializadas nos princípios da eficiência, da racionalidade instrumental, da quantificação e do controlo (e mais distantes e mais anónimas), estas sim, destinadas a ser indutoras de mudanças *neotayloristas* voltadas para reforçar os mecanismos de crescente individualização de responsabilidades nas formas (e conteúdos) das relações e interacções entre os diversos actores educativos e, particularmente, nas formas de trabalho docente e discente. Por isso, os processos de constituição dos *agrupamentos de escolas* não parecem iniciar em consequência de decisões políticas informadas e induzidas por um impulso de democratização social e educacional da escola pública. Ao contrário, mesmo que alguns actores individuais e colectivos deles se tenham apropriado com intencionalidades diversas, eles parecem ser sobretudo resultado de medidas administrativas neoliberais que esfacelam a centralidade e identidade da Escola pública, assim contribuindo para acentuar a sua crise actual.

Reler a sugestiva (e muito oportuna) dissertação de mestrado de Manuel Flores, algum tempo depois de ter acompanhado o bem sucedido percurso da sua elaboração e apresentação pública, permitiu-me agora um outro olhar (que acima procurei sintetizar) sobre os *agrupamentos de escolas*. Este olhar, muito provisoriamente enunciado, inscreve-se na mesma linha de análise crítica sobre a Escola e, obviamente, é tributário, em primeiro lugar, dos elementos teórico--conceptuais e dados empíricos convocados originariamente por Manuel Flores, os quais ajudaram a interpretar, de forma persistente e sustentada, o processo de construção e "indução política" de um *agrupamento de escolas* e, nesse âmbito, particularmente, foram indispensáveis para aquele investigador reconstituir, com perspicaz sentido sociológico-organizacional, alguns dos impasses, indefinições e dilemas da participação (e não participação) a nível institucional e local. Se outras razões não houvesse (mas há), este contributo, só por si, seria suficiente para justificar a publicação deste trabalho e recomendar a sua leitura.

Braga, Outono de 2004

ALMERINDO JANELA AFONSO

INTRODUÇÃO

O trabalho que aqui apresentamos traduz uma parte da investigação desenvolvida no âmbito da realização do Mestrado em Educação, na área de especialização em Organizações Educativas e Administração Educacional e pretende ser um contributo para a discussão de algumas questões relacionadas com a governação das escolas, que poderão ajudar a explicar a actual crise da Escola pública.

A evolução recente ocorrida nos sistemas educativos, quer no nosso país, quer nos países vizinhos pertencentes à União Europeia, designadamente Inglaterra, França e Espanha, tem sido marcada, não obstante os contornos próprios e especificidades históricas de que cada país se reveste, por uma progressiva transferência de competências e poderes de decisão das estruturas centrais do Ministério da Educação para as suas unidades periféricas, com a consagração, mais ou menos explícita, da autonomia das escolas.

Em Portugal, tradicionalmente servido por um aparelho administrativo fortemente centralizado, parece-nos possível identificar contornos algo contraditórios no que se refere a políticas de descentralização e democratização da administração da educação visíveis na existência de elementos aparentemente pouco compatíveis com esta(s) lógica(s). De igual modo, a(s) reforma(s) ocorridas no nosso país ao nível do sistema educativo e, em especial, no que diz respeito à administração das escolas, têm sido caracterizadas por algumas descontinuidades entre o plano das intenções e o plano da concretização que se manifestam em movimentos, aparentemente contraditórios, de "centralização" e "recentralização", mais do "tipo processual e implementativo" (Lima, 1999a).

Neste sentido, a nossa opção em centrar o presente trabalho na análise das estruturas escolares de topo de um agrupamento de escolas, designadamente, dos seus órgãos de "direcção" e "gestão", tem subjacente, para além dos aspectos já referidos, motivações de natureza pessoal, de relevância organizacional e de actualidade da temática. Deste modo, para além da motivação intrínseca, que a problemática da governação das escolas sempre nos suscitou, também nos pareceu oportuno avaliar as razões pelas quais o órgão de gestão (Conselho Executivo) continua a ter uma grande centralidade, apesar de o actual quadro legal de autonomia, administração e gestão das escolas (Decreto-Lei n.º 115-A/98) remeter para a existência da Assembleia de Escola que assumiria as funções de "direcção", constituindo, por conseguinte, um órgão mais político, ao qual caberia a definição dos pressupostos e orientações para a acção.

Deste modo, num contexto de "autonomia consagrada", parece-nos ainda pertinente verificar o grau de distanciamento desta em relação à autonomia efectiva – "autonomia praticada" (Lima, 1998a). Assim, e apesar de a autonomia ter sido inscrita na agenda política através do oficialmente designado "regime de autonomia, administração e gestão dos estabelecimentos da educação pré-escolar e dos ensinos básico e secundário" (Decreto-Lei n.º 115-A/98, de 4 de Maio) e de este ter institucionalizado a "entrada" de novos actores na escola (com quem é necessário partilhar a concepção e realização de decisões políticas locais), considerámos relevante e oportuno focalizar a nossa análise no alcance que estas iniciativas tiveram, e verificar até que ponto os "novos actores escolares" participam na tomada de decisão das políticas locais.

É nossa convicção que uma escola democrática não pode acontecer sem a promoção de mecanismos facilitadores de reconhecimento e de participação efectiva e equitativa de todos os intervenientes, rejeitando todas e quaisquer formas de segregação. Aliás, como sustenta Licínio Lima, "a construção da escola democrática constitui, assim um projecto que não é sequer pensável sem a participação activa de professores e de alunos, mas cuja realização pressupõe a participação democrática de outros sectores e o exercício da cidadania crítica de outros actores, não sendo, portanto, obra que possa ser edificada sem ser em co-construção" (Lima, 2000a, p. 42).

O presente trabalho pretende analisar, numa perspectiva organiza-cional, as práticas de "direcção" e "gestão" de um agrupamento de escolas. Estes conceitos, analiticamente distintos, são objecto de con-ceptualização teórica, a partir das propostas realizadas no âmbito da Comissão de Reforma do Sistema Educativo. Para Lima (1988a, p. 160), "a direcção ocupa-se principalmente da definição de políticas, de valores e de orientações gerais, ao passo que a gestão é predominan-temente a execução daquelas políticas e orientações, a organização dos elementos humanos e materiais, a coordenação e a avaliação, por forma a realizar os objectivos fixados pela direcção".

A implementação do Decreto-Lei n.° 115-A/98, de 4 de Maio, parece, aparentemente, apontar para a existência de órgãos com atribui-ções que recaem na conceptualização anterior, ou seja, considera-se a Assembleia de Escola como "[...] o órgão responsável pela definição das linhas orientadoras da actividade da escola, [...] (cf. art.° 8.°) e remete-se para o Conselho Executivo, de entre outras, a função de "submeter à aprovação da assembleia o projecto educativo da escola" e ainda a elaboração do "projecto de orçamento, de acordo com as linhas orientadoras definidas pela assembleia". Deste modo, daqui inferimos que a Assembleia de Escola se reveste, em termos teóricos, de um carácter eminentemente político, enquanto o Conselho Exe-cutivo é remetido para um plano técnico de execução. Contudo, no "plano da acção organizacional" (Lima, 1998b), no domínio das práti-cas, tal parece não acontecer. Neste contexto, a Assembleia de Escola não dispõe de mecanismos capazes para pôr em prática tais intenções, não podendo assumir-se como o órgão de "direcção" das escolas, uma vez que tem de competir, em desigualdade, com a administração cen-tral que define as regras do jogo. Por outro lado, num quadro de "autonomia decretada" (essencialmente instrumental), havendo lugar à tomada de decisões, estas são mais frequentemente assumidas pelo Conselho Executivo do que pela Assembleia de Escola, funcionando esta, muitas vezes, como instância consultiva e legitimadora das deci-sões já tomadas noutros contextos.

Como sustenta Barroso *et al.* (2002), curiosamente a imagem que passa da Assembleia de Escola é de que "[...] existe uma diferença substancial entre a definição abstracta sobre o estatuto e funções deste órgão e a definição concreta que cada participante dá da assembleia a que pertence" (p. 109). E acrescenta que "[...] elas pouco debatem as questões centrais da política da escola, não explicitam ou definem, prévia e articuladamente, as orientações gerais para a elaboração dos instrumentos fundamentais de gestão (como sejam o projecto educativo, o plano de actividades, o orçamento, o regulamento, etc.), limitando-se muitas vezes a um ritual de aprovação (*'levanta e baixa o braço'*) de decisões tomadas noutros locais" (p. 110).

O cenário que acabámos de traçar permite-nos destacar um conjunto de inconsistências na relação entre o plano jurídico-normativo e o "plano da acção" no contexto da acção organizacional onde as práticas são actualizadas. Por outro lado, "mesmo quando a autonomia das escolas não se encontra juridicamente consagrada e formalmente reconhecida e regulamentada" [...], "os actores escolares não se limitam ao cumprimento sistemático e integral das regras hierarquicamente estabelecidas por outrem, não *jogam* apenas um jogo com as regras dadas *a priori, jogam-no* com a capacidade estratégica de aplicarem selectivamente as regras disponíveis e mesmo de inventarem e construírem novas regras" (Lima, 1998a, p. 582).

Ao tentar dar resposta ao problema aqui identificado, torna-se necessário proceder a uma abordagem holística sobre as práticas de "direcção" e "gestão" num contexto organizacional escolar específico, no sentido de tentar desvelar empiricamente até que ponto os actores locais recriam, reinterpretam, se aproximam ou se afastam dos modelos decretados, isto é, de analisar a face não oficial da escola.

Capítulo I

A(S) REFORMA(S) DO SISTEMA EDUCATIVO EM PORTUGAL (1988-2002)

1. INTRODUÇÃO

Ao longo deste capítulo iremos dar conta das alterações do sistema educativo ocorridas em Portugal ao nível da administração e gestão das escolas, entre finais da década 80 e o fim do período da governação socialista, em 2002. Daremos especial relevo às propostas da Comissão de Reforma do Sistema Educativo (CRSE), à(s) iniciativa(s) surgidas do período de governação do Partido Social Democrata (PSD) – que se inicia em Novembro de 1995 (X Governo Constitucional) e termina com as eleições legislativas de 1995 – e, finalmente, à(s) iniciativas(s) levadas a cabo no período de governação do Partido Socialista de 1995 a 2002, ano em que volta ao poder o PSD, em coligação com o Partido Popular (PP), depois da queda do último Governo Socialista (XIV Governo Constitucional) originada pela demissão do então Primeiro Ministro (António Guterres) depois do fracasso eleitoral das eleições autárquicas, em Dezembro de 2001.

Neste capítulo, far-se-á uma breve resenha histórica da evolução do sistema educativo nos últimos anos, procurando-se recensear um conjunto de conceitos indispensáveis a uma análise sociológico-organizacional do actual modelo de autonomia, administração e gestão das escolas em Portugal (Decreto-Lei n.º 115-A/98, de 4 de Maio). Trata-se, portanto, de um capítulo síntese cujo objectivo fundamental consiste em enquadrar, histórica e politicamente, o actual modelo de administração das escolas, para uma melhor compreensão das suas práticas e as lógicas.

Procuraremos, assim, pôr em evidência algumas tendências da política educativa e das medidas emanadas dos governos, anteriormente referidos, colocando a tónica nas dimensões/funções de "direcção" e "gestão", que, em nosso entender, são indispensáveis a uma verdadeira vivência democrática no contexto de uma *cidadania organizacional* (Estêvão, 1999).

Tentaremos ainda dar conta da polissemia inerente a alguns conceitos no campo da educação, bem como a sua apropriação e "ressemantização" pelo discurso político como forma de legitimação de algumas iniciativas governamentais na agenda política na educação.

2. A ADMINISTRAÇÃO DO SISTEMA EDUCATIVO E DAS ESCOLAS EM PORTUGAL

No âmbito da reforma da administração das escolas, a concepção de novos modelos de gestão resulta de uma reforma mais ampla do próprio "sistema educativo", designadamente, a descentralização e a democratização da sociedade civil, no sentido de uma maior participação dos intervenientes no processo educativo. Os desenvolvimentos decorrentes do período pós-25 de Abril marcados pelas mutações do Estado português levaram, nas palavras de A. Afonso (1998, p. 204), ao "desenvolvimento recente do *Estado educacional (semi)periférico*".

A necessidade de elaborar uma Lei de Bases para o Sistema Educativo (LBSE) era consensual na sociedade portuguesa e já há muito tempo era reclamada. Assim, no discurso político a reforma do sistema educativo tornava-se, também, num imperativo face às exigências e aos novos desafios que o País enfrentava (Cavaco Silva, 1991).

Segundo Licínio Lima, a "LBSE, aprovada em 24 de Julho de 1986 pela Assembleia da República (Lei n.º 46/86, de 14 de Outubro), granjeou um significativo consenso entre partidos políticos e entre sectores educativos" (Lima, 1998a, p. 293). De acordo com Natércio Afonso, a "aprovação em 1986 da Lei de Bases do Sistema Educativo definiu as linhas gerais para a política educacional e a estrutura global do sistema escolar. Juntamente com os estudos da Comissão de Reforma, e com a estabilização política de 1987, estabeleceu um novo contexto para tomada de decisões da política educacional, proporcionando a primeira oportunidade, desde a Revolução de 1974, para elaboração e implementação de uma política global e sequencial." (N. Afonso, 1994, p. 115-116).

Almerindo J. Afonso caracteriza a reforma educativa como "um projecto político ainda marcado por valores (não esgotados) do período de forte democratização e de alguma expansão das políticas sociais, nomeadamente da fase mais recente de construção do Estado-providência, mas também como uma decisão já igualmente condicionada pelas supostas exigências de um outro período que então se inicia: aquele que corresponde à fase mais determinante da (re)definição do lugar de Portugal na economia mundial tendo em consideração sobretudo a sua inserção regional na então Comunidade Económica Europeia (CEE)". (Afonso, 1998, p. 204). A este propósito também António Teodoro salienta que a reforma educativa "[...] é considerada um elemento-chave na modernização da economia e uma condição para responder ao desafio da integração europeia" (Teodoro, 1994).

Deste modo, Almerindo J. Afonso sustenta que a reforma educativa aparece e desenvolve-se como "um projecto político extremamente ambíguo" e "[...] parece ter sido inscrita na agenda governamental de uma forma (relativamente) *voluntarista*, embora, por outro lado, se possa igualmente afirmar que ela surge como uma decisão de alguma maneira esperada face a alguns factores políticos e macro-económicos já há algum tempo em desenvolvimento na sociedade portuguesa". No entanto, o mesmo autor considera ainda a hipótese da "pressão de factores externos, que se faziam sentir em sectores específicos da sociedade portuguesa ou, pelo menos, cujas consequências estariam a ser antecipadas a nível do Estado, e já com reflexos na sua actuação política" (1997, p. 104).

Em relação a esses factores externos o autor referia-se concretamente à intervenção do Banco Mundial no financiamento do sistema educativo e ao relatório produzido pela OCDE, a qual produziu um importante relatório, severamente crítico, sobre a política educativa em Portugal e que terá ajudado a CRSE a identificar os problemas essenciais do sistema educativo português.

> "Neste sentido, e mesmo que outras razões não houvesse, seria sempre prudente afirmar que a reforma foi inscrita na agenda governamental, numa conjuntura particular como a que caracterizou a segunda metade da década de oitenta, de uma forma *relativamente voluntarista*, ou seja, como consequência de uma acção governamental não particularmente pressionada por factores que lhe são externos, embora esses factores, como se viu, estivessem também presentes" (A. Afonso, 1997, p. 105).

Neste contexto, foi criada a CRSE que, por sua vez, designou, entre outros, o Grupo de Trabalho (GT), formado por docentes da Área de Análise Social e Organização da Educação da Universidade do Minho, nomeadamente, João Formosinho, António Sousa Fernandes e Licínio Lima, no sentido de apresentar propostas de operacionalização da reforma no âmbito da administração das escolas. Não obstante a sua criação ter sido anterior à publicação da LBSE, as propostas do GT fundamentaram-se nas orientações globais daquele documento. Segundo Almerindo J. Afonso,

> "[...] trata-se de um dos projectos que mais expectativas sociais e políticas terá criado desde que se deu a constituição de um Grupo de Trabalho (GT), no contexto da Comissão de Reforma do Sistema Educativo (CRSE), com o objectivo de estudar as alterações ao modelo de 'gestão democrática das escolas', em vigor desde o 25 de Abril de 1974" (A. Afonso, 1994, p. 32).

Já no Projecto Global de Actividades da CRSE, quando se identificam os principais "pontos de crise do sistema" no plano administrativo, a "centralização" e o "gigantismo" do Ministério da Educação e Cultura, bem como a "inadequação dos actuais esquemas de gestão dos estabelecimentos de ensino superior e não superior, na perspectiva das instituições, da eficiência da gestão e da participação dos agentes educativos" surgem como aspectos fundamentais que careciam de soluções adequadas e eficazes. Neste sentido, a democratização da administração, a desconcentração e a descentralização, o reforço das competências das escolas e a "consolidação e enriquecimento qualitativo da gestão democrática dos ensinos básicos e secundário" (CRSE, 1988, p. 34) aparecem como áreas principais de incidência da reforma.

Foi com base nestes pressupostos, fundamentados na LBSE, que foram apresentadas e discutidas as (novas) propostas de administração dos estabelecimentos de ensino, sobre as quais reflectiremos de seguida.

2.1. Propostas de direcção e gestão dos estabelecimentos de ensino pela CRSE

As propostas apresentadas pelo Grupo de Trabalho, atrás referido, sustentam uma visão possível e congruente com a LBSE, que os próprios proponentes descreveram como sendo "uma arquitectura organizacional geral e não um organigrama completo, final" (Lima, 1988a, p. 154).

Com efeito, o GT definiu um conjunto de orientações essenciais a partir do qual foram apresentadas as propostas de direcção e gestão das escolas, das quais destacamos, pela pertinência que encerram relativamente à temática do presente trabalho, "assegurar o princípio democrático e participativo [...] envolvendo na direcção e gestão professores, alunos, famílias, autarquias e instituições locais"; "[...] apontar para uma progressiva especialização das funções de gestão, distinguindo claramente entre funções de direcção e funções de gestão" (Formosinho *et al*, 1988b, p. 156).

Neste sentido, os princípios da democraticidade e da participação, o reconhecimento da complexidade das escolas enquanto estruturas organizativas e a necessidade de uma gestão eficaz constituem os vectores fundamentais das propostas apresentadas que, tal como salienta o

GT, apontam para uma clara distinção entre funções de direcção e funções de gestão.

2.1.1. *Distinção entre Direcção e Gestão*

Os princípios gerais da administração das escolas básicas e secundárias, bem como a participação, a interacção escola/comunidade e a prevalência de critérios científicos sobre os administrativos, consagrados na LBSE, constituíram os fundamentos básicos das propostas apresentadas pelo Grupo de Trabalho, nomeadamente no que concerne à distinção entre "direcção" e "gestão".

A consagração dos princípios da *participação* e do reconhecimento das características das *comunidades locais*, apontando para uma relativa *autonomia*, da escola referenciados na LBSE, conduziu à definição de novos modelos de organização administrativa das escolas, uma vez que o modelo da gestão democrática se apresentava desajustado. No entender do Grupo de Trabalho, tais modelos teriam que pressupor claramente a distinção conceptual entre "administração", "direcção" e "gestão", sendo que a própria LBSE apontava já para essa distinção. Assim, a Direcção "ocupa-se principalmente da definição de políticas, de valores e de orientações gerais", enquanto que a Gestão "é predominantemente a execução daquelas políticas e orientações, a organização dos elementos humanos e materiais, a coordenação e a avaliação, por forma a realizar os objectivos fixados pela direcção" (Formosinho *et al*, 1988b, p. 155).

Licínio Lima, mais tarde acrescentaria ainda que se trata de "uma distinção analiticamente dicotómica, não antagónica" (1995c, p. 33).

> "[...] a distinção conceptual, do ponto de vista teórico, permite alguns resultados interessantes, isto é, só admitindo esta distinção é que fica mais claro que a direcção não tem estado tradicionalmente dentro da escola mas tem sido externa à escola. [...] a escola portuguesa tem uma direcção externamente localizada [...] é preciso recolocá-la, relocalizá-la dentro da escola. (Lima, 1995c, p. 33).

Nesta perspectiva, a direcção é fundamentalmente política e a gestão, acima de tudo, técnica. A primeira decide em relação a valores e orientações e deverá, por isso, garantir a participação de todos os interessados no processo, ao passo que à segunda será exigido, sobretudo, maior rigor na organização e execução. Nesta ordem de ideias, como refere o próprio GT, a expressão *gestão democrática* faz "pouco sentido sob o ponto de vista teórico, embora assuma um valor simbólico apreciável sob o ponto de vista político, no Portugal dos últimos anos" (Lima, 1988a, p. 160).

Em suma, a direcção (predominantemente política) deverá ser democrática e participativa, enquanto a gestão (essencialmente técnica) assumirá primordialmente uma função mais técnica e de execução, podendo traduzir-se num estilo de liderança mais ou menos democrático e participativo (cf. Lima, 1988a). No entender do Grupo de Trabalho, esse estilo de liderança, uma vez que depende de vários factores, não poderá ser imposto por decreto, mas conseguido através do exercício de uma formação adequada.

2.2. A emergência da profissionalização na gestão escolar: o caso português.

2.2.1. *"Para uma Direcção Democrática e uma Gestão Profissional"*

Partindo da distinção conceptual entre direcção e gestão, o GT propôs ainda, numa primeira fase, o conceito de "gestão profissional" (Lima, 1988a, p. 149), considerado como aspecto necessário face à complexidade e à exigência que estas funções encerram. A visão da escola como uma organização de direcção e gestão complexa (dada a incerteza intrínseca do processo educativo), a concretização do princípio da participação e a necessidade de uma maior eficácia ao nível da gestão dos estabelecimentos de ensino constituem os pressupostos-base dos quais decorre esta visão profissional da gestão, que, no dizer dos seus proponentes e designadamente de Licínio Lima, deve reflectir um maior grau de participação e democraticidade, que não se compadece com um "padrão incipiente e assumidamente amadorista" (Lima, 1988a, p. 158).

Neste sentido, e dada a complexidade e exigência inerentes às tarefas de gestão, as propostas do GT da CRSE apontam para a necessidade do desempenho "profissional" de tais funções por gestores escolares com uma formação sólida e adequada, tal como o exige o mundo moderno, na medida em que uma gestão feita "ao sabor das circunstâncias" ou do "amor à causa", apesar de louvável, é insuficiente:

> "Defendemos, portanto, a progressiva formação dos gestores escolares recrutados de entre professores com suficiente vivência e experiência escolares e com perfil e motivação para virem a integrar uma carreira" (Lima, 1988a, p. 158).

Esta visão "profissional" coloca a ênfase no nível de formação dos gestores, bem como na especificidade das funções de gestão, um pouco na linha da tradição anglo-saxónica, embora, neste caso, existam ainda outros critérios para a definição do "profissional da gestão". O mesmo grupo sublinhou também, de igual modo, a necessidade de criar condições para que as funções de gestão possam ser desempenhadas de forma mais eficaz e mais responsável, devendo ser reconhecidas tanto do ponto de vista social como material. Este é, aliás, um aspecto para o qual o GT chamou a atenção, pois a situação existente (por exemplo, nomeação de Presidentes de Conselhos Directivos, devido à ausência de apresentação de listas) condicionava os princípios democráticos e participativos.

No entanto, os elementos deste grupo de trabalho são peremptórios ao evidenciar a necessidade de uma formação especializada para o exercício das funções de gestão quando estabelecem a distinção entre "Direcção" e "Gestão": "insistimos na necessidade de promover uma direcção democrática e participativa, por um lado, e de uma gestão profissional, por outro" (Lima, 1988a, p. 160). A este conceito estão subjacentes os seguintes pressupostos: i) a gestão está subordinada à direcção e ii) a gestão administrativa à gestão pedagógica. O GT propõe, assim, um órgão de gestão unipessoal – o gestor pedagógico e administrativo – para assegurar o predomínio de critérios de natureza pedagógica sobre os administrativos e evitar situações de conflito pessoal ou institucional.

Dado que o modelo de direcção e gestão proposto já consagrava o princípio de participação democrática (através do órgão de direcção), as funções de gestão assuimir- -se-iam na sua vertente executiva, que exigia um "perfil adequado a competências profissionais específicas":

> "Por isso se reconhece a vantagem de dispor de gestores pedagógicos e administrativos de carreira, devidamente qualificados com cursos de pós-graduação em organização e gestão escolar, e sendo recrutados de entre professores com experiência, motivação e perfil adequados" (Lima, 1988a, p. 170).

Não obstante a descrição de várias possibilidades para a atribuição deste cargo, nomeadamente na ausência de pessoas com perfil adequado para o exercício de tais funções, não é totalmente definido o modo como esse processo deveria ocorrer. De facto, há alguma falta de clarificação por parte do GT no que se refere à forma de recrutamento do "gestor pedagógico e administrativo". Este gestor é sempre um professor efectivo ou um pedagogo de reconhecida competência, que é coadjuvado por dois adjuntos, um para os assuntos de natureza administrativa e outro para os de natureza pedagógica, nomeados pelo Conselho de Direcção, sob proposta do Gestor. Nesta perspectiva da "gestão profissional", ao Gestor seria ainda atribuído um funcionário administrativo para secretário da gestão (cf. Lima, 1998a, p. 170).

Ao gestor caberia a responsabilidade de executar as recomendações e deliberações de natureza pedagógica, administrativa e financeira, emanadas do Conselho de Direcção enquanto órgão colegial. Devido à sua responsabilidade em termos de gestão pedagógica, caberia ao gestor, por inerência, presidir ao Conselho Pedagógico.

FIGURA 1
Principais órgãos da escola (Proposta de Lima, 1988)

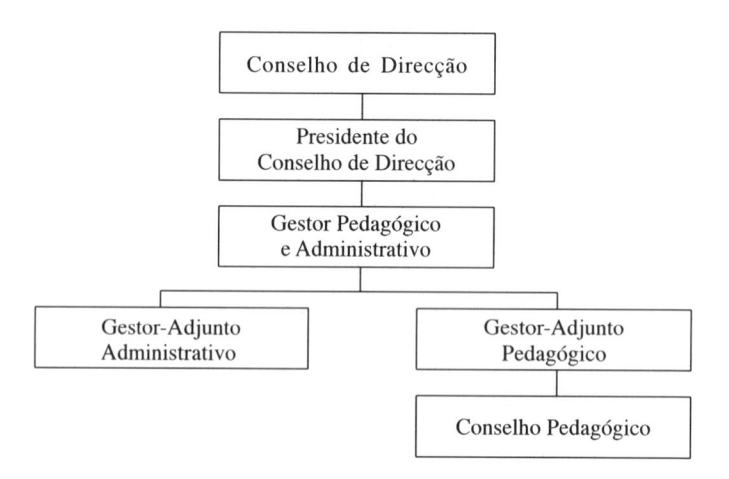

Fonte: Lima, 1988a, p. 193 (adaptado).

A estas propostas do GT sobre o regime de direcção e gestão dos estabelecimentos de ensino não superior foram tecidas críticas, sobretudo no que se refere à problemática da formação profissional do gestor, nomeadamente pela FENPROF, para quem a *gestão democrática* das escolas constitui um dos "factores determinantes na reforma do Sistema Educativo". E continua:

> "As propostas daqueles que ao arrepio da LBSE defendem a necessidade de criar a figura do gestor administrativo e pedagógico que assuma as competências dos Presidentes dos Conselhos Directivos e Pedagógicos, encontraram resposta adequada..." (Pestana,1988, p. 16).

Criticando a figura do gestor, o mesmo autor assumiu também que "Não há gestores que substituam professores" e acrescentou ainda que:

> "Nas sociedades e na Escola moderna, a prática tradicional da direcção individual está posta em causa e deu lugar à direcção colegial e democrática em que os eleitos respondem perante quem os elegeu" (*ibid.*, 1988, p. 16).

É de salientar, no entanto, que neste artigo se manifesta alguma imprecisão no uso dos termos direcção e gestão ignorando a distinção conceptual feita pelo GT. De um modo geral, o debate centrou-se em questões de pormenor (por exemplo, a participação ou não dos Pais no CP), relegando para plano secundário o essencial das propostas elaboradas que apontavam para a relevância de um órgão de direcção (Conselho de Direcção, órgão de participação por excelência) no interior de cada escola.

Face às críticas existentes em relação à figura do gestor, houve um certo recuo nas propostas apresentadas, e, em alguns casos, alterações substanciais, como foi visível no texto publicado em Janeiro de 1988, nos Documentos Preparatórios II, da Comissão de Reforma do Sistema Educativo. Aliás, os próprios elementos do GT reconheceram essas alterações, em entrevista concedida à FENPROF e publicada no jornal de Março/Abril de 1988. Sousa Fernandes reconheceu: "Sim, alterámos. Evoluímos da opinião inicial até agora. Evidentemente vão aparecer agora uma série de comentários, de críticas, de sugestões de alterações" (Fernandes, 1988b, p. 16). Os outros dois elementos do GT admitiram também que houve alguma reconsideração relativamente às propostas iniciais: "Já alterámos várias vezes as nossas posições" (Lima, 1988b, p. 16). "Registe-se apenas que desde os nossos trabalhos iniciais que vão ser publicados pela comissão de Reforma, até ao projecto final de 'Ordenamento' houve realmente algumas alterações" (Formosinho, 1988b, p. 16).

Relativamente a esta questão, Licínio Lima esclareceu mais tarde:

> "A ideia original é a de que se nós temos uma direcção forte em termos democráticos e participativos, dotada de poderes legítimos, de autonomia, é preciso que esta direcção não se veja enredada por aspectos técnicos e de implementação [...] Devo dizer, muito claramente, que hoje não defenderia uma gestão profissional nas escolas, não por uma questão de princípio mas porque a evolução desta reforma me veio esclarecer quanto aos perigos disso [...]" (Lima, 1995c, p. 33-34).

Mais recentemente, o mesmo autor, analisando as implicações da adopção de um modelo assente na figura do gestor profissional, chamou a atenção para a existência de uma possível subversão na medida em que este se poderia transformar num "verdadeiro comissário político-administrativo", acentuando ainda mais "o controlo centralizado-desconcentrado sobre as escolas", o que contraria "a defesa da autonomia e a política educativa centrada nas escolas" (Lima, 2003, p. 11).

Para Natércio Afonso, esta questão é vista como fundamental:

> "Só a partir do momento em que houver a perspectiva de um corpo de administradores escolares profissionais será possível pensar em descentralização e em desregulamentação. Do ponto de vista dos decisores políticos ao nível do Estado, passam a existir interlocutores fiáveis, sublinho que estou a falar de interlocutores, não estou a dizer que são mandaretes... Falo de profissionalização no sentido de serem gestores escolares, profissionais, mas isso não implica que não tenham de ter uma formação docente, que não tenham que ter experiência docente. Falo em profissionalização, não falo em gestores dependentes" (N. Afonso, 1995a, p. 40).

2.2.2. *"O modelo de direcção democrática e gestão técnica das escolas portuguesas"*

Os estudos realizados pelo GT, embora de uma forma individual, contribuíram para aprofundar o debate em torno das questões da direcção e gestão das escolas. Após um período de discussão pública, e novas orientações por parte da CRSE, o mesmo GT elaborou uma nova proposta colectiva, agora em forma de "ordenamento jurídico da direcção e gestão das escolas" (Formosinho *et al*, 1988b, p. 171). Embora mantendo os mesmos pressupostos, o modelo descrito na proposta de ordenamento jurídico, expresso nos Documentos Preparatórios II, apresenta algumas alterações face à proposta inicial, em virtude das críticas de que foi alvo. Contudo, como refere Licínio Lima, "não obstante as importantes diferenças, sobretudo estruturais e morfológicas, entre as duas propostas/grupos de documentos, verifica-se uma grande continuidade no plano dos princípios estruturantes, de resto com visível aprofundamento das questões ligadas à descentralização e à autonomia das escolas" (Lima, 1998b, p. 51). Assim, o órgão de direcção das escolas continua a ser designado *Conselho de Direcção*. Trata-se de um órgão democraticamente eleito e participativo por excelência (pais, docentes, não docentes, autarquia, entidades culturais, etc) e assume-se como o órgão mais importante que actua em concordância com as políticas nacionais e decide sobre matérias relevantes a nível administrativo e pedagógico.

Deste modo, e de uma maneira geral, ao *Conselho de Direcção* competiria orientar, coordenar e avaliar os órgãos de execução da escola, através de mecanismos de apreciação e aprovação, tanto dos planos de actividades, como dos respectivos relatórios. O órgão executivo das escolas, e dado que as suas funções assumem um cariz técnico, passaria a designar-se *Comissão de Gestão*, à qual competiria implementar o plano de actividades aprovado pelo Conselho de Direcção, e ainda, realizar a gestão quotidiana da escola. A designação agora encontrada não é completamente nova uma vez que já havia sido usada no período pós 25 de Abril pelo I Governo Provisório que "aprovou o Decreto-Lei n.º 221/74, de 27 de Maio, em que em dois curtos parágrafos introdutórios e em apenas cinco artigos se limitava a reconhecer e a legalizar retrospectivamente os órgãos de gestão já em funcionamento em várias escolas, [...]" (Lima, 1998a, p. 236). Assim, a figura do Gestor daria lugar a um órgão colegial de gestão constituído por três membros docentes.

Na proposta de ordenamento jurídico da direcção e gestão das escolas, parece ter havido algum recuo, ou pelo menos uma posição menos radical, quando se aborda a questão da profissionalização dos órgãos de gestão. Com efeito, a ideia dos "gestores de carreira" (referida nos textos iniciais) desaparece nesta proposta, embora se continue a reconhecer a especificidade destas funções que requerem "perfis adequados e competências profissionais específicas" (Formosinho *et al*, p. 161). De facto, a *comissão de gestão,* tal como é designada nesta proposta, desempenha funções predominantemente executivas, pelo que se exige uma "competência técnica", nomeadamente através de cursos de formação e pós-graduação em organização escolar, ideia aliás já reiterada na proposta inicial.

Em suma, na perspectiva do Grupo de Trabalho da CRSE, a gestão pedagógica e administrativa das escolas deveria ser realizada dentro de um quadro legal e com base nas orientações do Conselho de Escola, ficando, portanto, a gestão naturalmente subordinada ao Conselho de Direcção. Dada a natureza instrumental das actividades administrativas, estas estariam sempre subordinadas às actividades de natureza pedagógica.

FIGURA 2
Principais órgãos da escola
(Proposta do GT – Documentos Preparatórios II, 1988)

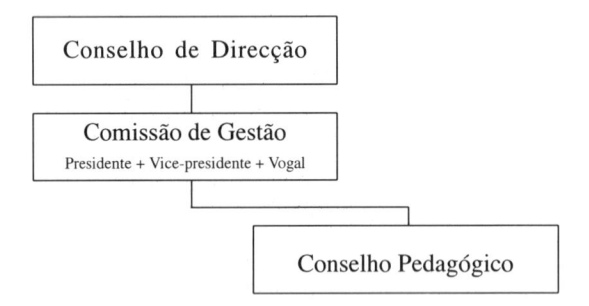

Desta forma, emergem alguns princípios fundamentais, dos quais destacamos: i) a distinção entre direcção e gestão; ii) a participação de todos os interessados na administração escolar; iii) a interacção institucional escola/comunidade: iv) a prevalência de critérios pedagógicos sobre os critérios de carácter administrativo.

Contudo, a FENPROF volta a criticar o modelo proposto alegando que "[...] insiste drasticamente no critério da 'nomeação', apresenta uma visão burocratizante e de democraticidade e participação restritas a um mero acto eleitoral de três em três anos desligado da vivência da escola, [...]" (cf. FENPROF, 1988, p. 13).

2.2.3. *Proposta Global da Comissão de Reforma do Sistema Educativo*

De um modo geral, a Proposta Global da Reforma incorpora as sugestões e recomendações do GT e entre outros aspectos, mantém-se a distinção entre direcção e gestão e reconhece-se a necessidade da competência técnica para a gestão pedagógica e administrativa (através da promoção de cursos e acções adequados). Por outro lado, são utilizadas as designações, também propostas pelo GT, nomeadamente Conselho de Direcção, Comissão de Gestão e Conselho Pedagógico.

Ao nível da gestão mantém-se a proposta apresentada, nos Documentos Preparatórios II – Comissão de Gestão – constituída por três elementos. Também o Conselho de Direcção seria constituído por um Presidente, um Vice-Presidente, professores eleitos, representantes de pais e encarregados de educação, representantes de alunos no ensino secundário, representante(s) do pessoal não docente, e ainda um representante da autarquia e representante(s) de associações e organizações sociais, económicas, culturais e científicas da comunidade local ou regional. Salientamos ainda que os elementos docentes, os do pessoal não docente e os encarregados de educação seriam eleitos numa lista única com base numa propositura e num programa de acção.

Quanto ao órgão de gestão (Comissão de Gestão), composta por três elementos, onde o Presidente e o Vice-presidente do Conselho de Direcção seriam por inerência, respectivamente o Presidente e o Vice--presidente da Comissão de Gestão e o Presidente do Conselho Pedagógico seria, de igual modo por inerência, vogal da Comissão de Gestão. Nesta proposta a representação da escola cabe ao presidente do Conselho de Direcção que por inerência é também o presidente da Comissão de Gestão.

Salientamos, ainda, a opção por um "Conselho Local de Educação", ("[...] órgão de consulta, apoio técnico e coordenação das actividades educativas de um município") (CRSE, 1988, p. 623), na sequência do que havia proposto Fernandes (cf. 1988a, p. 139). Contudo, em nosso entender, pelo seu carácter consultivo, insuficiente para uma administração que se pretendia menos centralizada.

De referir, no entanto, que as propostas apresentadas no âmbito da direcção e gestão das escolas não passaram disso mesmo, isto é, de meras propostas que foram relegadas para plano secundário no que diz respeito ao processo legislativo, uma vez que a solução apontada pelo Governo de Cavaco Silva parece orientar-se numa direcção distinta e paralela às propostas apresentadas pela CRSE.

Deste modo, é apresentado pelo Ministro da Educação (Roberto Carneiro) um projecto de decreto-lei com vista ao estabelecimento de um novo modelo de direcção, administração e gestão das escolas que, segundo o parecer do CNE, apesar de ter como antecedentes os trabalhos realizados no âmbito da CRSE, "a solução apontada pelo Governo e constante do projecto em análise não segue, porém, pelo menos substancialmente, os referidos trabalhos preparatórios" (CNE, 1991, p. 143).

Nesta proposta a direcção, administração e gestão dos estabelecimentos dos 2.º e 3.º ciclos de ensino básico e secundário é assegurada pelo Conselho de Escola, pelo Secretário-geral, pelo Conselho Pedagógico e pelo Conselho Administrativo. A solução aqui apresentada para a designação do órgão de gestão (Secretário Geral) foi considerada aceitável pelo CNE embora sugerindo que "a designação de adjuntos pelo Secretário-geral venha a ser substituída por um Conselho Executivo por este presidido" pretendendo-se, deste modo, "atenuar o seu carácter de unipessoalidade excessiva na gestão e evitar os perigos de conflitualidade com os órgãos de direcção" (CNE, 1991, p. 155).

Neste contexto vale a pena citar Almerindo J. Afonso quando refere que "a reforma educativa ter sido um processo centralizado e incapaz de romper com a lógica tradicional, fortemente normativa e prescritiva, a que as escolas e os actores educativos periféricos têm sido tradicionalmente sujeitos" (A. Afonso, 1998, p. 214).

Também António Nóvoa notou esta falta de ruptura com a lógica tradicional que levou a uma descrença e descompromisso por parte dos actores educativos periféricos (ao nível das escolas), afirmando ainda:

"Confronted by resistance to its reform plans by teachers and other educational actors, government 'took refuge' in the production of a strong 'legislative framework'; given the bureaucratic-legal traditions of a country like Portugal, this option has important consequences." (Nóvoa, 1993, p. 66).

Terminada a fase de debate que mobilizou alguns sectores da sociedade, assiste-se ao retomar da velha fórmula "reforma-decreto" tipicamente normativo-taylorista onde as

> "decisões assim tomadas são elevadas à categoria de protagonistas, em prejuízo dos actores; tendem a aparecer desligadas e independentes daqueles ou surgem mesmo como decisões racionais à procura de actores – actores que as adoptem, actores que as defendam e legitimem, actores que as executem" (Lima, 1995b, p. 31).

Neste contexto, a reforma educativa portuguesa assumindo uma lógica do tipo *top-down*, que caracteriza o insucesso das mudanças burocráticas superiormente programadas, valorizou o "poder coercivo da administração central para impor as mudanças" ao adoptar um "modelo industrial de produção de inovações" (Canário, 1992).

De facto, o XI Governo Constitucional, correspondente à 2.ª maioria absoluta do PSD, estabeleceu o ordenamento jurídico para a administração das escolas que não só surgiu à margem do processo empreendido pela CRSE, como levou a que o GT se demarcasse do desenho organizativo presente no texto legislativo. Licínio Lima salienta ainda que a "gestão política da reforma é uma gestão enviesada; não quer dizer que o sentido original fosse mais precioso, mas as regras do jogo foram fortemente alteradas e a gestão política desta reforma reorientou-se e subordinou-se a novos paradigmas, a novas preocupações. Deste ponto de vista, sou extremamente crítico relativamente à implementação e ao próprio Decreto-Lei n.º 172 de 91". Mais adiante, o mesmo autor referindo-se à distinção feita por ele próprio às duas edições da "gestão democrática", identifica este modelo como "uma edição de recurso, na continuidade, que muda mor-fologicamente, retoricamente, para permanecer no essencial, isto é, para salvaguardar um aparelho centralizado, nalguns casos recentra-lizado não apenas do ponto de vista administrativo mas também do ponto de vista político" (Lima, 1995c, p. 35). Com efeito, assistiu-se à tomada da iniciativa do Ministério da Educação, sobrepondo-se por antecipação às funções para que foi criada a CRSE, numa lógica centralista, levando a cabo a reforma de reorganização do próprio sistema educativo.

Como refere, mais tarde, Carlos Estêvão,

> "[...] verificou-se, por um lado, que à margem dos trabalhos desta Comissão, a lógica centralista e a 'mentalidade burocrática' prevaleceram em termos mais pragmáticos e que ficaram patentes nas iniciativas do ministério da educação a partir de 1987, integradas num processo de reforma entendida fundamentalmente como 'reparação' e 'reorganização' do sistema educativo, e em que uma das novidades teve a ver com a multiplicação das instâncias reguladoras regionais que funcionariam como órgãos desconcentrados" (Estêvão, 2000, p. 12).

Deste modo, inicia-se um período de "retórica descentralizadora" e de "práticas de centralização desconcentrada" (Formosinho & Machado, 2000, p. 38).

2.3. O Decreto-Lei n.º 172/91, de 10 de Maio e a *ideologia neoliberal*

Enquanto o debate de ideias em torno de conceitos como democracia, participação, descentralização, modelo de gestão das escolas ia ocupando a opinião pública, o Ministério da Educação procedia à reformulação organizacional dos seus serviços seguindo um caminho de desconcentração.

Decorridos três anos desde as últimas propostas da CRSE, o governo apresenta para aprovação um projecto sobre a administração das escolas que se veio a concretizar no Decreto-Lei n.º 172/91, de 10 de Maio. Em termos organizacionais, este modelo é apresentado como uniformizador, pois era aplicável a todos os estabelecimentos de ensino não superior, ou seja, desde o ensino pré-escolar até ao ensino secundário e que, na essência, se caracterizava pela distinção e separação entre funções de direcção e funções de gestão. Para Natércio Afonso,

"[...] em termos de arquitectura organizacional, tal distinção aparece justificada pela necessidade de compatibilizar duas grandes finalidades da *'reforma'*: a democraticidade e a qualidade da administração do estabelecimento" (N. Afonso, 1995b, p. 110).

De acordo com este modelo de direcção e gestão, são introduzidas diferenças substanciais em relação ao anteriormente proposto nos Documentos Preparatórios II, começando pelo facto de o *Projecto Educativo* passar a ser elaborado pelo Conselho Pedagógico e não, como inicialmente estava previsto, pelo então designado Conselho de Direcção. A designação de Conselho de Direcção é também alterada para Conselho de Escola e a Comissão de Gestão prevista como um órgão colegial passou a unipessoal com a designação de Director Executivo. Este já não se encontrava subordinado ao Conselho de Escola, sendo essencialmente responsável perante a "administração educativa", o que poderá comprovar algumas semelhanças com o modelo liberal inglês decorrente do *Education Reform Act* de 1988, como veremos mais adiante. A valorização do Director Executivo por parte da Administração Central e a formação específica exigida para o exercício das funções de gestão são aspectos que podem ser facilmente comparáveis com o modelo inglês.

O Director Executivo é obrigatoriamente um docente profissionalizado com, pelo menos, cinco anos de "bom e efectivo serviço", devendo possuir "formação especializada em gestão pedagógica e administração escolar, nos termos a definir por portaria do Ministério da Educação", sendo "seleccionado mediante concurso, promovido pelo presidente do Conselho de Escola". Seleccionado de entre os candidatos apresentados a concurso, promovido pelo presidente do Conselho de Escola, o seu mandato tem a duração de quatro anos, renovável por mais um mandato. Licínio Lima sublinha que se lhe atribui "grande protagonismo e uma ligação privilegiada, e subordinada, perante a administração central e desconcentrada, diante das quais o 'director executivo' será 'especialmente responsável'; tal posição de protagonismo interno, extremamente subordinado, permitiu que se tivesse chamado a atenção para a possibilidade de vir a transformar o 'director executivo' no último e mais importante elo de uma cadeia de *desconcentração radical* que penetraria no interior de cada escola e ali encontraria o seu primeiro representante e não, obviamente, um representante da escola". (Lima, 2000b, p. 67).

O Conselho Pedagógico, órgão técnico de "coordenação e orientação educativa" presta apoio aos órgãos de direcção, administração e gestão, bem como às suas estruturas de orientação educativa.

FIGURA 3
**Principais órgãos da escola
(Decreto-Lei n.º 172/91, de 10 de Maio)**

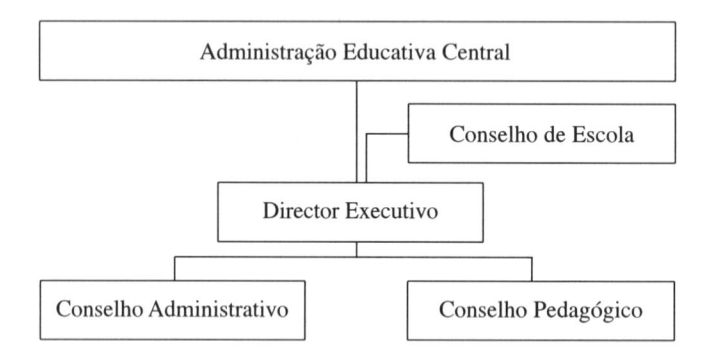

Se, aparentemente, os princípios estruturantes presentes no GT da CRSE, da participação, da descentralização e da autonomia, parecem estar presentes neste diploma, designadamente no seu preâmbulo, também somos levados a pensar, com Almerindo J. Afonso que

> "[...] o conteúdo do projecto do GT relativo à administração e gestão das escolas básicas e secundárias sofreu, na fase posterior de adopção política, algumas alterações significativas [...]. Assim, do nosso ponto de vista, o que veio a ser legislado é bastante diferente do que se tinha proposto, quer no que diz respeito aos princípios e valores subjacentes, quer em relação à forma organizacional encontrada" (A. Afonso, 1995, p. 74)

Este Decreto-Lei n.º 172/91 esteve em regime de experimentação em algumas escolas do país e pretendia substituir o então modelo da *Gestão Democrática*, em vigor desde 1976, ainda que com algumas alterações posteriores. O modelo presente neste diploma parece apresentar aspectos importantes no que respeita ao seu preâmbulo mas que são contrariados no seu articulado, na medida em que, embora referenciado num quadro de autonomia e participação, encerra vários aspectos que o situam numa "política oposta à descentralização e à autonomia das escolas" (Lima, 2000b, p. 62).

De facto, ao contemplar um órgão colegial que respeita princípios de representatividade, democraticidade e de integração comunitária com funções de direcção, parece conciliar os requisitos de democraticidade com exigências de estabilidade, eficácia, eficiência, responsabilização e prestação de contas. Neste sentido, para Pedro d'Orey da Cunha (1997), o (novo) paradigma da democraticidade, presente no Decreto-Lei n.º172/91, ao pretender "integrar a eficiência profissional da gestão com a participação democrática da comunidade educativa", inclui três elementos essenciais: a eficiência dos serviços, a prestação de contas e a autonomia local da decisão.

Neste sentido, podemos dizer que se verificou uma descontinuidade entre este e os vários documentos produzidos no âmbito da reforma do Sistema Educativo, sendo mesmo possível encontrar marcas contraditórias que sinalizam a vontade inicial (dos autores da proposta gerada no âmbito da Comissão de Reforma) de imprimir maior dinamismo, participação e democratização à vida das escolas, quer a vontade posterior de outros autores e decisores políticos que indica uma fragilização e alteração da direcção democrática em favor de um órgão de gestão (director executivo) a quem se atribuem responsabilidades e competências que podem inverter opções e valores anteriores (substituindo-os por outros como a eficiência, a eficácia e o controlo), e levar a uma mudança importante na natureza das relações entre gestores e geridos" (A. Afonso, 1998, p. 228).

Por um lado, foi criada uma Comissão de Reforma do Sistema Educativo para operacionalizar a reforma, por outro, o Governo foi levando a cabo a sua própria reforma através dos normativos. Com efeito, todo o processo de produção de documentos, até chegar ao

Decreto-Lei n.º 172/91, de 10 de Maio, como defende Almerindo J. Afonso (1995, p. 80), é revelador de um certo *hibridismo* que permite "apontar para objectivos politicamente diferentes" no sentido de um modelo de gestão (próximo das ideologias gerencialistas) que encerra uma "conexão tardia à ideologia neoliberal". Efectivamente, esta situação de subordinação do director executivo não apenas ao conselho de direcção, mas também ao poder central (com vista à "compatibilização de políticas") parecer assemelhar-se ao modelo neoliberal aplicado em Inglaterra, que aponta para "uma política educativa que não apenas reconhece novos interlocutores e participantes activos na sua elaboração (pais, empresários, associações e organizações diversas) como atribui um papel primordial aos consumidores de educação escolar" (A. Afonso, 1998, p. 228).

Neste contexto, Licínio Lima sublinha a prevalência do discurso da modernização como justificação para os esforços de racionalização, dominados por imperativos da eficiência, eficácia e controlo da qualidade. Considera, ainda, que a desconcentração, através da criação de serviços regionais, não constituiu senão uma "recentralização de poderes por controlo remoto" (Lima, 1995a). Também C. Estêvão (1995, p. 93) refere que este tipo de gestão aponta para "um mecanismo que oculta um *controlo à distância*". Se, por um lado, o diploma em análise imprime dinamismo, participação e democratização (em consonância, aliás, com a vontade inicial da CRSE), por outro, remete para uma certa fragilização da gestão democrática, na medida em que aponta para um órgão de gestão unipessoal a quem se atribuem responsabilidades e competências de eficiência, eficácia e controlo.

Este "novo modelo de direcção e gestão", não se chegando a generalizar a todas as escolas, acabou por ser encarado como

> "[...] um 'mito racionalizador' do funcionamento das escolas, considerado agora inconsciente por este diploma, face aos novos mitos, aos critérios de racionalidade extremamente definidos pelo ministério da educação, à nova ideologia do progresso, da modernização e da qualidade" (Estêvão, 1995, p. 90)

Este modelo foi objecto de fortes críticas por parte de algumas organizações sindicais, nomeadamente a FENPROF, que defendia acerrimamente o modelo da gestão democrática e que acusava o ME de "procurar modelos – no estrangeiro, nas empresas, onde quer que seja – que melhor sirvam a aplicação da sua política" (Valério, 1991, p. 10). Contrariamente, Manuela Teixeira, em entrevista ao Comércio do Porto, de 3 de Maio de 1991, referiu que "todas as nossas posições foram acolhidas no projecto final" e que a FENPROF é "avessa às mudanças". A reforma permaneceu alvo de fortes críticas e um documento, desta confederação nacional, tornado público dá conta de que a estrutura participativa do "conselho de direcção" não passa de uma "fachada democrática" (FENPROF, 1991), ou como refere N. Afonso (1994, p. 31) "simulação, facilitando o caminho para a meta principal do governo, a imposição de um gestor escolar".

Em suma, os pressupostos apresentados neste diploma encerram aquilo que Almerindo J. Afonso (1998) denominou de "ressonâncias neoliberais", na medida em que aparecem ligados a um desinvestimento na educação pública, sendo, no entanto, acompanhados pela introdução de mecanismos de qualidade e aumento da eficácia do sistema. Joaquim Azevedo sublinhou que a "grande questão que se põe ao sistema educativo português é a do crescimento da qualidade [...]. Temos que investir muito mais em ganhos internos de eficiência, reduzir numas coisas, ganhar noutras e não aumentar significativamente a despesa pública de educação"(Azevedo, 1992, p. 69). Se ao longo da década 80 a "campanha" de legitimação das políticas do governo de Cavaco Silva, porque, começando por ser minoritário, se traduzia num discurso político de modernização, neste momento, parece ter emergido uma nova fase da qualidade.

Como refere Rui Grácio (1986), p. 24), "a 'modernização' surge-nos assim, depois da 'democracia' e do 'socialismo', como uma terceira vaga, esta refluente, no movimento do processo político ideológico português, que, em certos discursos, se esmalta de referências cosmopolitas". Segundo Almerindo J. Afonso, "[...] a necessidade de promover o consenso em torno da reforma educativa que não só se desenvolvia numa conjuntura social e económica particular mas que era também, fundamentalmente, um projecto político [...] apresentado em função de novas (e supostas) exigências de mudança [...] pode explicar que a *modernização* nas suas várias vertentes, bem como as promessas a ela associadas, se tivessem constituído como justificação essencial (ou principal fonte legitimadora) das decisões de política educativa" (A. Afonso, 1998, p. 217). O discurso da modernização passa a dominar a cena política e social, tendo sido introduzido no programa do Governo e no discurso político. Assim, a modernização é várias vezes repetida como *prioridade educativa* – até mesmo estruturante – tornando-se "um factor de convergência ideológica de interesses sociais conflituais", como defendem Correia, Stoleroff & Stoer (1993, p. 35).

2.3.1. *O Discurso da modernização e da qualidade no ordenamento jurídico da administração das escolas*

De facto, no discurso oficial dos X e XI Governos Constitucionais, a *reforma educativa* assume lugar de destaque como uma imposição do *processo de modernização*. Contudo, no programa do XII Governo constitucional (PSD), ela assume uma nova fase discutida nos seguintes termos:

> "[...] inicia-se agora uma outra fase da reforma educativa em que à expansão quantitativa do sistema, oficialmente dada como concluída, se sucede uma outra mais voltada para a qualidade da educação[...]" (A. Afonso, 1998, p. 222).

Tendo a fase da expansão quantitativa atingido o seu termo e tendo já sido anunciados os cortes nas despesas públicas, esta nova orientação relativa ao aumento da *qualidade na educação* "terá que ser conseguida não à custa de maiores investimentos, mas precisamente através de políticas de racionalização e reestruturação que garantam uma maior eficácia e uma maior eficiência interna". Assim, segundo o mesmo autor, se compreende como "as soluções de tipo organizacional e administrativo ganham súbito relevo" (Lima, 1994, p. 127), já que delas se espera maior eficácia na utilização dos recursos disponíveis, o que se depreende da análise do programa do XII Governo Constitucional, onde se dá "prioridade à modernização, à eficiência e à optimização na utilização dos recursos" (Programa do XII Governo Constitucional, 1992, p. 39).

A este propósito, António Teodoro sustenta que "o discurso dos responsáveis políticos sobre a reforma é, antes de mais, um ritual e uma retórica, com função de legitimação e de criação de uma imagem de progresso e de modernização", que "pretende criar a ilusão de progresso e de mudança na educação e assenta na afirmação de princípios com que normalmente se concorda mas que esconde uma prática contrária aos princípios publicamente anunciados" (Teodoro, 1991, p. 3). Por outras palavras, e como sublinham alguns autores, "[...] o discurso político da reforma transitou da expressão quantitativa e qualitativa e da fase dos grandes investimentos, para o discurso técnico (e para a técnica como política) do 'crescimento na qualidade'" (Lima & Afonso, 1993, p. 36). Este apelo à qualidade é visível, por exemplo, no programa "Sistema de incentivos à Qualidade na Educação" onde se reiteram expressões do tipo – "aprendizagem de qualidade", "procura da qualidade", "escola da qualidade", "mudança qualitativa" – que apontam para uma preocupação clara do governo com a qualidade da educação. Ainda, segundo os mesmos autores, a ideologia e o discurso da qualidade estão bem patentes, por exemplo, na criação do Observatório da Qualidade da Escola, no âmbito do PEPT-2000, em cujo guião organizativo se destaca como objectivo "conhecer os resultados do esforço investido na modernização e no desenvolvimento das instituições escolares", anunciando-se "a introdução de uma reforma cultural na gestão escolar". No mesmo documento surgem expressões do tipo "pólos de qualidade", "nichos de qualidade", "produtividade escolar", "escolas eficazes", de acordo com a máxima "aquilo que se mede alcança-se mais facilmente".

Neste contexto, Licínio Lima (1996) alude ao paradigma da "educação contábil" que valoriza a dimensão mensurável e comparativa da educação, através do recurso a "metáforas produtivistas" e ao "discurso da qualidade", onde a eficácia e a eficiência constituem os elementos-chave. Esta insistência no discurso da qualidade, aliada a políticas de racionalização e à necessidade de optimização dos recursos existentes, propiciou o surgimento de uma lógica gerencialista que analisaremos de seguida.

2.3.2. *O padrão da racionalização e o gerencialismo escolar*

Como vimos, a política educativa evidencia, numa segunda fase, uma nova ênfase na esfera da modernização e da qualidade, embora não anulando os princípios da democratização:

> "A democratização da educação, em todos os níveis, parece ser remetida para segunda linha, como se constituísse já uma aquisição plena e um objectivo alcançado, a que haveria de se juntar o objectivo da racionalização e da optimização" (Lima, 1992, p. 4).

Embora este fenómeno não seja especificamente português, ele assumiu características particulares no nosso país, na medida em que não representou uma ruptura com o discurso da democratização – "fortemente enraizado na política educativa desde 1974 (e até mesmo antes)". O que se verificou foi antes uma tentativa de articular este discurso com o da modernização, como salientam alguns autores.

> "O discurso de democratização não é completamente afastado, mas antes reconvertido e subordinado à ideologia da modernização, e com ela compatibilizado, dado os elevados ganhos simbólicos e de legitimidade que daí provém" (Lima & Afonso, 1993, p. 34).

Com efeito, com a entrada de Portugal na CEE, o discurso da modernização é usado como meio de legitimar as medidas adoptadas pelo governo, em que

> "A recuperação de atrasos, os exemplos de outros países e os desafios da integração na Europa Comunitária, as metas estatísticas, o combate ao desperdício e à ineficácia, o elogio da excelência, vão de súbito surgir como temas maiores e, frequentemente, mais associados à capacidade técnica e gestionária, e a imperativos de modernização, do que propriamente a opções políticas de fundo" (Lima, 1992, p. 4).

É neste contexto que Lima & Afonso (1993, p. 34) aludem a "uma nova semântica da modernização", na medida em que são utilizadas "as mesmas palavras (democracia, participação, autonomia, descentralização, justiça social, etc) com novos significados". Deste modo, as prioridades políticas são estabelecidas e legitimadas pela retórica da modernização. Assim, "a organização e a administração escolares surgem progressivamente despolitizadas e desideologizadas, naturalizadas como instrumentos técnico-racionais, (auto)justificadas e legitimadas na base dos imperativos de modernização e de reforma educativa". Seguindo os mesmos autores, se, no *discurso político e normativo,* o termo democratização é utilizado reiteradamente, no domínio da regulamentação coloca-se a ênfase no discurso da modernização. Neste sentido, as exigências de modernização e o olhar independente dos contextos, associados à eficácia entendida numa lógica de monorracionalidade, conduzem à empresarialização da educação configurando-se num quadro em que se procura os "meios óptimos" ou "the one best way" (Lima & Afonso, 1993; Lima, 1995b).

Nesta perspectiva, a educação é vista como algo que pode ser *gerido*, pois os seus propósitos gerais são determinados em função do mercado e apresentados em forma de objectivos que apontam especificamente para resultados identificados de acordo com *inputs* (Halliday, 1995). Também Elliot (1993) reitera esta ideologia de mercado no domínio educativo quando sublinha que as escolas constituem unidades de produção, cuja eficácia e eficiência estão relacionadas com a obtenção de resultados previamente especificados e estandardizados em forma de objectivos ou resultados de aprendizagem. Assim, a qualidade é definida em função do resultado e relaciona-se com a eficácia e a eficiência. Aliadas a esta visão de mercado está também a crescente insularidade das escolas e dos departamentos bem como a competitividade resultante da publicação de *rankings* e de resultados de inspecções (Helsby & Mcculloch, 1997).

A escola passa então a ser vista por alguns como uma *empresa educativa* com preocupações sérias no campo da administração, onde se assume como prioritário o aumento da qualidade à custa de racionalização e com menor investimento. Daqui decorre a necessidade de "racionalizar, optimizar, garantir a eficácia e a eficiência" (Lima & Afonso, 1993, p. 35). Para estes autores, é neste contexto que surge a designação das perspectivas "neotaylorianas" como um novo modo de reinventar as teorias organizacionais de tipo "neocientífico". Trata-se, portanto, de uma solução de tipo organizacional e administrativo, operacionalizada com base nos conceitos de eficácia, eficiência, qualidade e controlo da qualidade, associado a uma racionalidade objectiva e orientada por uma lógica de controlo e de mensuração dos resultados.

> "A racionalidade técnica, no sentido de Habermas, oposta à racionalidade hermenêutica e à racionalidade emancipatória, é certa e objectiva, acentua o controle e a mensuração dos resultados, é neutra e livre, ou acima de valores" (Lima & Afonso, 1993, p. 35).

As organizações educativas passam a ser vistas como "uma espécie de mercado, vocacionadas para a prestação de 'serviços' aos 'interessados' ou 'utentes' tendo em vista objectivos consensualmente estabelecidos, alcançados através de tecnologias certas e estáveis e comandadas por perspectivas neo-gestionárias" (Lima, 1994, p. 122). Este modo de racionalidade de tipo económico, dominado pela obsessão pela qualidade à custa da eficácia e da eficiência, levou alguns autores a identificá-lo com estratégias "gerencialistas" que, têm recorrido muitas vezes à "vulgata gestionária" e ao "receituário, em crise, no domínio económico-empresarial" (Lima & Afonso, 1993, p. 36).

2.4. O Decreto-Lei n.º 115-A/98, de 4 de Maio e a autonomia como retórica

2.4.1. *O Pacto Educativo e a* reforma *não anunciada*

A avaliação do modelo de direcção e gestão das escolas (consagrado no Decreto-Lei n.º 172/91, de 10 de Maio), realizada pelo Conselho de Acompanhamento e Avaliação (CAA), permitiu identificar os aspectos mais relevantes do modelo em experiência apontando um conjunto de *conclusões e recomendações* ao Governo que lhe permitiu a

> "[...] não generalização do 'novo modelo de gestão' decretado em 1991 e, em boa parte, remeteram para concepções de descentralização e

de autonomia, de democratização da gestão escolar e de participação nos processos de decisão, que no passado haviam sido introduzidas pelas propostas reformadoras de 1987/1988, ou que lhe eram bastante próximas [...]" (Lima, 2000b, p. 69).

Com vista à definição e implementação de uma nova política na administração e gestão das escolas básicas e secundárias, os *pareceres e recomendações* produzidos pelo CAA apontavam como pressuposto uma ampla mobilização de todos os interessados de dentro e fora da escola. A reforma da administração escolar é encarada como uma mudança que se pretende não tanto "das estruturas formais e do desenho organizacional das escolas, mas sobretudo o próprio conceito organizacional e administrativo" da escola, conferindo-lhe uma dimensão política devedora de um projecto democrático e participativo, inserido "numa agenda de tipo descentralizador e autonómico" (CAA, 1996, p. 18). Dentro da diversidade de perspectivas, o CAA salienta que a "assunção da função direcção autonomizada da função gestão e confiada a um vasto conjunto de actores internos e externos à escola só tem sentido desde que esta possa definir a sua política própria e distintiva ao abrigo de um amplo grau de autonomia que lhe seja conferido [...]" (p. 75), o que implica inevitavelmente uma atitude, por parte da administração central, descentralizadora e não apenas a desconcentração de funções e poderes, uma vez que o "centralismo restringe o 'espaço' político de que a escola tem de dispor para formular um verdadeiro projecto educativo, esvaziando a função direcção e desmotivando os respectivos protagonistas" (p. 76). Assim, o CAA procura apontar para o perigo de uma apropriação retórica e legitimadora dos conceitos de "direcção", "gestão", "autonomia", "projecto educativo" e "comunidade educativa" por parte de práticas por vezes afastadas dos verdadeiros conteúdos substantivos.

Os resultados dos trabalhos desenvolvidos pelo CAA, e mais especificamente as suas *conclusões e recomendações,* não foram consideradas suficientes para corrigir o referido diploma em experimentação (Decreto-lei n.º 172/91, de 10 de Maio), uma vez que o Governo do Partido Socialista (PS), chegado ao poder nas legislativas de 1995, solicita um estudo especializado, tendo em vista uma nova configuração organizacional para a administração das escolas. O novo Ministério da Educação, chefiado por Marçal Grilo, anuncia e apresenta à Assembleia da República, em 6 de Fevereiro de 1999, a negociação de um *Pacto Educativo para o Futuro* onde "os dirigentes políticos do Ministério da Educação, os protagonistas do processo educativo, os partidos, as autarquias, os professores, os pais e os estudantes" são convidados a chegar a um acordo sobre os desígnios da política educativa. Marçal Grilo apresenta então um conjunto de "dez compromissos de acção" entendidos como fundamentais para a "acção política e para o relacionamento com todos os protagonistas do processo educativo", dos quais destacamos os seguintes: "descentralizar as políticas educativas e transferir competências para os órgãos de poder local" e "fazer da escola o centro privilegiado das políticas educativas", salientando-se, a prioridade da educação e a redefinição do papel do Estado em "assegurar uma maior participação das diversas forças e parceiros sociais nas decisões e na execução das políticas educativas" (Marçal Grilo, 1999, p. 5).

Referindo-se ao *Pacto Educativo*, Paulo Sucena sustenta que "[...] a maioria dos parceiros que o Ministério da Educação seleccionou para dialogar sobre este documento o considera como um acervo de enunciados difusos e de desígnios imprecisos cuja subscrição em nada contribuiria para alterar positivamente a estrutura, o funcionamento e as finalidades do sistema educativo. [E acrescenta,] o Ministério da Educação subalternizou, nos 'Dez Compromissos de Acção', o papel dos professores e das suas organizações sindicais, considerando-os parceiros apenas em três dos dez compromissos, esquecendo-os em alguns tão importantes como 'melhorar a qualidade do processo educativo'" (Sucena, 1996, p. 49).

Segundo João Barroso, inicia-se aqui o segundo período do 'ciclo da reforma' que corresponde aos anos compreendidos entre 1996 e 2000, de vigência do Governo socialista, onde

> "do ponto de vista retórico o novo ministro da educação Marçal Grilo procurou demarcar-se da estratégia reformista anterior, substituindo-a por uma política de 'geometria variável' assente, supostamente, na clareza e consensualidade dos princípios e na flexibilidade da acção" (Barroso, 2002, p. 8).

Deste modo, "promoveu-se uma estratégia diferente para a formulação e implementação da política educativa, introduzindo-se, desde logo, um novo discurso cuja eficácia inicial assentou precisamente na negação sistemática da validade prática e política das grandes reformas educativas" (A. Afonso, 2000, p. 26), passando então a uma ideia de mudanças graduais. Tais mudanças, denominadas de *revisões* e *reajustamentos*, na opinião de alguns autores, configuravam uma nova retórica com consequências mais profundas do que inicialmente poderiam parecer, tendo sido designadas de "neo-reformistas", no sentido em que constituíam "uma outra forma de fazer a reforma sem, no entanto, a enunciar enquanto tal" (A. Afonso, 2000, p. 27), e de "pós--reformistas", tipicamente insulares e fragmentárias" (Lima, 2000b, p. 74).

A este respeito, também Estêvão (2001, p. 156) salienta a "actuação retórica de determinados valores, agora mais focalizados no diálogo e democratização, na solidariedade e justiça, na inclusão e mercado social, na diversidade e parceria, procurando, ao mesmo tempo, manter os desígnios da modernização, do melhor posicionamento no mercado, do controlo da despesa pública e, ainda, da subordinação das políticas públicas à promoção dos requisitos de uma economia nacional competitiva". E mais adiante, conclui que "para caracterizar as orientações da governação socialista [parece adequado falar] de um gerencialismo mais modernizador que mercadorizado, ou de um processo mais gestionário modernizador do que gerencialista" (p. 157).

2.4.2. *O discurso da Autonomia e a* **miragem** *dos "contratos de autonomia"*

Em coerência com o anunciado *pacto educativo*, o ME, que procura a execução de um *programa de reforço da autonomia das escolas*, solicita a João Barroso um estudo prévio, nas suas dimensões *política, administrativa, teórica e prática*, e que deveria "propor um programa de execução para o reforço da autonomia das escolas que tivesse em conta a diversidade de situações existentes e a necessidade da sua gradualização" (cf. Despacho n.º 130/ME/96).

Tal como refere o autor deste estudo, um dos quadros de referência que serviram de base a este estudo foi, entre outros, a análise das políticas educativas que se desenvolveram noutros países, com especial destaque para o *school based management*, como é o caso de Inglaterra, e as políticas de *territorialização* e *autonomia*, nos exemplos de França e Espanha que discutiremos no Capítulo II.

Este estudo marcou o início do processo legislativo que viria a culminar com a aprovação do "regime de autonomia, administração e gestão" das escolas (DL n.º 115-A/98, de 4 de Maio), que constituiu a figura jurídica que substituiria o modelo da "gestão democrática" (DL n.º 769-A/76, de 32 de Outubro) e o ainda experimental e ex "novo modelo de direcção e gestão" (DL n.º 172/91, de 10 de Maio).

Assim, foi publicado, em 1997, um relatório da autoria de João Barroso, denominado *Autonomia e Gestão das Escolas* que se encontra dividido em duas partes; na primeira parte o autor procede a uma clarificação da problemática da autonomia das escolas e onde são definidos os "princípios a que deve obedecer 'um programa de reforço de autonomia das escolas'". Na segunda parte apresenta as "estratégias e as propostas para um programa de reforço da autonomia das escolas" (Barroso, 1997, p. 5), numa perspectiva de um *diploma-quadro* em que se estabelece um "conjunto de normas sobre o quadro organizativo que deve regular a gestão de topo" (*ibid.*, p. 64), deixando a definição da estrutura da gestão intermédia a cargo de cada escola. Partindo de um contexto de territorialização das políticas educativas aquele autor introduz a ideia dos "contratos de autonomia" que, celebrados caso a caso (ME e escolas), desenvolveriam a *autonomia* que cada escola já pratica, de uma forma gradual e diversificada. O mesmo autor esclarece que a "autonomia da escola não é a autonomia dos professores, ou a autonomia dos pais, ou a autonomia dos gestores. A autonomia é um campo de forças, onde se confrontam e equilibram diferentes detentores de influência (externa e interna) dos quais se destacam: o governo, a administração, professores, alunos, pais e outros membros da sociedade local" (Barroso, 1997, p. 20). Este tipo de solução pressupõe que as partes são comprometidas em termos de definição de objectivos, em função dos resultados esperados e mediante a implementação de meios, e em função de uma avaliação visando ajustamentos que se venham a revelar necessários com vista ao desenvolvimento de uma "pedagogia da autonomia" (Barroso, 1997).

Num quadro de reforço de autonomia, em termos de gestão das escolas, João Barroso apresenta cinco grandes princípios: *legitimidade, participação, liderança, qualificação* e *flexibilidade*, que, por sua vez, do ponto de vista formal se traduziriam em três tipos de órgãos: "Órgãos de participação comunitária", "Órgãos técnicos de gestão" e "Órgãos técnico-pedagógicos".

Principais órgãos da escola (Proposta de João Barroso, 1997)

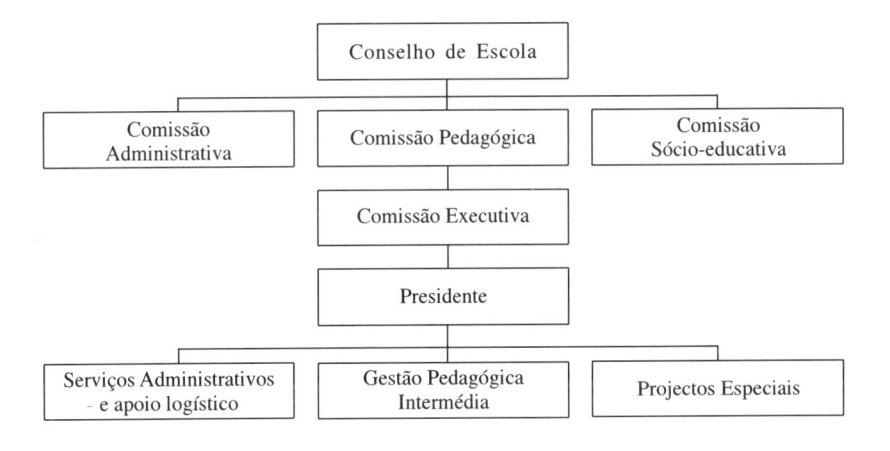

Fonte: Barroso, 1997, p. 66.

Nesta proposta, o Conselho de Escola seria constituído por "igual número de representantes de pessoal (sendo um não docente) e de pais e alunos (no caso do secundário"), mais dois elementos a cooptar da comunidade local e um representante da Autarquia. Este órgão reuniria, em plenário, ordinariamente, para aprovar os *documentos de planeamento estratégico* e em comissões específicas com funções de elaboração do orçamento e controlo da sua execução (Comissão Administrativa), de orientação pedagógica de âmbito do currículo, do ensino e da

avaliação (Comissão Pedagógica), de orientação das actividades sócio-
-educativas de ordem não curricular (Comissão Sócio-educativa), e
ainda, uma Comissão Executiva para assegurar as funções de gestão
corrente da escola, tendo na sua dependência todos os órgãos de gestão
intermédia da escola.

Com base no estudo de João Barroso, já referido, o Governo elaborou um anteprojecto intitulado "Autonomia e Gestão das Escolas",
divulgado e posto em discussão pública em Janeiro de 1998, que sofre
algumas alterações posteriores em sequência da discussão pública e da
emissão do parecer n.º 3/97 do CNE, dando posteriormente origem ao
conhecido Decreto-Lei n.º 115-A/98, de 4 de Maio, que enquadra o
"regime de autonomia, administração e gestão dos estabelecimentos da
educação pré-escolar e dos ensinos básico e secundário".

Segundo Licínio Lima,

> "Contemplando, em geral, vários princípios e soluções que foram
> discutidos (ou até mesmo experimentados) ao longo dos últimos anos, o
> decreto de 1998 não representa propriamente uma ruptura, embora por
> referência ao decreto de 1976 introduza de facto alterações estruturais
> significativas, com destaque para a criação de uma 'assembleia' de
> escola onde os pais dos alunos passam a participar" (Lima, 2000b,
> p. 71).

A estrutura apresentada por este diploma (cf. figura 5), aparentemente, parece não esquecer a distinção conceptual entre "direcção" e
"gestão", apontando a "Assembleia de Escola" como o órgão responsável pela "definição das linhas orientadoras da actividade da escola" e
de "participação e representação da comunidade educativa" e, ao
mesmo tempo, remete para o "regulamento interno", a opção por um
órgão de gestão (Direcção Executiva), colegial ou unipessoal, que é o
"órgão de administração e gestão da escola nas áreas pedagógica,
cultural, administrativa e financeira". Contudo, a este propósito, e tal
como salientou Almerindo J. Afonso,

> "[...] a proposta do grupo de trabalho que funcionou no âmbito da
> Comissão de Reforma do Sistema Educativo continua a ser a única que,

relativamente à questão da administração das escolas, optou sem ambiguidades por um órgão de direcção com possibilidade de partilhar alguns *poderes de direcção* com o Estado, mantendo a gestão como órgão subordinado" (A. Afonso, 1999a, p. 23).

A solução encontrada pelo Governo contempla ainda, inicialmente numa fase experimental, a possibilidade (e mais tarde a obrigação) da associação de escolas de diferentes níveis de ensino em "unidades de gestão" denominadas "Agrupamentos de Escolas".

FIGURA 5
**Principais órgãos da escola
(Decreto-Lei n.º 115-A/98, de 4 de Maio)**

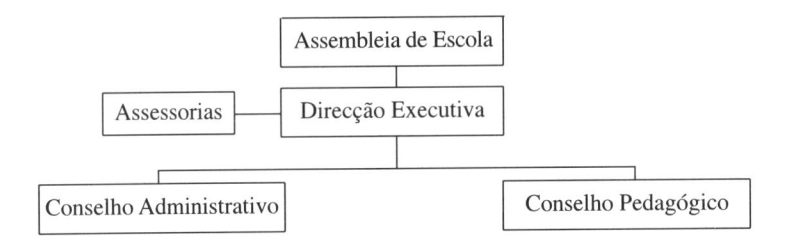

A consagração dos "contratos de autonomia" em três níveis de graduação não foi inicialmente vista com bom olhos por alguns sectores sindicais, designadamente pela FENPROF que "recusa firmemente qualquer caminho que conduza à consagração de um 'ranking' das escolas portuguesas, em que umas sejam de 'referência', outras consideradas 'normais' e um conjunto de outras depreciadas aos olhos da comunidade escolar" (FENPROF, 1997, p.12). Esta frente sindical em defesa de "um modelo organizacional democrático e participado" divulga, em Maio de 2000, um questionário relativo a um estudo de avaliação do processo de aplicação do Decreto-Lei n.º 115-A/98, de 4 de Maio, e elabora um conjunto de propostas "com vista à negociação de uma profunda revisão do Decreto-Lei 115-A/98" (FENPROF, 2001, p. 17).

O modelo de "autonomia, administração e gestão" das escolas, agora instituído, ao apresentar os documentos "regulamento interno", "projecto educativo" e "plano anual de actividades" como reguladores de toda a actividade e apelando à participação externa, parece dotar as escolas de "mais instrumentos de acção e meios de expressão e definição de projectos e de políticas" (Lima, 2000b, p. 71).

Se podemos reconhecer algumas virtudes a este diploma, não devemos, no entanto, ignorar a lógica ainda de centralização da administração da educação, implícita na definição dos "contratos de autonomia", bem como a valorização atribuída às partes intervenientes, na medida em que poderemos estar perante uma autonomia precária. Uma vez que ainda não se encontram em vigor, situação imputável, em boa parte, à administração central, podemos afirmar que estamos perante uma miragem dos "contratos de autonomia" correspondente ao grau zero da autonomia. Assim, apesar das mudanças verificadas, tanto ao nível morfológico como estrutural, e da manifesta presença de novos parceiros, a margem de acção local das escolas não foi reforçada.

A este propósito, Licínio Lima sustenta que:

> "[...] o novo 'regime' parece insistir numa mudança insular e limitada das escolas (sobretudo face às regularidades da administração central e regional) sem proceder, portanto, à mudança do sistema de administração da educação e da sua concentração de poderes de decisão relativamente às escolas, assim adiando, uma vez mais, efectivas políticas de descentralização" (Lima, 2000b, p. 72).

A confirmar este grau de centralização parecem estar, como indica ainda o mesmo autor, as relações estabelecidas entre as escolas e as CAE's e as DRE's no que diz respeito ao processo de instalação e acompanhamento do "regime de autonomia, administração e gestão" que:

> "[...] continuam, com frequência, a assumir autoritariamente o papel de exegetas autorizados e exclusivos, intérpretes legítimos do espírito e da letra das leis, assim uniformizando recepções, estabelecendo comparações indevidas entre propostas de diferentes escolas e originárias de distintos projectos e racionalidades; aceitando certas

soluções propostas nos regulamentos internos e recusando outras, igualmente possíveis, denegando logo a partir da fase inicial e construtiva do novo 'regime' o indispensável respeito pelos novos órgãos escolares devidamente eleitos e por suas decisões (pretensamente possíveis e legítimas), mas, de imediato, vigiadas e tuteladas" (*ibid.*, pp. 72-73).

Também outros autores sustentam que as DRE's e as CAE's não se revelaram instâncias facilitadoras da descentralização da educação, uma vez que rapidamente a "administração central encontrou nas direcções regionais o modo para retomar o controlo quase absoluto sobre o sistema, que lhe estava a escapar por incapacidade de tudo conduzir a partir do centro" (Pinhal & Dinis, 2002, p. 22).

Segundo o relatório da avaliação externa do processo de aplicação do "regime de administração e gestão" das escolas e agrupamentos, o controlo exercido no acompanhamento do processo de instalação, quer pela administração central, quer pelas suas instâncias desconcentradas, foi significativo e revestiu-se dos mais diversos instrumentos e formas, desde os mais tradicionais até às novas tecnologias. A utilização do "Fórum RAAG como dispositivo de regulação central e de produção de normativos 'vituais' [...] tornou-se numa central de regulamentação (implícita ou explícita, activa ou passiva, voluntária ou involuntária) que, se fez muito jeito aos mais preocupados em cumprir as normas à risca, tornando-os mais dependentes, não deixou de refrear os ânimos dos que julgavam que autonomia também era sinónimo de criatividade" Barroso, 2001, p. 15).

Outros exemplos que servem para ilustrar a obsessão burocrática e centralizadora da administração central neste processo são visíveis na constituição dos agrupamentos de escolas, na produção casuística de orientações e directivas (Dinis, 2001a), na realização dos processos eleitorais (Dinis, 2001b), bem como no controlo verificado durante a elaboração dos primeiros Regulamentos Internos (Barroso, 2001, pp. 17-18) e, de um modo mais evidente, na homologação das revisões posteriores que teriam que obedecer aos preceitos duma regulamentação posterior ao DL n.º 115-A/98 (o Despacho Normativo n.º 10/99, de 21 de Junho), apenas permitindo a introdução de pequenas matizes no seu funcionamento, mais congruente com a lógica da modernização e da racionalização económica do que com algumas dinâmicas locais que timidamente se começavam a desenvolver.

Deste modo, podemos referir que a autonomia das escolas ainda se encontra muito próxima do que Almerindo J. Afonso designou de "tópico discursivo", na medida em que:

> "[...] a questão da autonomia das escolas pode ocultar outras importantes dimensões políticas e ter outras funções latentes, mesmo quando, como acontece no actual Dec.-Lei 115-A/98, se referem alguns valores que pareciam inquestionáveis como, por exemplo, a necessidade de as escolas 'desempenharem melhor o serviço público de educação'" (A. Afonso, 1999b, p. 126).

Assim, a palavra "autonomia" ("objecto de ressemantização") pode "adquirir como significado essencial o de 'autonomia' processual e implementativa (despojada de sentido democrático e descentralizador) ou até de mera *delegação política*" (Lima, 2001, p. 151).

A propósito da democratização da escola, Licínio Lima refere que:

> "[...] só muito dificilmente as actuais decisões políticas pós-reformistas, tipicamente insulares e fragmentárias, se sucederão onde todas as outras falharam no passado; especialmente quando os princípios invocados nem sempre são claros, as hesitações políticas são visíveis, as oposições internas se manifestam, muitas acções empreendidas o contradizem" (Lima, 2000b, p. 74).

Neste tempo questionamo-nos e aguardamos com expectativa se estas acções serão suficientes para secundarizar a lógica da *eficácia* e *eficiência* administrativa de um "sistema educativo" centralizado, em função de uma política educativa *descentralizadora* e *autonómica*, em que os órgãos representativos dos interesses das comunidades locais assumem maior protagonismo sendo dotados de autonomia administrativa e financeira.

Até aqui, procurámos perspectivar a evolução da administração das escolas em Portugal como um processo em que, num contexto de centralização, ainda que em algumas fases desconcentrado, se procura encontrar o caminho da territorialização e da autonomia da escola, envolvendo cada vez mais actores, mas que, num ou noutro momento, se tropeça em lógicas contraditórias.

Para alguns autores, a administração das escolas encontra-se:

> "[...] numa encruzilhada organizacional impulsionada do centro para a periferia, é passível de ser inserida tanto numa lógica de concentração desconcentrada em busca da maior eficácia administrativa, como numa lógica descentralizadora e autonómica onde a participação dos vários intervenientes da comunidade não se esgota em rituais de democracia formal e de participação simbólica e meramente instrumental" (Formosinho & Machado, 2000, p. 54).

Em suma, a transformação que se pretende para a administração das escolas dependerá, em grande parte, do grau de empenhamento e sentido estratégico que os actores locais (interiores e exteriores à escola) revelarem no sentido de explorar as potencialidades que vão surgindo por entre as visíveis contradições. No entanto, o programa de reforço da autonomia das escolas só será compatível com o discurso da territorialização, se for acompanhado de instrumentos e meios necessários à sua concretização, criando condições à constituição de equipas educativas promotoras de diversificação de políticas educativas contextualizadas.

Convencidos das vantagens da opção por uma defesa da autonomia e da política educativa centrada na escola, apesar de que, como refere Rui Gomes (1998, p. 28), "o novo discurso sobre a escola-comunidade e a escola-autónoma [não ter sido] uma conquista dos debaixo, uma recusa ou uma insistência a um estado-maior constrangedor, mas é antes uma nova forma de o poder regular e governar a educação escolar", consideramos necessário e indispensável a uma "prática educativa democrática" um comprometimento com "a emancipação e a autonomia", na lógica da "autonomia da pedagogia da autonomia" (Lima, 1999b), pois, como sustenta Paulo Freire (1996), ninguém é autónomo primeiro para decidir depois. É decidindo que se aprende a decidir.

3. SÍNTESE

Em jeito de conclusão, podemos dizer que o processo de discussão das várias propostas para a administração das escolas (desde 1988 a 2002) se caracterizou por dois aspectos essenciais que se encontram associados a dois marcos importantes. O primeiro corresponde ao contexto político marcado pela aprovação da LBSE (1986) que, por sua vez, se encontra associado ao discurso da descentralização. O segundo momento desenvolve-se a partir do anúncio do Pacto Educativo para o Futuro (em 1996, pelo ME) em que o discurso político enfatizava a territorialização e a autonomia. Ao nível das práticas, podemos observar alguma(s) descontinuidade(s) verificada(s), quer a par dos trabalhos desenvolvidos no âmbito da CRSE, onde foram surgindo normativos avulso que regulamentavam a administração da educação, ignorando as propostas até então debatidas (e descritas na Proposta Global da Reforma), quer, mais tarde, no período de governação do Partido Socialista em relação ao parecer do CNE, bem como ao estudo prévio solicitado pelo ME a João Barroso. Em ambas as situações podemos afirmar que o discurso político se revestia de apropriações semânticas, designadamente no que diz respeito aos conceitos de descentralização e autonomia, mas que, na sua essência, privilegiava uma lógica de modernização e racionalização dos recursos, especialmente no que concerne à formação dos agrupamentos de escolas.

Podemos afirmar que, nos últimos 20 anos, assistimos a uma tentativa de mudança na organização e administração das escolas em Portugal (cf. Quadro 2). Porém, essa mudança ocorreu mais ao nível das alterações estruturais e morfológicas dos modelos de administração e gestão das escolas do que do ponto de vista político no sentido de marcar uma ruptura com a tradição centralizadora da administração. Assim, assistimos a uma dinâmica de reprodução de discursos reformadores, quase todos anunciando a descentralização e a autonomia das escolas como a verdadeira "Terra Prometida" (Lima & A. Afonso, 1995). No que diz respeito à territorialização, esta tem passado mais pela transferência de competências (apesar de tudo tímida), nomeadamente para as autarquias, sem, no entanto, se verificar uma correspondente disponibilização dos meios, como vem defendendo

Fernandes (1995). No que diz respeito à autonomia dos estabelecimentos de ensino, no essencial permanecem intactos os pontos que caracterizam o Estado centralizador (Pinhal & Dinis, 2002), isto é, a "gestão orçamental, gestão dos recursos humanos, e gestão do currículo" (N. Afonso, 1999, p. 58).

Para terminar, podemos dizer que, apesar da descentralização se apresentar claramente no(s) discurso(s) político(s) e ainda como uma decorrência do espírito e também da letra das Leis (Pinhal & Dinis, 2002), nomeadamente nos respectivos prefácios, ela tem sido de difícil concretização, sobretudo por falta de vontade política dos governos demonstrada nas constantes hesitações em abrir mão dos poderes de decisão. Deste modo, a descentralização e a autonomia tornam-se dispositivos retóricos para a legitimação de outras agendas mais ou menos ocultas. Este processo de descentralização tem vindo a ser comprometido, muitas vezes, com a excessiva preocupação com a eficácia e eficiência, que enfatizam algumas abordagens gerencialistas das organizações, em detrimento de uma política promotora da autonomia das organizações educativas e de novas formas de construção social coerentes com uma lógica da emancipação com vista à criação de uma *cidadania organizacional* (Estêvão, 1999).

QUADRO 1
Administração das escolas em Portugal

PRINCIPAIS ÓRGÃOS	COMPOSIÇÃO	MANDATO	PRESIDENTE
Assembleia de Escola	Professores Pais dos alunos Alunos [a] Pessoal Não Docente Representante da Autarquia Outros [b] Director /Presidente do Conselho Executivo [c] Presidente do Conselho Pedagógico [c]	3 anos [e]	Um docente da assembleia eleito por todos os elementos que compõem este órgão
Conselho Executivo / Director	Professores	3 anos	Elemento docente [f] que encabeça a lista vencedora
Conselho Pedagógico	Professores Pessoal Não Docente Pais dos alunos Alunos [d]	3 anos	Um docente do CP eleito por todos os elementos que compõem este órgão

a) A presença dos alunos é apenas assegurada no Ensino Secundário e no 3.º ciclo recorrente nos termos do Regulamento Interno.

b) "Por opção da escola, a inserir no respectivo regulamento interno, a assembleia pode ainda integrar representantes das actividades de carácter cultural, artístico, científico, ambiental e económico da respectiva área, com relevo para o projecto educativo". Ponto 3 do artigo 8.º do Regime de Autonomia, Administração e Gestão dos Estabelecimentos da Educação Pré-Escolar e dos Ensinos Básico e Secundário.

c) Participam nas reuniões da Assembleia de Escola, sem direito a voto.

d) Só no ensino secundário.

e) A duração do mandato dos pais/EE e alunos tem a duração de um ano, salvo se o RI definir diversamente.

f) Docentes dos quadros de nomeação definitiva, com pelo menos 5 anos de serviço, com qualificação ou experiência de cargos dos órgãos de administração e gestão durante um mandato.

QUADRO 2

Síntese dos principais "modelos de organização" (propostos e legislados) referentes à administração e gestão das escolas básicas e secundárias (1974 – 2002)

LEGISLAÇÃO/ DESIGNAÇÃO	DATA DE PUBLICAÇÃO	PROVENIÊNCIA DO DOCUMENTO	PRINCIPAIS ÓRGÃOS (gestão de topo)
Decreto-Lei n° 221/74 "Comissões de Gestão"	27 de Maio	Ministério da Educação e Cultura (Ministro Eduardo Correia)	Comissão de Gestão
Decreto-Lei n° 769-A/76 "Gestão Democrática"	23 de Outubro	Ministério da Educação e Investigação Científica (Ministro Sottomayor Cardia)	Conselho Directivo Conselho Pedagógico Conselho Administrativo
A Gestão do Sistema Escolar "Direcção Democrática e Gestão Profissional"	Setembro de 1988 (Seminário realizado em 7 e 8 de Maio de 1987)	Documento elaborado no âmbito das actividades da CRSE pelo GT	Conselho de Direcção Gestor Pedagógico e Administrativo Conselho Pedagógico
Documentos Preparatórios II "Direcção Democrática e Gestão Técnica"	Janeiro de 1988	Documento elaborado no âmbito das actividades da CRSE pelo GT	Conselho de Direcção Comissão de Gestão Conselho pedagógico a)
Proposta Global de Reforma Relatório Final "Organização e Administração dos Centros de Educação "	Julho de 1988	Comissão de Reforma do Sistema Educativo (Projecto de Diploma)	Conselho de Direcção Comissão de Gestão ou Director Conselho pedagógico
Projecto de Decreto-Lei "Novo modelo de direcção, administração e gestão"	Junho 1990	Ministério da Educação (Ministro Roberto Carneiro)	Conselho de Escola Secretário Geral Conselho Pedagógico Conselho Administrativo
Decreto-Lei n° 172/91 "Novo modelo de direcção, administração e gestão"	10 de Maio	Ministério da Educação (Ministro Roberto Carneiro)	Conselho de Escola Director Executivo Conselho Pedagógico Conselho Administrativo
Proposta de João Barroso "Autonomia e Gestão das Escolas"	Fevereiro de 1997	Estudo Prévio (Solicitado pelo Ministro Marçal Grilo através do Desp. n° 130/ME/96)	Conselho de Escola + (Comissão Administrativa, Comissão Pedagógica, Comissão Sócio Educativa e Comissão Executiva)
Projecto de Decreto-Lei "Autonomia e Gestão das Escolas"	Janeiro de 1998	Ministério da Educação (Ministro Marçal Grilo)	Assembleia Conselho Executivo ou Director Conselho Administrativo Conselho Pedagógico
Decreto-Lei n° 115-A/98 "Regime de Autonomia, Administração e Gestão"	04 de Maio	Ministério da Educação (Ministro Marçal Grilo)	Assembleia de Escola Conselho Executivo ou Director Conselho pedagógico Conselho Administrativo

a) A proposta aponta ainda para um órgão de gestão administrativa a concretizar no âmbito do *Regulamento da Escola*.

Capítulo II

ALGUNS MODELOS DE ADMINISTRAÇÃO DOS SISTEMAS EDUCATIVOS E DAS ESCOLAS EM PAÍSES EUROPEUS

1. EDUCAÇÃO COMPARADA E GLOBALIZAÇÃO

Conceptualizar a educação comparada pressupõe a consideração de um conjunto de dimensões e de linhas de análise que decorrem, quer do modo como ela tem sido entendida, quer dos fenómenos que têm influenciado o seu desenvolvimento (no domínio da investigação educacional), nomeadamente a globalização. Com efeito, o âmbito e as finalidades[1] deste campo de investigação têm sido alvo de reflexão e debate no sentido de uma clarificação mais consistente com as recentes evoluções no domínio educativo. Vários autores têm chamado a atenção para a(s) forma(s) como os princípios e as racionalidades subjacentes à educação comparada têm sido problematizados, identificando a evolução de uma lógica descritiva (motivada pela curiosidade e/ou

---

[1] A este propósito, Robert E. Verhine (2000, p. 9) refere como finalidades principais da Educação Comparada: "a) a compreensão do outro; b) a compreensão de si próprio; c) o conhecimento e avaliação de acções e políticas educacionais alternativas e d) a construção de teorias através da identificação dos aspectos espeíficos e gerais que compõem o fenômeno socioeducacional".

pela procura de melhoria dos sistemas nacionais) para uma lógica explicativa e preditiva (com base num determinado conjunto de critérios) (Noah, 1973, Noah & Eckstein, 1969).

Mais recentemente, a literatura neste domínio tem sido marcada por uma crescente problematização da influência e/ou interdependência internacional na (re)definição dos sistemas educativos nacionais por referência ao "sistema mundial" (Azevedo, 2000). Esta tendência, que Ball (2001) designa de convergência, transferência ou empréstimo de políticas em resultado de um novo paradigma emergente no domínio educacional associado ao fenómeno mais amplo da globalização, tem marcado de forma decisiva a educação em geral (nomeadamente no que diz respeito à definição de políticas) e a educação comparada em particular (Dale, 2000a; Azevedo, 2000). Joaquim Azevedo, seguindo o pensamento de Halls, conclui que a teoria da convergência:

> "[...] é uma premissa da Educação Comparada e constitui uma especificidade sua, uma vez que lhe pertence exclusivamente. Segundo esta teoria, aplicada às relações educacionais internacionais, quanto mais numerosos forem os contactos internacionais entre os vários países do mundo, maiores serão as perspectivas de estes países virem a cooperar e a consentir abandonar a sua autonomia cultural" (Azevedo, 2000, p. 146).

Ao abordar a questão da globalização e da sua repercussão no desenvolvimento da educação comparada, Dale (2000b, p. 88) refere-se às "changing relationships between states and supranational forces".

Os discursos no âmbito da globalização evidenciam a sua tónica na vertente económica e financeira ao mesmo tempo que parece inevitável a perda de uma margem significativa de poder económico e mesmo político dos Estados nacionais em prol de instâncias de regulação transnacional (Teodoro, 2001b) ou de um espaço social europeu (Antunes, 2001). A premissa de que os processos de globalização estão a afectar as relações de interdependência entres os Estados, reforça a necessidade de análise do "sistema mundial" para entender melhor as actuais estruturas sociais. As formas como os processos de globalização influenciam as mudanças em educação têm sido discutidas com base em duas perspectivas de análise. A primeira procura equacionar a existência de uma cultura educacional comum à escala mundial (CWEC – *Common World Educational Culture*), a partir da qual se explicam os sistemas educativos nacionais a partir de modelos estandardizados e universais de educação, sociedade e de Estado (visível em organizações internacionais, tais como, o Banco Mundial, a OCDE, a UNESCO, etc). A segunda, defendida por Dale (2000a), aponta para a emergência de uma agenda globalmente estruturada para a educação (GSAE – *Globally Structured Agenda for Education*) que se baseia em investigação recente sobre economia política internacional e que analisa a mudança da economia mundial capitalista como *leit motiv* da globalização e dos seus efeitos nos sistemas educativos mundiais.

Discutindo o conceito de globalização e a sua repercussão na educação comparada, Dale (2000b) sustenta que aquela não constitui uma ameaça ao desenvolvimento desta, na medida em que a influência de pressões externas nas políticas nacionais é identificável noutros momentos, por exemplo, em contextos marcados pelo colonialismo e imperialismo. O mesmo autor sublinha que o que caracteriza a globalização (e que representa uma mudança de paradigma) é o seu carácter a-nacional, o que não significa um sistema mundial menos baseado no Estado nem conduz necessariamente a uma homogeneização ou crescente similaridade entre os sistemas educativos:

> "[...] globalization does indeed represent a paradigm shift, but that it does not mean either that the world system is less 'state-based', or that education systems are likely to be cut loose from the state [...] there no reason to expect a dramatic decline in diversity" (Dale, 2000b, p. 109).

Destes processos de globalização decorrem novos papéis para o Estado, nomeadamente no seu modo de regulação e de resposta aos desafios que lhe são colocados (A. Afonso, 2001). É, portanto, neste contexto que Dale (2000b) sublinha a pertinência da educação comparada, uma vez que permite reconhecer e analisar a(s) diferente(s) forma(s) como os diversos países respondem a problemas semelhantes, fenómeno que Schriewer (1996) denomina de "reinterpretação específica" e "procedimentos de adaptação". Dale (2000b, p. 106) argumenta ainda que

"The national filters that modify, mitigate, interpret, resist, shape, accommodate, etc all external pressures on national states and societies have traditionally received much more attention than the nature of globalization. As a result we have a rich proliferation of frequently sophisticated theoretical approaches to this issue, though they have not all had an explicitly comparative focus".

Nesta lógica, faz sentido questionar e reflectir sobre o modo como têm surgido, nomeadamente no contexto europeu, movimentos de reformas no campo educativo e mais especificamente no âmbito da organização dos sistemas educativos e da administração educacional (que é o tema central deste trabalho), que tendem a evoluir para uma "aparente convergência internacional" (Azevedo, 2000) descrita do seguinte modo:

"quer a similitude da retórica subjacente – as exposições de motivos, as contextualizações sociais e os objectivos gerais – cujos traços principais quase se decalcam de país para país, quer a similitude da sua enunciação são factores que evidenciam, desde logo, não só um relativo consenso ideológico entre políticas educativas nacionais de diferentes países, mas também um progressivo grau de padronização de estruturas organizativas e de modelos curriculares" (Azevedo, 2000, p. 137).

Conhecer a cultura e a história de outros países é, pois, fundamental para entender melhor as especificidades do nosso país. Assim, propomo-nos, neste capítulo, caracterizar, de forma sucinta, os traços comuns e distintivos mais significativos dos sistemas educativos e dos modelos de organização das escolas noutros países europeus, designadamente, Inglaterra, França e Espanha, tendo como base os critérios de centralização e descentralização, bem como de autonomia das escolas, os quais constituem os aspectos centrais deste trabalho.

2. ORGANIZAÇÃO DO SISTEMA EDUCATIVO E DAS ESCOLAS EM INGLATERRA

A Inglaterra é um dos países europeus que mais tarde institucionalizou o sistema educativo nacional. A escola nasce e desenvolve-se associada à igreja (tanto católica como anglicana) e é marcada por um estilo altamente descentralizador.

Contudo, a eleição do governo conservador em 1979 marcou o início de uma grande estratégia de mudança nas políticas educativas do país e também uma alteração significativa ao nível da administração das escolas. Como referem Ball *et al.* (2002), no decurso dos últimos vinte anos o sistema educativo inglês sofreu alterações significativas[2], quer ao nível substantivo (mudanças na organização e estrutura das escolas, do ensino e do currículo), quer ao nível da regulação (mudanças nas formas de gestão e controlo na e sobre a educação). No entanto, e como discutiremos mais adiante, o marco decisivo deste processo de mudança consubstanciou-se na transição do poder efectivo sobre a educação do local (LEA's) para o nacional (Órgãos centrais do Ministério da Educação).

Por seu turno, a preocupação de melhorar os padrões da educação e da prestação pública de contas concretizou-se, em grande medida, no desmantelamento das burocracias centralizadas e, ao mesmo tempo, na criação de instituições de educação autónomas sob a forma de gestão centrada na escola (Whitty *et al*, 1998).

> "[...] the Conservative Government made autonomy a key feature of its reforms of English and Welsh schools through the introduction of local management of schools (LMS) and, in particular, the creation of grant maintained (GM) schools." (Anderson, 2000, p. 371).

---

[2] Estes autores sugerem quatro períodos caracterizadores da evolução do sistema educativo inglês: 1) selecção/meritocracia (1944-1966), 2) *comprehensivism* (1966-1979), 3) Neoliberalismo (1979-1997) e 4) A terceira via (1997-).

2.1. Education Reform Act 1988

Em 1988, com o *Education Reform Act*, foram introduzidas medidas que alteraram substancialmente alguns aspectos da educação. Ao mesmo tempo que se reconhecia legitimidade às escolas para se assumirem como unidades autónomas na sua gestão financeira através de órgãos próprios – *Local Management of Schools* (LMS) – foi introduzido um currículo nacional determinado centralmente e acompanhado por um regime de inspecção de controlo nacional. Neste contexto, segundo Ainley (2001, p. 457), os últimos vinte anos testemunharam a mudança de um "[...] a National System Locally Administered to a Local System Nationally Administered".

Esta tendência esteve associada à coexistência de políticas educativas que apontam para lógicas aparentemente paradoxais, que Ball *et al.* (2002, p. 6) descrevem do seguinte modo:

> "The Act encompassed an uneasy combination of neo-liberal market policy, which cast schools as competing small businesses surviving by their ability to recruit, and neo-conservative, cultural restorationist curriculum polices which aimed at establishing a uniform, anti-progressivist national curriculum".

Assim, as escolas, através do mecanismo de *opting out*, de poderiam optar por um estatuto de *Grant Maintained* (GM) adquirindo uma maior autonomia, as quais se caracterizavam pela sua independência em relação à burocracia dos *Local Education Autorities* (LEA), financiadas directamente pelo poder central (governo) e, assim, gozarem de uma forma própria de autogestão. Assiste-se, deste modo, a um aumento dos poderes do Estado e a um correspondente enfraquecimento das autoridades locais de educação (LEA) ao mesmo tempo que as escolas vêem reforçada a sua discrição para gerir os próprios recursos. Como refere Gerald Grace (1995), os "five great themes" da qualidade, diversidade, escolha parental, maior autonomia das escolas e maior prestação de contas marcaram a política governamental no sentido de uma gestão local das escolas que se viriam a tornar em empresas educativas ou corporações competitivas e orientadas pela lógica de mercado. A ideia subjacente ao sistema LMS, (que pressupunha a devolução dos orçamentos aos estabelecimentos escolares) era a de permitir às escolas uma maior e melhor capacidade de resposta face às necessidades dos seus clientes ao mesmo tempo que possibilitava uma gestão dos recursos mais criativa. (Ball *et al.* 2002). Nesta lógica, as instituições educativas sobreviveriam ou desapareceriam em função do seu sucesso avaliado e medido de acordo com critérios de mercado.

Através desta política (LMS), as escolas são encorajadas a competir entre si e o seu financiamento é fixado de acordo com o número de alunos. Tony Bush & Burnham apresentam-nos as principais mudanças então ocorridas: 1) Um currículo nacional que especifica com grande detalhe os conteúdos e a avaliação dos alunos; 2) A devolução da gestão financeira e dos recursos aos órgãos próprios de direcção das escolas e ao seu *staff* (através do LMS) e ainda o enfraquecimento dos poderes das autoridades locais de educação (LEA's); 3) Um sistema de matrículas aberto (*open enrolment*) que permite aos pais escolherem a escola para os seus filhos, o que dependente apenas da capacidade física das escolas, cujos orçamentos estão intimamente ligados com o número de alunos (o que conduz a uma competição por parte das escolas no sentido de manter, equilibrar ou mesmo aumentar o seu rendimento); 4) A capacidade de as escolas optarem por deixar a dependência e controlo das LEA's e se tornarem autogeridas (GM), dotadas de um orçamento próprio, cujos membros são nomeados directamente pelo Secretário de Estado da Educação; 5) A incorporação de colégios destinados à educação recorrente que proporcionam o ensino vocacional, enquanto entidades autónomas e independentes dos LEA's; 6) A introdução de um regime de inspecção nacional às escolas (de 4 em 4 anos) de acordo com critérios definidos pelo *Office for Standards in Education* (OFSTED) (cf. Bush & West_Burnham, 1994).

Para o Tony Bush, "Some of these radical changes increased the autonomy of schools by shifting power from local government to school governing bodies and principals." (Bush, 1997, p. 56).

Ainda segundo mesmo autor, esta política encerra a seguinte visão:

> "The Belief that autonomy, and competition between schools, serves to raise standards jostles with the contrary view that tight central controls are required to secure school improvement." (*ibid.*, p. 57)

Esta decisão de aumentar a capacidade das escolas definirem as suas próprias políticas foi acompanhada por uma regulação central através da imposição de um currículo nacional e outras medidas de controlo, o que conduziu a uma maior prestação pública de contas por parte dos órgãos de governação das escolas. De facto, o currículo nacional constituiu um foco de conflitos entre agentes educativos, chegando a ser descrito como um "straight-jacket" da capacidade de actuação das escolas (Ball *et al.* 2002) e um "serial killer" no que se refere aos constrangimentos que impõe aos professores e às escolas (Day, 2001).

A autonomia concedida às escolas, e em maior grau no caso das escolas GM, confere-lhes mais poderes e uma maior flexibilidade para, através do seu desempenho e prestação de contas, responder directa e prontamente às necessidades das escolas e dos seus alunos, por forma a aumentar a sua eficiência, bem como a qualidade dos serviços prestados. Neste sentido, a gestão é feita de acordo com a capacidade de estabelecer as prioridades em cada caso e não de acordo com o orçamento pré-determinado por uma entidade exterior à escola.

> "The assumption is that decisions about the needs of pupils and students should be made by those who are closest to them rather than those who, however well-intentioned, are determining policies on a local, regional or national basis" (Bush, 1997, p. 58).

No contexto inglês, ao conceito de autogestão estão ainda subjacentes as noções de competição, encorajadas pela ênfase recente na possibilidade oferecida aos pais de escolherem de entre as diversas oportunidades e modalidades dos diferentes estabelecimentos de ensino. Essa escolha podia basear-se em informações relativas aos currículos ou aos cursos e/ou ser ainda determinada pelos resultados dos exames.

2.2. Grant Maintained Schools

As escolas GM foram criadas a partir de escolas que já existiam, às quais foi dada a possibilidade de se desligarem das LEA's, decorrente da escolha e consentimento dos pais e mediante aprovação do Secretário de Estado. Relativamente à composição dos seus órgãos governativos, apresentavam algumas diferenças em relação às outras escolas, na medida em que não tinham representantes das LEA's.

> "The significance of this difference is that LEA representatives, nominated by a democratically elected body, have public accountability, whilst the accountability to 'the community served by the (GM) school' (DES 1991) is not defined." (Anderson, 2000, p. 373).

Sem a participação das LEA's, os órgãos governativos das escolas GM acabavam por gozar de uma maior autonomia.

> "As employers the GM governors are responsible for all personnel arrangements; as corporate owners of the school property they have responsibility for the maintenance and development of the site and buildings; as arbiters they must maintain an efficient and justifiable admissions policy; and they have to accept final responsibility in all matters of curriculum, assessment and reporting". (Bush *et al.*, 1993, p. 179).

O corolário destas medidas foi a diminuição, e até mesmo a erosão, das responsabilidades e dos poderes das LEA's no exercício de qualquer tipo de influência, quer ao nível do que era ensinado nas escolas, quer ao nível da sua gestão. (cf. Chitty, 2002).

A administração das escolas na Inglaterra foi alvo de outras reformas em 1991 e 1993 e, neste último caso, o grande objectivo era promover e facilitar ainda mais a política GM e contribuir para a sua rápida expansão (cf. Anderson, 2000).

Com as fórmulas de financiamento das escolas ligadas ao número de alunos, as instituições são encorajadas a competir entre si por matrículas e, por conseguinte, as mais populares atraem mais alunos, o que leva a uma maior fonte de receita e à consecução de padrões mais elevados. (Bush, 1997, p. 62).

> "The market also has 'loses' which fail to attract clients, leading to a fall in income and the possibility of closure. Success in recruiting

students is an important test of leadership in the educational market
[…]" (*ibid.*, p. 62).

Esta orientação política no sistema educativo traduziu-se na promoção e institucionalização dos conceitos de livre escolha e simultaneamente dos valores de uma cultura da avaliação e da competição
entre instituições, com base numa dinâmica de orientação para o
cliente. Neste contexto, Almerindo Afonso (1998, p. 155), seguindo
Andrew Gamble, chama a atenção para a "bipolaridade" ideológica que
caracteriza as políticas da *nova direita*[3] em Inglaterra, procurando
evidenciar como, nos governos da Margaret Thatcher, são combinadas
as agendas aparentemente contraditórias dos neo-conservadores e neo-
liberais. Assim, como clarifica, Clyde Chitty,

> "For neo-liberals the emphasis is always on freedom of choice, the
> individual, the market, minimal government and laissez-faire; while
> neo-conservatism prioritizes notions of social autoritarianism, the
> disciplined society, hierarchy and subordination, the nation and strong
> government" (Chitty, 1994, p. 23).

Apesar do facto de o aumento de autonomia das escolas gozar de
uma simpatia geral e ser muito valorizado pelas escolas, a política GM
foi alvo de alguma controvérsia.

> "While GM managers and governors have exhorted the benefits of
> self-governance, other practitioners and educationists have been more

---

3 Segundo Almerindo J. Afonso, esta expressão esconde "uma articulação
ideológica híbrida", que teve origem na crise económica da década de 70 e que se
desenvolveu no contexto das críticas ao Estado-providência. Este autor refere ainda
que a expressão *nova direita* é "genericamente utilizada para dar conta de uma grande
variedade de ideias e valores, de raiz neoconservadora e neoliberal, relativamente
contraditórios". O mesmo autor, seguindo Dale & Ozga, refere que as "ideias económicas do liberalismo e do neoliberalismo valorizam sobretudo o mercado e a liberdade de escolha dos indivíduos, defendendo a diminuição da interferência do Estado
na vida privada; […] por outro lado, [...] a dimensão conservadora da *nova direita*
sublinha a importância da ordem, dos valores tradicionais e da hierarquia social"
(A. Afonso, 1998, p. 105).

concerned about unfair funding and the lack of coherence in planning school places in areas which included GM schools" (Anderson, 2000, p. 371-372).

Neste contexto, para Tony Bush *et al.* (1993, p. 209), a questão fundamental é saber se os valores dominantes do sistema educativo devem ser os das LEA's ou os das escolas consideradas individualmente, como está subjacente ao debate sobre as potencialidades e fragilidades da política das escolas GM.

Anderson (2000), por exemplo, sustenta que esta visão dicotómica, a existir, é discutível uma vez que haverá inevitavelmente casos em que as perspectivas das LEA's e das escolas se articulam. Contudo, Bush *et al.* (1993) argumentam que a política GM reconhece as escolas enquanto *realidades sociais*, dado que as lealdades e as preocupações dos actores (pais, alunos, professores...) se centram na escola enquanto instituição e não no seu lugar dentro do sistema educativo local.

Por outro lado, Fitz *et al.* (1993) chamam a atenção para um conjunto de questões de natureza moral que a opção inerente à política GM levanta, nomeadamente saber se será legítimo que as escolas tomem decisões sobre o seu futuro sem ter em consideração o seu impacto, eventualmente negativo, nas instituições vizinhas.

Quando o partido trabalhista chega ao governo, em 1997, bate-se pela abolição das escolas GM elaborando um novo quadro legal para a organização das escolas – *Excellence in Schools* – onde foram introduzidas três novas categorias de escolas: "foundation, voluntary and community schools". Esta nova política viria a ser confirmada com a publicação, em 1998, da legislação *Schools standards and framework act* onde as escolas GM deixariam de estar fora do âmbito das LEA's. (cf. Anderson, 2000).

Apesar de alguns verem nesta medida um retrocesso face à autonomia ganha pelas escolas, através da política GM, como demostraram alguns estudos empíricos (cf. Anderson, 2000), o papel dos LEA's, no enquadramento legal de 1998, assume uma dimensão diferente, tal como refere *The White Paper, Excellence in Schools*: "the role of LEAs [...] is no longer focused on control, but on supporting largely self-determining schools" (DfEE, 1997, p. 69). Assim, embora os

LEA's estejam de novo presentes nas escolas, deixam de ter uma função de controlo e assumem um papel que consiste em desafiar e promover as escolas da sua área no sentido do seu desenvolvimento, de forma a contribuir para aumentar a qualidade dos serviços prestados.

Como sustentam Ball *et al.* (1993), o final dos anos 80 e os anos 90 ficaram marcados por uma mudança contínua *state of flux* e consequente sentido de incerteza em relação às responsabilidades e às futuras linhas de actuação das LEA's.

Anderson (2000), com base no modelo proposto por Weick (1976) e Orton & Weick (1990), que explica a forma débil como os conceitos de autonomia e conexão se articulam nas organizações, modelo que foi reiterado por Bush (1986, p. 110) para o contexto educativo, conclui que a relação desconexa entre as GM e as LEA's deu lugar, com o novo enquadramento de 1998, a uma relação débil entre as *foundation and voluntary schools* e as LEA's.

O mesmo autor salienta ainda a problemática inerente à articulação entre unidades "autónomas" e organizações burocráticas dada a complexidade que caracteriza a dicotomia conexão/autonomia.

> "The issue is whether it is possible to build successful relationships between individual 'autonomous' units and organising bureaucracies operating at a 'higher' level of authority because the paradox of connection/autonomy is always going to be complex and problematic." (Anderson, 2000, p. 383).

Deste modo, as LEA's viram o seu campo de intervenção circunscrito e até reduzido através da existência de parâmetros mais delimitados, o que leva alguns autores a discutir a sua sobrevivência no contexto da administração da educação.

Assim, o debate actual em torno das LEA's centra-se, por um lado, na sua manutenção no quadro das competências que lhe foram consignadas no actual quadro legal, e, por outro, na sua abolição e substituição por unidades administrativas mais vastas, a fim de colmatar o "deficit democrático" existente ao nível local. No entanto, esta perspectiva não reúne consenso, dado que, para alguns autores, não seria sinónimo de maior participação das comunidades locais e, pelo contrário, poderia contribuir para agravar o "local democratic deficit" (Sharp, 2002, p. 213).

> "At the beginning of the 21st century LEAs look destined to survive but only within narrowly defined parameters. Because of this it is contended here that new developments in the education service are likely to continue to emanate, as they have done in the last decade or so, very largely from central government" (*ibid.*, 213).

Fazendo uma análise das políticas actuais, de um modo geral, e particularizando ao sector educativo, Ball (s/d) chama a atenção para a emergência de uma nova forma de controlo do Estado (*new form of control*) visível em processos de *re-regulação* que se traduz numa nova relação do estado com o sector público, marcada por pelas ideias de mercado, gestão e *performatividade* (Ball, 1999). Esta tendência teve um impacto evidente, segundo o mesmo autor, num conjunto de iniciativas de gestão baseadas no local (*site-based managemant*), quer sob o governo tacheriano, quer durante a governação de John Major, quer ainda durante a vigência do governo trabalhista através da "*Third Way*".

2.3. A Administração das escolas em Inglaterra.

2.3.1. *Os Principais Órgãos das Escolas*

A estrutura organizativa das escolas em Inglaterra é variável, sendo no caso das escolas secundárias mais formalizada. Nas escolas primárias, mais pequenas, existe apenas um director e um sub-director, enquanto que as escolas secundárias possuem, para além do *Headteacher* (unipessoal) coadjuvado por dois ou três sub-directores, o *Governing Body* (colectivo). A dimensão e composição deste órgão varia de acordo com a categoria e a dimensão da escola, que é especificado no *Instrument of Government* existente em cada escola. O *School Standards and Framework Act*, de 1998, introduz alterações relativamente à composição, poderes e procedimentos relativos aos *Governing*

Bodies. Assim, desde Setembro de 1999, as escolas primárias (mesmo as mais pequenas) podem ter três *governors*, para alem do director, enquanto que as escolas secundárias de maior dimensão podem ter agora mais de vinte elementos na constituição do *governing body.* Deste órgão fazem parte o *Headteacher* (a não ser que não queira), representantes dos pais (eleitos pelos pais dos alunos inscritos nas escolas), representantes dos LEA's (nomeados), representantes eleitos dos professores, representantes eleitos do pessoal não docente, elementos cooptados (da comunidade local ou do mundo dos negócios no sentido de completar/complementar as aptidões dos membros) pelos membros que constituem o *governing body.* No caso de escolas com especificidades próprias (*foundation schools* e *voluntary controlled schools*), o *governing body* pode incluir outros elementos (nomeados), por exemplo, com o intuito de preservar o carácter religioso da escola.

As principais atribuições dos *governing bodies* são: a) propor uma visão estratégica para a escola, no que diz respeito nomeadamente à definição das linhas norteadoras da escola e do seu currículo, ao quadro das exigências do *national curriculum*, à gestão do orçamento, à determinação do número e composição do seu *staff*, incluindo o *Headteacher*, e à determinação de objectivos específicos para as disciplinas consideradas nucleares (inglês, matemática e ciências), a atingir no final de cada *key stage;* b) agir como *critical friend* da escola, proporcionando apoio e informação, dando sugestões, monitorizando e avaliando o desempenho da escola e agindo ainda como elo de ligação entre a escola e a comunidade local; c) assegurar a prestação de contas (com base na informação do *Headteacher* e do *staff* sobre o desempenho da escola) aos pais e à comunidade local através do relatório anual; d) estabelecer uma política de gestão do desempenho, por escrito, para gerir a avaliação dos professores depois de estes serem consultados.

Na prática, o *governing body* delega no *Headteacher* muitas das suas responsabilidades no que concerne à gestão quotidiana da escola, mas concentra o seu papel estratégico no desenvolvimento e monitorização da implementação da política da escola.

2.3.2. *O papel do* Headteacher

O Director da escola (*headteacher*) é considerado uma figura-chave no sistema educativo inglês. A sua posição é fortemente influenciada, por um lado, pela extensa história de independência profissional, com um perfil marcadamente de *management* que representa toda uma autoridade institucional e, por outro, pelo nível de responsabilidade que lhe é conferido pela legislação com funções claramente definidas.

Como salienta Trevor Male,

> "Traditionally, headteachers in England have been considered to be autonomous autocrats, a status that grew from the respect accorded to their predecessors in independent schools in Victorian times." (Male, 2001, p. 463)

Ainda o mesmo autor refere que, no actual quadro legal, o director é tido pelas suas qualidades de liderança fortemente determinante na eficiência da escola.

> "That level of respect is still largely maintained despite a radical shift in central Government policy, accompanied by legislation, over the last 25 years which has dramatically raised the levels of accountability for those running schools in the maintained sector." (ibid., p. 463)

Com o *Education Reform Act* de 1988, o papel do director de escola muda consideravelmente na sequência das alterações introduzidas ao nível da gestão centrada no local, o que lhes confere maior poder sobre muitos dos aspectos da gestão, como destaca Tony Bush.

> "The increased responsibilities imposed on principals by the ERA led to a belated recognition in UK that effective leadership in schools depends on supporting, developing and training heads." (Bush, 1997, p. 64).

Este é também o entendimento de outros investigadores ingleses que identificam a emergência de um *new managerialism* na gestão das escolas decorrente do volume, intensidade e rapidez das reformas, neste âmbito, e do crescente poder dos *Headteachers*, o que constitui, segundo eles, uma ameaça ao profissionalismo dos professores (Helsby & Mcculloch, 1997; Day, 2001).

As primeiras preocupações com a formação dos directores de escola surgiram em 1989 com a criação do *School Management Task Force* (SMTF) cujas recomendações iam no sentido do desenvolvimento de *mentoring schemes*. Esta modalidade era valorizada pelos novos directores, uma vez que lhes proporcionava apoio e assistência, diminuindo o isolamento.

A necessidade de formação em gestão para os directores das escolas torna-se mais evidente com a criação da *Teacher Training Agency* (TTA), em 1994, altura em que foi criado um programa de liderança e gestão (*Headlamp*) para os directores que, como refere Bush (1997, p. 65), "introduces the notion of 'abilities', a competence-based approach to defining the qualities required by effective heads."

Até 1997, as tentativas levadas a cabo pelo governo central no sentido de melhorar a qualidade da gestão das escolas foram algo desconexas e pouco significativas, dado não existir até então uma preparação sistemática dos directores de escola. (cf. Male, 2001, p. 464).

A iniciativa mais importante levada a cabo pela TTA, no âmbito do quadro para a formação e desenvolvimento profissional dos directores de escola, foi o programa[4] piloto *National Professional Qualification for Headship* (NPQH), apresentado em 1998, para *aspiring heads*. Tony Bush (1998) reconhece as potencialidades deste programa, que ele considera a mais importante iniciativa neste domínio, mas aponta algumas fragilidades, nomeadamente no que se refere à distinção entre liderança e gestão, a ênfase na "best practice outside education" e a falta de articulação entre o programa e os mestrados na área da gestão e liderança educacional.

Recentemente foi publicado um documento que apresenta um conjunto de estratégias através das quais os directores de escola podem

---

4 Com esta tendência, o NPQH assume uma perspectiva de formação baseada em competências associada a um processo de avaliação sumativa do tipo passa/ /chumba. Como refere Male, o "NPQH is a professional qualification based on the national standards that include 8 leadership attributes, 27 skills and 15 aspects of professional knowledge and understanding framed within a defined core purpose and five key areas of headship" (Cf. Male, 2001, p. 464-465).

adaptar às suas escolas a reforma dos últimos dez anos. Em 1998 foi lançado o primeiro programa para formar directores de escola (LPSH) seguido da criação da *National College for School Leadership* no ano 2000 (Day *et al.*, 2000, p. 7).

Como vimos, está subjacente às reformas educativas das últimas décadas na Inglaterra o conceito de mercado, segundo o qual se espera que as escolas funcionem como empresas forçando-as a competirem entre si, no sentido de dar resposta às exigências e interesses dos *consumidores* (pais e alunos).

Corroborando Bush, podemos dizer que o paradoxo destas políticas educativas reside no facto de, por um lado, se reconhecerem as virtudes da autogestão e, por outro, se postular a centralização do currículo, a inspecção mais apertada e a necessidade do desenvolvimento profissional dos directores de escola.

QUADRO 3
Administração das escolas em Inglaterra

PRINCIPAIS ÓRGÃOS	COMPOSIÇÃO	MANDATO	PRESIDENTE (Forma de designação)
Headteacher	Unipessoal + (dois ou três sub-directores)	Contrato permanente [c]	Nomeação pelo *Governing Body*
Governing Body	Headteacher [a] Representantes dos Pais Representantes dos LEA's Representantes dos professores Representantes do pessoal não docente Elementos da comunidade [b] (a dimensão e composição varia conforme a categoria e dimensão da Escola)	4 anos [d]	Designado de *Chairperson* ou *Chairman*, é um dos elementos do *Governing Body*, eleito pelos restantes elementos [e].

a) Por sua iniciativa, o *headteacher* pode ficar de fora.
b) Coopetados pelos restantes elementos, da comunidade local ou do mundo dos negócios, no sentido de completar/complementar as aptidões dos membros que constituem o órgão).
c) Os *headteachers* são normalmente nomeados com base num contrato permanente, isto é, sem limite temporal para o exercício do cargo.
d) Todos os elementos permanecem no *Governing Body* por um período de 4 anos, podendo ainda ser reeleitos ou cooptados novamente para outro mandato.
e) Este cargo é normalmente desempenhado por um dos elementos do *Governing Body*, sendo pouco usual o *headteacher* ser eleito para *Chairperson*.

3. ORGANIZAÇÃO DO SISTEMA EDUCATIVO E DAS ESCOLAS EM FRANÇA

O sistema educativo francês é um dos mais antigos e consolidados da Europa, com características fortemente centralizadoras e altamente reguladoras, em que os princípios que sustentam todo o sistema são, em grande medida, consequência da revolução de 1789 – público, obrigatório e laico. A administração da educação em França assume, tradicionalmente, um conjunto de características centralizadas, em que as competências educativas são exercidas pelo Estado para todo o sistema, a quem compete a elaboração dos currículos através dos programas, bem como a organização e o controlo das escolas. Este sistema educativo considerado como paradigma extremamente centralizado, hierarquizado e bastante eficaz constitui-se em vários pontos da história como um referencial para outros países, designadamente para Portugal.

As políticas educativas do período pós-guerra permitiram a transformação e constituição do sistema educativo actual preservando, contudo, as características essenciais do ensino em França: nacional, unitário e centralizado. Não obstante as características apontadas, no sistema educativo francês verifica-se, a partir de 1982, um processo de lenta desconcentração de algumas competências, por delegação, (sobretudo relativas à construção e manutenção das escolas) para a administração local. Neste processo são aprovadas várias medidas que concretizam a responsabilidade conjunta entre as comunidades locais e a administração central no sistema educativo, constituindo a *Loi d'orientation sur l'Éducation* de 1989 um marco decisivo que consolida esta ruptura com o antigo sistema.

3.1. Políticas de centralização, descentralização e autonomia das escolas

O sistema educativo francês foi alvo de transformações profundas durante a 2ª metade do séc. XX e mais especificamente no decurso dos últimos 20 anos no que diz respeito aos modos de regulação. Apesar de manter características centralizadoras em vários aspectos, as políticas educativas desenvolveram-se numa lógica de desconcentração, de territorialização e de descentralização, reconhecendo as entidades locais enquanto espaço de tomada de decisão (cf. Derouet, 1999). Tal como aconteceu noutros países *centrais*, a par destas políticas surgiram medidas importantes de controlo e regulação que incluem uma multiplicidade de dispositivos de acompanhamento e avaliação (cf. Demailly *et al.*, 2002).

Assim,

> "[...] o sistema educativo francês situa-se entre duas concepções. Uma concepção piramidal que corresponde à centralização: o bom comum é definido no Ministério da Educação e cada estabelecimento de ensino é uma unidade de execução. A segunda é uma concepção nova fundada sobre a autonomia dos estabelecimentos de ensino" (Derouet, 1999, p. 35).

3.1.1. *Centralização – a decisão a nível nacional*

Historicamente, a centralização constitui um traço distintivo da administração francesa. Contudo, esta tendência conheceu, a partir da década de 80, e mais concretamente na sequência da lei de 1982, alterações no sentido de valorizar a participação local através da delegação de competências. Sendo esta uma medida de iniciativa central, decorre de um movimento mais amplo de racionalização administrativa, institucional e pedagógica (cf. Demailly *et al.*, 2002). É a administração central que define o currículo (programas e métodos de ensino, exames, procedimentos de orientação, etc), os objectivos gerais e o enquadramento legal da sua operacionalização, bem como as modalidades de gestão do pessoal, as regras de distribuição orçamental, o controlo e a avaliação de directrizes e dos resultados obtidos através da inspecção (*ibid.*, 2002).

No sistema político francês a partilha do poder é muito complexa, uma vez que não constitui um bloco monolítico. Não é nossa intenção, no âmbito deste trabalho, descrever, de forma exaustiva, o processo e o modo de partilha de poder no sistema político francês. No entanto, destacaremos alguns aspectos que nos parecem pertinentes para a compreensão da administração das escolas. Assim, o ministério de educação, tal como referimos anteriormente, constitui o garante do funcionamento do sistema educativo, incluindo, para além das instâncias centrais, as regionais nomeadamente através da figura do *recteur* cujas funções consistem em garantir a operacionalização das orientações legislativas e regulamentares (cf. Egido, 1998).

A administração educativa compreende três níveis: o nível regional constituído pelas Academias (cuja figura central é o *recteur* que tem como função informar o ministro sobre a sua Academia – que engloba vários Departamentos – sobre a forma como aí se desenvolve a aplicação das medidas ministeriais); o Departamento, responsável pelos *collèges* (construção, equipamento e financiamento), à frente do qual está o *inspecteur* de Academia – representante do *recteur* – que actua como director dos serviços departamentais de educação, excepto no que diz respeito ao ensino superior; e o nível municipal que assegura a construção, manutenção e equipamento das *écoles primaires* (*ibid.*, 1998).

3.1.2. *Descentralização – políticas territoriais e locais*

Em França, o processo de descentralização incluiu três movimentos distintos. Por um lado, ocorreu uma desconcentração administrativa, iniciada nos primeiros anos da 5ª República, cujo principal objectivo consistia em diminuir o peso do Estado no funcionamento das instituições, criando centros de responsabilidade dotados de uma autonomia administrativa.

> "On observe ainsi un déplacement global du pouvoir du niveau central vers le niveau local. [...] En 1986 e 1987, une série de mesures ont fait passer du ministère de l'Éducation nationale vers les services académiques (rectorats et inspections académiques) la responsabilité de la structure pédagogique des établissements et de la gestion des personnels" (Demailly *et al.*, 2002, p. 21).

Por outro lado, verificou-se uma descentralização propriamente dita através da criação de centros de decisão independentes, no quadro das leis de descentralização de 1983 e 1985, que reconhecem a cada entidade local um conjunto de competências relacionadas com a construção, ampliação e funcionamento dos estabelecimentos de ensino. A par destas medidas verificou-se uma maior participação das entidades locais nas decisões tomadas quer ao nível dos estabelecimentos de ensino, quer ao nível dos conselhos departamentais e regionais (cf. Demailly *et al.*, 2002). Em terceiro lugar, houve ainda um outro tipo de descentralização traduzido na criação de *Zones d' Éducation Prioritaires* (ZEP) cuja principal finalidade consistia em combater as desigualdades sociais. De acordo com Rochex, esta medida política pressupõe uma dupla ruptura: a primeira diz respeito à gestão igualitária/ /equitativa dos recursos até então considerada garante de igualdade de oportunidades; a segunda prende-se com a renovação do sistema administrativo que reconhece a relevância do projecto educativo e da desconcentração administrativa (cf. Rochex, 1999).

Esta territorialização das políticas educativas, que esteve ligada a um movimento mais amplo de desconcentração e de descentralização do poder no contexto do sistema político francês, operacionalizou-se em dois momentos. O primeiro, a partir de 1990, foi dirigido sobretudo para os *établissements sensibles* que beneficiavam de medidas específicas, tais como, suplemento orçamental, crédito horário suplementar, etc. O segundo relançamento desta política de educação prioritária ocorreu em 1998 com a concretização de *réseaux d'éducation prioritaire* (REP) que pressupunham um alargamento destas medidas a um conjunto de escolas que apresentavam problemas específicos, através de um contrato de três anos no sentido de aumentar o sucesso educativo (cf. Demailly *et al.*, 2002).

3.1.3. *Autonomia e organização das escolas*

A dupla preocupação em modernizar o sistema educativo e preservar o serviço público da educação, protegendo-o de abusos locais, permitiu neutralizar oposições políticas e inspirar as leis de descentralização aplicadas à educação nacional na década de 80 (cf. Meuret *et al.*, 2001). No contexto do processo de descentralização ocorrido no sistema educativo francês, são ainda de referir a legitimidade para desenvolver políticas específicas e uma *certaine autonomie* ou "autonomie partielle" (cf. Dutercq, 2000) que caracterizam os *Établissements publics locaux d'enseignement* (EPLE). Como sublinha Barthelemy,

> "On note la volonté du rapprochement entre l'établissement et son environnement proche même si des décisions bien précises restent encore prises au niveau de l'état" (Barthelemy, 1999, p. 229).

Em termos de organização administrativa, os EPLE incluem dois órgãos complementares: o *conseil d'établissement* – órgão deliberativo, eleito – e o *chef d'établissement* – órgão executivo – que representa o EPLE, preside aos seus diversos órgãos e executa as deliberações.

Apesar deste reconhecimento da autonomia, o *chef d'établissement* continua a ocupar um lugar de destaque na medida em que é ele que prepara e submete o orçamento às autoridades responsáveis pelo controlo administrativo dos EPLE, sendo ao mesmo tempo responsável pela aplicação das políticas.

Embora esta *autonomia relativa* não tivesse sido acompanhada por uma política oficial de livre escolha da escola por parte dos pais, como ocorreu noutros países (designadamente Inglaterra e Nova Zelândia) foram visíveis fenómenos de *concorrência* entre as escolas, para atrair alunos de *bon niveau* escolar e social.

> "La nécessite accrue dans ce cadre, pour un certain nombre d' établissements, d' améliorer leur image conduit de nombreux principaux et proviseurs à dépenser une partie de leur temps et de leur énergie, et une partie non négligeable des ressources de l' établissement dans des activités de marketing, comme la creation de plaquettes d' étabelessiment ou la 'mise en scène' de l' établissement pour des visites des parents et des journées portes ouvertes" (Demailly, 2002, p. 26).

Este processo de descentralização que se traduziu numa delegação de competências não foi, contudo, bem visto na medida em que foi acompanhado por um aumento da dimensão burocrática. Por outro lado, o conceito de autonomia dos EPLE surge associado à capacidade de desenvolver projectos específicos, no quadro dos constrangimentos impostos pelos programas de ensino, considerados sobretudo como uma *obligation administrative* (cf. Demailly, 2002).

A ideia subjacente à autonomia pedagógica dos estabelecimentos de ensino presente na lei de 1989 consiste na possibilidade de elaborar o *projet d'établissement* na perspectiva de garantir a operacionalização dos objectivos nacionais através da sua adequação ao contexto local. É neste sentido que Meuret, Broccolichi e Duru-Bellat se referem à "autonomie de moyens, au service des objectifs nationaux" (Meuret *et al.*, 2001, p. 120).

3.2. A Administração das escolas em França.

3.2.1. *Os Principais Órgãos das Escolas*

Em França, apesar da similitude dos órgãos e de algumas nuances na sua composição, encontramos o *Conseil d'École*, o *Directeur* e o *Conseil des Maitres* nas escolas do *premier degré* (*école maternelle* e *école élémentaire*) o *Conseil d'Administration*, o *Proviseur* ou *Principal* e o *Conseil des Professeures* nas escolas do *séconde degré* (*collège* e *lycée*).

As escolas em França são administradas por um órgão colectivo (o *Conseil d'École* ou *Conseil d'Administration*), como já referimos, o qual é constituído por representantes dos pais, dos professores, da administração educativa e do município. No que diz respeito às escolas primárias, o *conseil d'école* é constituído pelos seguintes elementos: o director, os professores da escola, os representantes dos pais dos alunos (eleitos), o *maire de la commune* e um conselheiro municipal responsável pelos assuntos escolares. De entre as competências atribuídas a este órgão, destacam-se a função de ser ouvido sobre as condições de funcionamento da escola, nomeadamente no que diz respeito aos materiais e meios financeiros, à utilização dos locais da escola, ao regulamento interno, à organização do horário de funcionamento e à organização de actividades complementares de natureza desportiva e cultural. Quanto às escolas secundárias, o *conseil d'administration* – órgão deliberativo e consultivo – é composto por representantes das colectividades locais e da administração do estabelecimento, representantes do pessoal docente e não docente (eleitos), representantes dos pais dos alunos (eleitos) e representantes dos alunos (eleitos). Na gestão quotidiana da escola é de referir ainda a existência da *commission permanente*, composta por representantes da administração da escola, do pessoal docente e não docente, dos pais, dos alunos, da *commune* e do *departement*, a quem compete instruir as questões a serem apresentadas ao *conseil d'administration* para apreciação.

Ao nível da coordenação pedagógica, destaca-se, nas escolas primárias, o *conseil des maîtres*, que se reúne pelo menos uma vez por trimestre, sob a presidência do director e que é consultado sobre questões de natureza pedagógica ou didáctica. Nas escolas secundárias salienta-se o *conseil des professeurs*, composto pelos professores de uma turma ou curso, que se reúne sob a presidência do director e cuja função principal consiste em avaliar os resultados escolares obtidos pelos alunos e em elaborar propostas de orientação, caso seja necessário, para o que devem ser ouvidos os pais ou os alunos nos níveis superiores.

3.2.2. *Le chef d'Établissement*

A característica que melhor define o *Chef d'Établissement* é o seu carácter de representante do Estado. O seu perfil predominantemente administrativo e a sua relação próxima com o poder central, de quem depende, conferem-lhe um enorme poder que, muitas vezes, se traduz na manifestação de rituais caracterizados por manter uma distância nas relações pessoais.

Barthelemy (1999, p. 229) realça o seu papel primordial na aplicação da política escolar chamando a atenção para o seu estatuto peculiar: "[...] il devient à la fois le représentent de l'état, donc responsable de la mise en application de la politique éducative nationale et le chef de son établissement pour l'education nationale donc amené à adapter cette même politique éducative au contexte local".

Ao longo da história, no sistema educativo francês podemos encontrar a distinção entre *écoles primaires* e *collèges* pela sua tradição totalmente distinta que ainda hoje apresenta algumas consequências designadamente no que diz respeito à consolidação da figura do director escolar, muito mais consolidada nas escolas secundárias, onde este é efectivamente um chefe com poderes tanto sobre a instituição como sobre as pessoas (a subida na carreira dos professores depende da avaliação feita pelo director que comunica a sua avaliação ao *inspecteur*), do que nas escolas primárias, onde é um de entre os seus pares (cf. Delaire, 1993, p. 32). A própria designação é distinta, sendo nas *écoles primaires – maternelle* e *élémentaire – (directeur)*, nos *collèges (principal)* e nos *lycées (proviseur)*.

Apesar desta distinção na designação, o director continua indiscutivelmente a ser a figura central (de autoridade) abarcando um amplo leque de funções desde as de natureza administrativa e financeira até às de carácter pedagógico, relacional e político, estipuladas em 1985, 1990 e 2001. Assim, enquanto representante do estado, assegura a aplicação das medidas educativas nacionais, enquanto *chef d'établissement*, adapta as políticas ao contexto local (cf. Egido, 1998; Barthelemy, 1999). Neste sentido, compete-lhe articular as políticas locais aos objectivos nacionais e, consequentemente, promover/impulsionar a elaboração do *projet d'établissement* antes da aprovação da versão definitiva do *conseil d'administration*.

> "De cette façon, l'État fixe les grands objectifs, et contrôle leur respect dans le texte d'un projet d'établissement Qui permet à chaque établissement 'd'apporter as contribution à la réalisation des objectifs nationaux tout en prenant en compte la diversité des publics scolaires et des situations d'enseignement'" (Meuret *et al.*, 2001, p. 115).

Em suma, o *chef d'etablissement* congrega um vasto leque de funções decorrentes da sua qualidade de órgão executivo e de representante do Estado, nomeadamente no que diz respeito à execução das deliberações do *conseil d'administration* e à supervisão da actuação do pessoal da escola e à execução do orçamento aprovado pelo *conseil d'administration*. Para além disso, as suas funções incluem ainda a vigilância pelo bom funcionamento da escola, quer no que diz respeito ao ensino, quer no que diz respeito à segurança e à disciplina.

QUADRO 4
Administração das escolas em França

PRINCIPAIS ÓRGÃOS	COMPOSIÇÃO	MANDATO	PRESIDENTE (Forma de designação)
Conseil D' Administration	Professores Pais dos alunos Alunos Pessoal Não Docente Rep. da autarquia *Proviseur / Principal* + Adjuntos	1 ano	*Chef d'établissement*
Directeur / *Proviseur / Principal*	Unipessoal	Contrato permanente	Professor nomeado pelo Ministério da Educação (por concurso, promoção ou destacamento)
Commission permanente	*Chef d'établissement* adjunto do *Chef d'établissement* gestor do estabelecimento Conselheiro principal de educação (ou o mais antigo) Director adjunto encarregue da secção de educação especializada (collèges) ou director de trabalhos (lycées) representantes eleitos do pessoal docente e não docente representantes de alunos e pais representante do município representante da comunidade local	1 ano	*Chef d'établissement*
Conseil de discipline	*Commission permanente* representante suplementar dos alunos (eleito no *Conseil D' Administration*)	1 ano	Chef d'établissement
Conseil des délégués des élèves (lycées)	*Delegados dos alunos*	1 ano	Chef d'établissement
Conseil des Professeurs	Professores de uma turma ou disciplina	1 ano	Chef d'établissement

Décret n° 85-924 du 30 août 1985 – Décret relatif aux établissements publics locaux d'enseignement
Décret 90-978 1990-10-31; Décret 91-173 1991-02-18; Décret 92-1452 1992--12-31; Décret 93-530 1993-03-26; Loi 94-1040 1994-12-02; Décret 2000-620 2000--07-05

4. ORGANIZAÇÃO DO SISTEMA EDUCATIVO E DAS ESCOLAS EM ESPANHA

A morte de Franco, em 1975, marcou o fim de um período caracterizado por um regime político autoritário e a subida ao trono do Rei Juan Carlos I assinalando o início de um período de restauração da democracia espanhola. Esta foi uma transição que alguns autores caracterizam como "un modelo de evolución legal y pacífica de una dictadura a una democracia" (Benítez, 1999, p. 33). Neste contexto, em Espanha, o Sistema de Ensino suportou, nas duas últimas décadas, várias e importantes reformas no sentido de desenvolver o artigo 27.º da Constituição Espanhola (1978) que se refere ao direito à educação. Este artigo é considerado, pela generalidade dos autores, como *el pacto escolar*, e em torno do qual se vão fundamentando as políticas educativas em Espanha, quer do governo socialista do PSOE, quer do governo popular do PP.

Para entender melhor o sistema educativo espanhol é preciso considerar o princípio da descentralização política e administrativa da Constituição, onde a educação aparece como uma responsabilidade partilhada que pode ser regulada a partir do centro como das comunidades autónomas.

4.1. O Pacto Escolar Constituinte e o Modelo Competencial de Educação

Apesar da instabilidade vivida no período de transição designadamente nos governos do partido da União de Centro Democrático (UCD), quando se discutia a Constituição Espanhola, pela primeira vez, a educação foi, num consenso entre todos as forças partidárias, considerada como "un bien cultural complejo, inmaterial, que integra un haz de derechos y liberdades inspirados en los principios de igualdade y liberdad [...]" (Benítez, 2000, p. 29). As negociações para se alcançar o acordo quanto à redacção do artigo 27.º da Constituição foram difíceis e complexas, como refere Damián Traverso (1978) e Puelles Benítez (1980).

"[...] la Constitución fuera producto de una complicada transacción entre la derecha y la izquierda, un mecanismo preciso de pesos y contrapesos, un equilibrio arduo de derechos y libertades." (Benítez, 2000, p. 29)

Segundo Puelles Benítez, nas negociações havia um equilíbrio de interesses. Enquanto a UCD que representava e defendia os interesses da igreja, procurava salvaguardar "seguridad jurídica para los colegios religiosos, financiación pública para ellos, libertad de creación y dirección de centros docentes", de entre outros, o PSOE, assumindo-se como o principal partido da oposição, adoptava uma concepção de educação mais ligada ao interesse das classes populares e procurava defender um "papel activo del Estado y de los demás poderes públicos que en él se integran, gratuidad de la enseñaza pública, oferta planificada de puestos escolares públicos, participación de la comunidad escolar en los centros docentes" (Benítez, 2000, p. 29).

No que diz respeito à questão da participação na gestão "el texto constitucional trató de combinar lo mejor que pudo elección y participación, libertad de enseñanza y libertad docente, derecho a la creación de centros y control de los fondos públicos." (Enguita, 1993, p. 15).

Deste modo, as decisões tomadas durante a negociação para o artigo 27.º da Constituição não só foram fruto de um consenso ideológico e político como também de um consenso de interesses. Assim, ao compatibilizar diferentes exigências de dos princípios de igualdade e liberdade, o pacto constitucional

"garantizaba la paz escolar, pero al mismo tiempo permitía que, por el juego de la alternancia democrática, uno u otro partido en el poder hiciera énfasis en su política de igualdad o de libertad, siempre que respetara el contenido esencial del complejo haz de derechos y libertades regulado en el artículo 27" (Benítez, 2000, p. 30).

A questão da integração dos velhos nacionalismos periféricos no quadro da nova ordenação territorial do poder político, em Espanha, também foi um dos principais problemas. Contudo, verificou-se também aqui um consenso entre as principais forças político-partidárias.

Baseado na Constituição de 1931, foi estabelecida uma dupla lista de competências mínimas comuns para todas as comunidades autónomas e competências próprias para o Estado.

> "Por lo que respecta a educación, la Constitución otorgaba al Estado dos competencias muy importantes: la regulación de las condiciones de obtención, expedición y homologación de los títulos académicos y profesionales, y las normas básicas de desarrollo del artículo 27, que resultaban de obligado cumplimento para las comunidades autónomas. Estas últimas asumían competencias de desarrollo y de ejecución" (Benítez, 1999, p. 38).

Como refere o mesmo autor, este modelo de descentralização foi objecto de regulação posterior mais específica com a publicação da *Ley Orgánica del Estatuto de los Centros Escolares* (LOECE), em 1980, onde ao Estado se reserva a ordenação geral do sistema educativo, o currículo básico nacional, bem como a *alta inspección*, no sentido de preservar uma unidade nacional no quadro de descentralização territorial.

4.2. **O Período de Governação Socialista**

Quando em 1982 o PSOE chegou ao poder, o seu programa eleitoral no que diz respeito à educação era basicamente inspirado em dois princípios: garantir o direito à educação e melhorar a qualidade do ensino. Neste sentido, três anos mais tarde, o governo publicou a *Ley Orgánica del Derecho a la Educación* (LODE) e que, segundo Puelles Benítez (1999), se caracterizava por três princípios fundamentais: (1) Reafirmar as competências do Estado e a neutralidade ideológica dos centros docentes públicos; (2) Democratizar os centros (públicos e privados) com a criação dos Conselhos Escolares; (3) Formação de uma rede de centros docentes gratuitos compostos quer por escolas públicas, quer por escolas privadas *concertadas* de modo a garantir uma escola para todas as classes (cf. Benítez, 2000, p. 31).

Embora considerando indissociáveis os princípios de igualdade e qualidade do ensino, a governação socialista colocou em primeiro lugar a ênfase, sobretudo, na igualdade: *la igualdad de acceso a la educación, la igualdad de condiciones* e *la igualdad de resultados*, que se manteve até à publicação de uma nova ordenação do sistema educativo – *Ley Orgánica General do Sistema Educativo* (LOGSE) – onde é retomado e predomina o princípio da qualidade (cf. Bonal, 1998).

Segundo Puelles Benítez, esta lei, publicada em 1990, caracteriza-se por ser:

> "[...] una ley fruto de la amplia experimentación que se inicia en 1983; [...] una ley que impulsa una reforma profunda del sistema educativo para responder a las exigencias del presente y del futuro; [...] una ley que trata de garantizar la unidad del sistema educativo en el marco de una educación fuertemente descentralizada" (Benítez, 1999, p. 45).

Trata-se de uma lei que alterou com alguma profundidade o currículo ajustando-o à idade escolar obrigatória até aos 16 anos, ao mesmo tempo que cria um novo nível de ensino (*Enseñanza Secundaria Obrigatoria* – ESO). Esta iniciativa legislativa surgiu no culminar de um longo processo de debate e negociação entre a administração e a comunidade educativa e que começou com a publicação de um documento, em 1994, "Centros Educativos e Qualidade do Ensino" onde eram apresentadas 77 medidas essencialmente direccionadas aos órgãos de gestão, à direcção, ao desenvolvimento profissional dos professores e à avaliação (cf. Ortega, 1999).

A fechar o ciclo de reformas, ocorridas entre 1980 e 1995, é publicada a *Ley Orgánica de Participación, Evaluación y Gobierno de los Centros Educativos* (LOPEGCE) e que incide essencialmente na melhoria da participação e avaliação dos Centros Docentes e ainda na melhoria da qualidade do ensino.

> "[...] la calidad de la enseñanza no se divorciaba de la igualdad de oportunidades: se seguía reclamando una calidad de educación básicamente igual para todos, que evite o reduzca la discriminación, fruto de las desigualdades sociales, arbitrando para ello medidas compensatorias [...]" (Benítez, 1999, p. 46).

Foi então apresentado um conjunto de medidas para incrementar a qualidade do sistema educativo incidindo mais especificamente na oferta de ensino dos *centros públicos*. Estabelece uma série de mudanças nos aspectos da autonomia e da participação da comunidade educativa na organização dos *centros*. Esta lei, que não obteve muitos apoios especialmente dos professores, introduzia como novidade uma maior autonomia dos centros, um reforço da figura do director (deveria agora possuir cursos de formação), programas de formação contínua para professores e ainda a avaliação, quer dos centros, quer dos directores, bem como dos professores.

4.3. **O Partido Popular e a conexão à ideologia neoliberal**

A chegada ao governo do Partido Popular (1996), o que aconteceu pouco tempo depois da publicação deste diploma, trouxe uma política educativa sustentada no discurso da qualidade. No programa eleitoral do Partido Popular podemos constatar:

> "[...] los ejes de la oferta educativa del Partido Popular son dos: calidad y libertad de enseñanza." (Programa eleitoral do PP, 1996).

De um modo especial a então Ministra da Educação Esperanza Aguirre protagoniza os princípios mais valorizados pelo governo PP e numa entrevista afirma que se situa claramente na *doctrina liberal*.

> "Al Partido Socialista hay que reconocerle, en relación con la escuela privada, el mérito de haber respectado el consenso constitucional de los conciertos educativos. El reto que nos queda ahora a nosotros es ganar la batalla de la calidad, que no se basa únicamente en los meritos o recursos materiales. Éstos son importantes, desde luego, y habrá que evaluar cuántos profesores hay por aula y por alumno, los espacios disponibles y otras *ratios*" (Aguirre, 1997, p. 10).

Para além da avaliação, outros dos pontos-chave do discurso incidiam no objectivo de favorecer a liberdade de escolha por parte das famílias, permitindo optar pelos centros públicos ou privados. O discurso da qualidade continua presente, porém, agora enfatizado pela valorização do princípio constitucional da liberdade, o que levou Viñao a designar este discurso de "neoliberalismo a la española" (Viñao Frago, 1998).

Segundo Puelles Benítez (1999), esta política de considerar a educação como uma prioridade para a modernização de Espanha pode ser vista como uma estratégia adoptada pelo governo popular para preparar a iminente entrada na Europa do Euro, e portanto, a adopção de políticas de convergência e austeridade dos gastos públicos.

Esta política do governo e mais concretamente as declarações da ministra da educação (Esperanza Aguirre), na "conferencia del siglo XXI" onde expôs as linhas da sua gestão ministerial, levaram a que associações de pais e alunos, sindicatos e organizações representativas do ensino privado, que, outrora tinham posições distintas, assumissem as questões da educação como prioritárias e celebrassem uma espécie de pacto social educativo assinando uma *declaración conjunta en favor de la educación* e reivindicando um novo plano de financiamento para a educação. Em consequência deste facto, o governo não só não atendeu a este pacto social como rejeitou uma proposta feita pelo PSOE no parlamento.

Actualmente, a discussão que mobiliza grande parte da sociedade anda em torno do debate público sobre a *Ley de Calidad* aprovada recentemente pelo conselho de (Julho de 2002). O governo é confrontado com fortes críticas dos partidos da oposição e de alguns sindicatos do sector. Porém, também conta com bastantes apoios uma vez que recuperou algumas propostas da maioria dos professores e dos pais. Trata-se de um projecto de lei que obteve parecer favorável do *Consejo Escolar del Estado* e do *Consejo de Estado*. Como refere Alonso (2002, p. 10), "En el texto late una enfermiza por la obsesión por el orden y la disciplina. Llega a hablarse del aprendizaje de una convivencia ordenada, como si fuera posible una convivencia desordenada", o que representa, para o mesmo autor uma espécie de *back to the basics* dos anglosaxónicos conservadores.

4.4. A Administração das escolas em Espanha.

4.4.1. *Os Principais Órgãos das Escolas*

Na administração das escolas em Espanha existe o *Consejo Escolar*, o *Director del Centro* e o *Claustro de Profesores*.

O *Consejo Escolar* é o órgão colegial de participação na administração dos *centros educativos* financiados com fundos públicos. Na sua composição encontramos o *director del centro* (quer preside também a este órgão), o *jefe de estudios*, um representante do *Ayuntamiento*, um número variável de professores (nunca inferior a 1/3 do total dos elementos do conselho), um número variável de pais e alunos (nunca inferior a 1/3 do total dos elementos do conselho), o *secretario* ou o *administrador del centro* (que desempenha a função de secretário, sem direito a voto). O mandato do *consejo escolar* é de 4 anos, porém este órgão renova a sua constituição de dois em dois anos substituindo os elementos efectivos pelos suplentes.

O *Claustro de profesores* é o órgão de participação dos professores e que integra a totalidade dos mesmos em exercício na escola. Presidido pelo director, as suas competências e atribuições centram-se na programação de todos os aspectos pedagógicos da escola, bem como na eleição dos representantes dos professores no *consejo escolar* e ainda a avaliação dos alunos. São ainda atribuições deste órgão o conhecimento das candidaturas e respectivos programas de direcção.

Actualmente, a proposta da Ley de Calidad de la Educación introduz uma mudança nos órgãos de gestión, control y gobierno de los centros, apresentando uma divisão entre órganos de gobierno e órganos de control e gestión. Assim, tanto o Consejo Escolar como o Claustro de Profesores são agora considerados órganos de control e gestión. A proposta de Lei atribui a responsabilidade do Reglamento de Régimen Interior y el presupuesto ao Consejo Escolar; ao Claustro de Profesores (exclusivamente) é deixada a responsabilidade de elaboração do Proyecto Educativo. A Programación general é ainda da competência exclusiva da dirección.

4.4.2. *O Director dos* Centros Educativos

À semelhança de outros países europeus, em Espanha, verificou-se, nas últimas décadas, uma mudança no perfil dos directores de escola. Do ponto de vista da organização escolar, é a partir de 1970, com a *Ley General de Educación* (LGE)[5], que se inicia a mudança. Até aqui os directores eram nomeados directamente

"como persona de confianza por el Director General de Centros del Ministerio de Educación entre los catedráticos numerario del Instituto [que] debían jurar los principios del Movimiento lo cual les convertía en perfiles políticos garantes de las leyes que justificaban el régimen desde el centro educativo" (Álvarez, 1997a, p. 77).

Com a publicação da LODE, que se produziu a partir do artigo 27.º da Constituição espanhola, como já referimos anteriormente, introduz-se no sistema uma componente democrática na eleição do director pelo *Consejo Escolar*. Esta lei

"aporta a formación del equipo directivo, elegido por los propios miembros de la comunidad escolar, superando la idea del director como responsable único del funcionamiento del centro, tanto de los ámbitos académicos como administrativos y ejecutivos, e iniciando un nuevo modelo más participativo en la gestión de un centro" (Bernal, 1994, p. 75).

Esta foi uma lei que agradou a pais, mas não foi tanto do agrado dos professores, e a sua ineficácia veio a ser demonstrada com o tempo. Passados dez anos de experiência desta lei, vem o *Consejo Escolar del Estado* propor ao governo a adopção de soluções para o que ficou conhecido pela chamada "falta de liderazgo en los centros", donde saiu

---

[5] Segundo Bernal (1994, p. 75), esta lei "incorporaba al cargo de director la función docente y eliminaba su carácter vitalicio, pero mantenía un alto grado de poder decisorio, ejecutivo y control, puesto que el claustro y el consejo asesor poco podían hacer con las funciones que tenían asignadas".

um debate nacional em torno da qualidade emergindo como um dos aspectos centrais a direcção escolar, como já referimos anteriormente.

Assim, em 1993, com a publicação do *libro blanco sobre educación y calidad de enseñanza,* e em consequência do debate nacional em torno desta questão, inicia-se um processo de mudança em relação à profissionalização da direcção, sem, no entanto, retirar o carácter de eleição por parte do *Consejo Escolar* (cf. Álvarez, 1997b, p. 58).

O novo modelo de direcção tinha como base três pilares fundamentais: a participação assegurada com a eleição pelo *Consejo Escolar*, uma maior preparação dos candidatos que deverão ser previamente habilitados pela administração educativa[6] e ainda maiores incentivos económicos e profissionais para os directores.

O director, formando uma equipa directiva com o *Jefe de Estudios* e o *Secretario,* tem agora que ser acreditado pela Administração com base numa "valoración positiva de la formación recibida de carácter institucional" que assenta, quer na experiência de cargos anteriores, quer na actividade docente. Os candidatos devem apresentar o seu *proyecto de gestion* em primeiro lugar ao *Claustro de Profesores* e depois ao *Consejo Escolar* a quem compete eleger a equipa directiva. O trabalho desenvolvido por esta equipa é objecto de uma avaliação no fim de quatro anos. Caso seja positiva, a equipa é reconduzida nas suas funções por mais um mandato.

As mudanças sugeridas pelo "proyecto de Ley de Calidad de la Educación" pressupõem, para o caso das escolas públicas, um claro reforço do poder do director e da sua equipa, que passa a ser considerado como "órgão de gobierno" das escolas reforçando a sua dependência da "Administración Educativa" em detrimento da comunidade escolar (pais, alunos, professores). Com esta proposta, o director deixa de ser eleito pelo *Consejo Escolar* para ser eleito por uma comissão constituída por elementos representantes da *Administración* e do próprio *Centro*.

---

6 Para que um professor fique habilitado para o cargo de director terá que realizar um curso de 120 horas incidindo sobre conteúdos da direcção e ainda ter avaliação positiva no desempenho do seu trabalho na escola, bem como no desempenho de cargos que tenha desempenhado.

QUADRO 5
Administração das escolas em Espanha

PRINCIPAIS ÓRGÃOS	COMPOSIÇÃO	MANDATO	PRESIDENTE (Forma de designação)
Consejo Escolar	Director Jefe de Estudios *Secretario* [a] *Concejal* / Rep. *del Ayuntamiento* Professores Alunos Pais dos alunos Pessoal Não Docente *(O nº é variável consoante a Comunidade Autónoma e o tamanho do Centro Educativo)*	4 anos [b]	Director do *Centro*
Director de *Centro* Jefe de Estudios Secretario (órgão colegial)	Professores (eleitos ou nomeados)	4 anos (tanto os eleitos como os nomeados)	Professor eleito pelo Conselho Escolar de entre os professores do estabelecimento ou nomeado no caso de não haver candidatos ou não obter maioria suficiente
Claustro de Professores	Professores	Enquanto permanecem no estabelecimento, sejam definitivos ou provisórios	Director de *Centro*

a) Sem direito a voto.
b) Os representantes dos professores, do pessoal não docente, dos alunos e dos pais dos alunos renovam-se de dois em dois anos (um terço dos elementos), por forma a que haja sempre no Conselho Escolar elementos com experiência.

5. SÍNTESE

Da análise dos modelos organizativos dos sistemas educativos e da administração das escolas nos países mencionados, efectuada ao longo deste capítulo, ainda que de um modo sucinto, constata-se a preocupação em proceder a alterações, mais ou menos profundas, nos sistemas educativos no quadro das políticas adoptadas, designadamente nas últimas décadas.

Assistimos, de forma generalizada, a uma tendência para o desenvolvimento de políticas que promovem a transferência de competências para o nível local, e designadamente para as escolas, sob a forma de desconcentração e/ou descentralização. Este movimento, porque desenvolvido em contextos políticos determinados pelos seus antecedentes históricos e culturais, revestiu-se de modalidades e até princípios distintos ao nível da sua execução.

No caso de Inglaterra, como vimos, as reformas neo-liberais no campo da Educação, ao centralizar o currículo por um lado, criando ao mesmo tempo um modelo de *local management school* ou *self-management school* que faz depender as escolas, em termos administrativos, do poder central (mormente no caso das *grant maintained schools*), socializa-o por outro, ao reconhecer um papel importante aos *governing bodies* que são maioritariamente compostos por pais e notáveis. Trata-se de um órgão a quem compete distribuir o orçamento proveniente da administração central, que é calculado em função dos resultados, e ainda recrutar/seleccionar o director (*headteacher*) e, deste modo, controlar o funcionamento da própria escola. Nesta perspectiva, os directores das escolas, cujas funções assumem características essencialmente de *management* central, preocupam-se sobretudo com o financiamento da escola, que se encontra associado aos resultados académicos obtidos, pois deles depende a sobrevivência da escola e, por conseguinte, o seu próprio posto de trabalho. Na lógica destas políticas de gestão local da educação e de reforço da autonomia das escolas, características de governos neo-conservadores (típicos dos governos da *nova direita*), está a adesão a uma lógica de mercado pela valorização de dispositivos de livre escolha. Este processo, que aparentemente parece assentar no princípio da descentralização, pelo contrário, favoreceu uma nova forma de "recentralização" e "redescentralização" (Barroso & Sjorslev, 1990) ao permitir ao Estado um maior controlo à custa da redução dos poderes das *Local Education Autorities*.

Em França, os sinais de mudança reflectem-se na complexificação da administração da educação em resultado da aplicação de processos de desconcentração administrativa e descentralização do Estado e ainda em políticas educativas de territorialização, por exemplo as ZEP. Deste modo, podemos encontrar uma outra forma de lidar com esta problemática, em que as iniciativas levadas a cabo se apresentam mais em termos sectoriais, de certo modo limitadas ao essencial para aliviar a pressão sobre o Estado (Barroso, 1999), enquadrando-se em processos mais amplos de políticas de desconcentração e/ou descentralização no sentido de transferir poderes e recursos para as colectividades locais. Trata-se de um país de tradição centralizada onde a forte regulação Estatal é combinada com a tendência para novos modelos de regulação local do sistema educativo, com particular destaque para os novos papéis dos pais, alunos, professores e comunidade local (que se traduzem num perfil de direcção mais ligado à capacidade de negociar e tomar decisões partilhadas através da "lógica comunitária", onde professores e pais são convidados a cooperar). Assim, observamos uma tendência para o reforço de novos modos de regulação e de responsabilidade das escolas que se reflecte numa retracção do papel do Estado, ao mesmo tempo que se refugia em estratégias de produção normativa e de controlo centradas na responsabilização dos resultados através do reforço das avaliações externas. É de salientar ainda a competição entre os estabelecimentos decorrente da emergência de estratégias de escolha por parte dos pais, o que conduziu à utilização crescente por parte daqueles, no quadro da autonomia de que dispõem, de formas de atrair os seus clientes (alunos).

No caso de Espanha, convém notar que o conceito de descentralização é distinto da concepção dos países de cultura anglosaxónica. A diferença reside no facto de, nestes países, a descentralização apontar para uma administração a partir das autoridades locais, enquanto que, no caso de Espanha, representa um modelo de cultura centralista em parte de influência francesa.

Tanto em Espanha como na França, verifica-se um aumento limitado de competências das escolas bem como a introdução de uma lógica comunitária onde a elaboração de "projectos educativos" pode ser associada à introdução de mecanismos de avaliação e de prestação de contas. Salientamos ainda, no caso espanhol, o *pacto escolar* em torno do artigo 27.º da Constituição espanhola que permitiu que, a partir de contextos políticos diferentes, se desenvolvessem estratégias distintas com base nos princípios de igualdade e liberdade.

Podemos então afirmar que, no caso de Inglaterra, se apresenta uma forma extremada de concretização de políticas neo-liberais, ao mesmo tempo que assistimos a uma tendência mais ou menos generalizada destas mesmas políticas noutros países europeus (como vimos pelos casos apresentados), mas revestindo-se de contornos menos nítidos e assumindo manifestações mais *soft*.

De seguida apresentamos dois quadros-síntese de alguns elementos caracterizadores dos sistemas educativos e da administração das escolas relativos aos países analisados nos dois primeiros capítulos deste trabalho.

QUADRO 6

Administração de alguns Sistemas Educativos na Europa

	FINANCIAMENTO	CURRÍCULO	ADMINISTRAÇÃO DAS ESCOLAS (Principais Órgãos)
Portugal	Central	Central [a]	Assembleia de Escola Conselho Executivo / Director Conselho Pedagógico Conselho Administrativo
Inglaterra	Central	Central	Headteacher Governing Body
Espanha	Central / Regional	Central	Consejo Escolar Director de *Centro* *Claustro* de Professores
França	Central	Central	Conseil D' Administration *Directeur* / Proviseur / Principal Conseil des Professeurs

a) O Decreto-Lei n.º 6/2001 prevê a gestão flexível do Currículo Nacional que deve ser adequado a cada contexto (no âmbito da adopção de estratégias de concretização e desenvolvimento do Currículo Nacional).

QUADRO 7

Acesso ao cargo de Director de Escola ou equivalente

		REQUISITOS PRÉVIPOS	ENTIDADE SELECCIONADORA	PROCEDIMENTO	PERÍODO PROBATÓRIO
Portugal		Formação especializada ou experiência de pelo menos um mandato em órgãos de Administração e Gestão	Assembleia eleitoral (Professores, pessoal não docente, pais e alunos)	Acto eleitoral realizado de 3 em 3 anos	Não tem
Inglaterra		Não há obrigatoriedade de formação específica [a]	Governing Body	Anúncios nos media Entrevista [b]	Não tem
Espanha		Cinco anos de serviço e um ano no Centro, mais acreditação [a] administrativa	*Consejo Escolar*	Eleição por maioria absoluta do *consejo escolar*	Não tem
França	*Ensino primário*	Professor com 3 anos de experiência	Comissão departamental (inspectores e directores)	Informação do Inspector Avaliação do currículo e entrevistas	Um ano
	Ensino secundário	Professor ou conselheiro educativo com 5 anos de experiência e 30 de idade	Tribunal nacional (inspectores, professores universitários e directores)	Concurso a nível nacional	Três anos

a) Embora não seja obrigatória a possuir formação específica, existem os *National Standards for Headteachers* (2000) e recentemente foi criado o programa *National Professional Qualification for Headship*, que é promovido pelo *National College for School Leadership*. Neste momento os referidos padrões constituem apenas um guia das destrezas e competências que o governo considera importantes para o desempenho das funções de director de escola. Um número cada vez maior de professores que pensa candidatar-se a este lugar frequenta o NPQH voluntariamente.

b) Para além da entrevista, aos candidatos pode ainda ser propostos testes (discussões, apresentações, exercícios práticos, etc.) Não há um programa específico para a selecção dos *headteachers*, competindo ao *Governing Body* a escolha da metodologia e dos procedimentos a utilizar.

Como apontamento final, destacamos que estas reformas surgem enquadradas em movimentos mais amplos de redefinição do papel do Estado e de alteração, ao nível político e administrativo, da gestão pública (*new public management*), caracterizados por novas formas de governo e modernização, em muitos casos à custa da liberalização e privatização de grande parte dos sectores económicos e sociais associados ao Estado-providência. Como referem Barroso *et al.* (2002), é possível verificar uma tendência generalizada de convergência das políticas educativas, fruto da influência crescente da cooperação multilateral entre os Estados membros da União Europeia, o que conduz a uma "contaminação das políticas públicas" (Barroso, 2003). Assim, esta situação, desenvolvendo-se em contextos diversificados (e até antagónicos), implica medidas específicas que parecem contraditórias, mas que se enquadram na complexidade e hibridismo que têm marcado as políticas educativas na maior parte dos países.

Capítulo III

A ESCOLA COMO ORGANIZAÇÃO EDUCATIVA

1. A ESCOLA COMO ORGANIZAÇÃO EDUCATIVA

A escola enquanto organização educativa tem vindo a tornar-se, nos últimos anos, um dos objectos de estudo privilegiados no campo da investigação educacional em Portugal. Porque a definição de organização não é consensual, várias teorias neste domínio têm tentado clarificar e compreender este conceito e suas implicações. Apresentamos, de seguida, alguns aspectos relativos à complexa problemática que a teorização deste conceito implica, embora estejamos conscientes de que ele não se esgota nas abordagens que se seguem.

As organizações, enquanto construções sociais, são cada vez mais importantes nas sociedades actuais, tornado-se, por isso, inquestionáveis, tal como destaca Abrahamsson (1993, p. 25):

> "Many of us work for an organization; thus they have an *employer's* role, and they determine the *working environment* of most of the work force. Through the goods and services they produce, organizations have a very powerful impact on the *economy*. They also have a *political* role, often trying to persuade governments to make decisions and pass laws that will benefit them. Organizations are vehicle

for *representing interests*: They represent employers and employees, members of political associations and other bodies".

E como afirma Charles Warriner (1984, p. 29),

> "Everyone knows what organizations are, but the term means something different to each of us despite our familiarity with both the term and the phenomenon".

Etzioni apresenta-nos o conceito de organização entendido na perspectiva de Parsons como:

> "[...] social units (or humans grupings) deliberately constructed and reconstructed to seek specific goals" (Etzioni, 1964, p. 3).

O referido autor exemplifica o conceito, enunciando diversos tipos de organizações onde inclui "Corporations, armies, schools, hospitals, cherches, and prisons [...]". Porém, exclui "[...] tribes, classes, ethnic groups, friendship groups, and families [...]", por considerar que, uma vez que existem inúmeras organizações sociais espontâneas, que embora se constituam com vista à consecução de vários fins, não apresentam o carácter formal de outras organizações de maior dimensão e com fins específicos. Contudo, e a este respeito, alguns autores apresentam um conceito de organização mais amplo.

> "Schools, like businesses, families, or political parties, are organizations. In some ways schools and businesses are alike, yet in other ways they are strikingly different" (Keiht & Girling 1991, p. 2).

Para Blau & Scott (1977, p. 17), o conceito de organização é apresentado a partir do contraste entre "organização formal" (estabelecida, deliberadamente, para um certo fim) e "organização social" (que aparece sempre que seres humanos vivem juntos). Deste modo, é realçado o carácter intencional (isto é, a consecução de determinadas finalidades da organização formal), por oposição à espontaneidade em que se desenvolve a interacção social no contexto das organizações.

Perante a diversidade de concepções em torno do conceito de organização, Warriner, analisando alguns estudos organizacionais e com base nas definições apresentadas nas variáveis da investigação e nas preocupações implícitas, agrupa as várias concepções de organização em: organizações como tecnologias (que enfatizam as organizações como sistemas para a obtenção de trabalho), organizações enquanto sistemas de relações sociais (vistas como primeiros sistemas de relações sociais entre actores humanos) e organizações como sistemas de crenças (acordo, consenso, envolvendo expectativas, normas ou tipificações) (cf. Warriner, 1984, pp. 39-40).

A este propósito, Licínio Lima (1998a, p. 48) salienta que

> "na literatura organizacional e sociológica encontramos quase sempre a palavra organização associada a um epíteto, ou a um qualificativo, de que depende geralmente a própria definição (delimitação) do conceito – *organização social*, *organização formal*, *organização informal*, *organização complexa*, são apenas alguns exemplos".

Assim, embora o conceito de organização, como refere o mesmo autor, inclua um universo de "inúmeras definições, pontos de vista, quadros conceptuais", dificilmente escapa a referência à escola enquanto "unidade socialmente construída", onde se desenvolvem processos político-organizacionais:

> "Com efeito, se é difícil encontrar uma definição de organização que não seja aplicável à escola, ou até mesmo uma ilustração ou exemplificação dessas definições que não inclua a escola, nomeando-a expressamente, já se torna consideravelmente mais fácil deparar com características diversas, razões e argumentos divergentes, classificações tipológicas distintas e, evidentemente, objectivos muito divergentes: desde as definições mínimas de organização, à consideração específica do caso da escola, passando pelas definições de carácter teórico, descritivo e explicativo, até às definições de tipo normativo, e até mesmo às concepções e representações sociais frequentemente utilizadas como base para a crítica, a reivindicação, ou a defesa de um ponto de vista político" (Lima, 1998a, p. 48).

Nesta óptica, entendida como organização, a escola constitui um objecto de estudo relativamente recente no campo da investigação educacional. Dentro da definição conceptual de organização, a escola assume particularidades específicas:

> "A consideração de que a escola tem características próprias, quando comparadas com outras organizações, como por exemplo as empresas, tem servido de álibi para justificar resistências à consideração da escola como objecto de estudo de análise organizacional" (N. Afonso, 1992, p. 42).

Para Lícinio Lima (1998a, pp. 47-48), "[...] a imagem da escola como organização é, porventura, uma das imagens menos difundidas, seja no domínio das representações sociais de professores, alunos, pais, etc, seja mesmo no domínio académico"[...] "a verdade é que não é à escola – organização, específica e identificável enquanto tal, que nos referimos a maior parte das vezes, mas à escola – instituição – à idade de estar na escola, às funções sociais da escola, ao ensino e às aprendizagens que nela têm lugar, enfim às características gerais partilhadas por todas as escolas, típicas dos processos educativos escolares e de um tempo, de uma idade e de um *status* social particulares". Leonor Torres (1997, p. 55) argumenta também que "[...] a visibilidade da escola como organização tende a diferenciar-se, por exemplo, da empresa em aspectos estruturantes sob o ponto de vista sociológico e organizacional: a centralização do sistema educativo e o concomitante controlo político, administrativo e burocrático da escola, traduzidos pelas normas de aplicação universal; a ausência de (ou precária) autonomia organizacional associada à inexistência de uma direcção organizacionalmente localizada; assim como a especificidade dos objectivos organizacionais centralmente construídos e organizacionalmente implementados constituem, em breves traços, as principais características da estrutura organizacional escolar". Não obstante, do ponto de vista da "administração educativa", de tradição fortemente centralizada, "a escola é mais frequentemente considerada como uma unidade elementar de um grande sistema – o sistema educativo" (Lima, 1998a, p. 63).

A este propósito escreveu Rui Gomes:

"Contrariamente à empresa, em Portugal, o estabelecimento escolar não era mais do que uma cópia em miniatura do sistema educativo nacional, uma delegação deste ao nível local sem qualquer identidade específica, sem orçamento, em exercício do poder local. Quando se falava da escola, falava-se do microssistema institucional e não da escola como organização. Ou, em alternativa, falava-se das aulas como unidade-base, a célula do sistema educativo" (Gomes, 1993, p. 22).

Deste modo, no que diz respeito às organizações educativas, parece existir algum consenso em considerar a escola como uma organização. Porém, o mesmo não se poder dizer quanto à sua caracterização, na medida em que ele constitui objecto de estudo de distintas perspectivas e modelos teóricos de análise que procuram estudar a escola como organização.

Como sustenta Licínio Lima (1998a, p. 64),

"Não obstante a escola, como organização, partilhar com a maioria das outras organizações a presença de certo número de elementos – objectivos, poder, estruturas, tecnologias, etc. –, de ser uma unidade socialmente construída para a obtenção de certas finalidades, e de acentuar os processos de controlo, a especialização e a divisão social e técnica do trabalho, entre outros aspectos, não parece possível ir muito mais além no seu estudo, nem ultrapassar o enunciado de generalidades, ou até de imagens estereotipadas, sem remeter esta questão para o quadro de modelos teóricos de análise".

A imagem de uma organização escolar formal, dotada de autoridade burocrática, consenso e clareza nos objectivos organizacionais e com procedimentos uniformes, é difícil de encontrar na prática, pois ela pode apresentar uma imagem bem mais anárquica e desarticulada (Weick, 1976), uma vez que é constituída por grupos diferentes com interesses específicos e que estabelecem relações de poder, podendo resultar em situações de conflito donde são esperados ganhos relacionados com esses mesmos interesses.

Distinguiremos, de seguida, alguns modelos de análise sócio-organizacional da escola e que se nos afiguram pertinentes para a compreensão do nosso objecto de estudo, focalizando a nossa atenção ao nível dos processos de decisão nas estruturas de "direcção" e "gestão" de um agrupamento de escolas.

2. DIFERENTES PERSPECTIVAS DA TEORIA ORGANIZACIONAL

Ao analisarmos a evolução dos estudos organizacionais somos confrontados com perspectivas diferentes que se desenvolveram a partir de preocupações com a gestão, a eficiência e o controlo no sentido de uma evolução "para abordagens múltiplas e divergentes, reflectindo paradigmas diferentes e muitas vezes antagónicos" (N. Afonso, 1994, p. 46).

As diferentes abordagens às teorias organizacionais podem ser organizadas, segundo Sergiovanni *et al.* (1987, p. 97), em quatro conjuntos: a) preocupações com a eficiência, b) necessidades humanas, c) cultura organizacional e d) política e tomada de decisão. Segundo Licínio Lima, "os estudos organizacionais têm sido dominados por duas grandes tradições de registo que, embora distintas, se entrecruzaram frequentemente: por um lado, as teorias normativas e pragmáticas que, sobretudo a partir de Frederick Taylor e de Henri Fayol, suportaram um movimento de racionalização típico do projecto de modernidade industrial e organizacional e, por outro lado, as teorias analíticas de base disciplinar com destaque na sociologia para a obra fundacional de Max Weber." (Lima, 1997, p. xi). As primeiras surgiram nos inícios do séc. XX e representam o processo de teorização e conceptualização teórica da prática, tendo ficado conhecidas pela "teoria clássica da gestão" e pela "gestão científica" enquanto enquadramento formal estruturado. Como refere Natércio Afonso (1994, p. 47), "enquanto Taylor se interessava por uma melhor organização de trabalho, Fayol e os outros teóricos da gestão clássica centraram-se na caracterização da gestão definida como um processo de planeamento, organização, direcção, coordenação e controlo". Nesta perspectiva, os gestores dentro das organizações baseiam as suas decisões em escolhas racionais entre alternativas, tendo em conta objectivos previamente definidos. Por seu turno, Weber, integrando os mesmos princípios da gestão científica, desenvolve uma teoria organizacional com base no tipo de autoridade dominante fundada em pressupostos racionais e legais, contrapondo organizações geridas de forma tradicional ou carismática.

Contudo, os pressupostos fundamentais dos modelos burocráticos e racionais vieram, mais tarde, a ser postos em causa pelo movimento da escola das relações humanas desenvolvido através das experiências de Elton Mayo em Hawthorne. Esta escola valorizava as relações inter-pessoais desenvolvidas no trabalho como forma de sobrevivência das organizações através da satisfação das suas necessidades. Trata-se de um movimento iniciado nos finais da década de 30, partindo de experiências realizadas em Halthone, nas fábricas da Western Electric, em boa parte influenciado pela psicologia social. Esta corrente de pensamento considera o factor humano na organização e introduz, no domínio das concepções, a sua dimensão social salientando a importância dos factores afectivos e psicológicos, não contemplados nas concepções formais, para a compreensão dos comportamentos dos actores enquanto seres humanos nas organizações. Por outro lado, começa-se a dar conta da criação de relações sociais informais dentro das organizações levando à adopção de estratégias participativas de gestão no processo de tomada de decisão. A cultura organizacional rapidamente emergiu como uma tendência mais recente do desenvolvimento organizacional promovendo uma deslocação do controlo burocrático para um controlo ideológico (Bates, 1987).

No campo das ciências sociais, o interesse pelo estudo das organizações conduziu à emergência e desenvolvimento de diversas escolas e correntes de pensamento com base num conjunto determinado de pressupostos e conceitos, muitas vezes associados a metáforas e imagens. Assim, as organizações educativas podem ser perspectivadas de diferentes ângulos em função do quadro conceptual no qual o investigador se posiciona. Como afirma Eric Hoyle (1999, p. 214),

"In their complexity, organizations elude a single theory. However organizational theory provides a set of 'lenses' – or 'frames', if one sticks with the optical metaphor – through which organizations can be viewed".

Procurando identificar traços específicos de cada uma das perspectivas teóricas, vários autores (Firestone & Herriot, 1982; Elleström, 1983; Bush, 1986; Morgan, 1986; Boolman & Deal, 1989; Lima, 1998a; Costa, 1996; entre outros), partindo de diversos modelos teóricos, organizaram várias tipologias neste domínio possibilitando tanto a sua descrição como a sua compreensão e interpretação. Por exemplo, no campo de abordagem de administração educacional, Bush (1986) tomando por referência objectivos, estruturas, ambientes e liderança, combina as diversas perspectivas em cinco modelos (formais, democráticos, políticos, subjectivos e ambíguos). Também Ellström (1983), considerando o estudo da escola, apresenta uma tipologia de modelos baseada na sua complementaridade, mais do que insistindo nas leituras alternativas que proporcionam. A tipologia que este autor apresentada privilegia, por um lado, objectivos e preferências organizacionais, considerando a dicotomia clareza e consenso *versus* falta de clareza e conflito, por outro lado, processos e tecnologias, considerando a dicotomia transparência/clareza *versus* ambiguidade/falta de clareza.

À semelhança de Gareth Morgan, com base numa pluralidade de tipologias sobre várias teorias, modelos e paradigmas e mobilizando diversos autores no âmbito da organização e administração educacional, Jorge Adelino da Costa apresenta-nos seis imagens organizacionais da escola: "a escola como *empresa*" (que, através de um conjunto de características originárias em concepções e práticas associadas aos modelos clássicos de organização e administração industrial, sustenta os seus pressupostos teóricos numa visão economicista e mecanicista da pessoa humana capaz de promover uma reprodução da educação, tomando o aluno como matéria prima de uma imagem empresarial da escola), "a escola como *burocracia*" (cujo quadro teórico e conceptual assenta e se desenvolve nas dimensões do modelo burocrático), "a escola como *democracia*" (que se baseia numa inclinação às abordagens democráticas dos modelos e teorias colegiais tomando como referência os estudos iniciados pela escola das relações humanas), "a escola como *arena política*" (que concebe a escola no âmbito conceptual e analítico dos modelos políticos recusando a racionalidade linear e a previsibilidade), "a escola como *anarquia*" (que, na mesma linha de ruptura dos modelos políticos, contrapõe a incerteza, a imprevisibilidade e a ambiguidade no funcionamento organizacional) e "a escola como *cultura*" (que concebe a escola na perspectiva cultural das organizações tendo em conta a influência marcadamente empresarial).

Os pressupostos da concepção burocrática e racional enfatizam a dimensão estrutural das organizações. No entanto, o desenvolvimento de novas abordagens no estudo das organizações, mais especificamente no campo da análise da administração educacional, representou uma oportunidade no sentido de mobilizar as dimensões simbólicas e políticas até então negligenciadas, tais como a diversidade de objectivos e a existência de interesses associados a um inerente conflito e poder. Nesta linha de pensamento, António Nóvoa sustenta que

> "Os *modelos políticos* introduziram uma séria de conceitos (poder, disputa ideológica, conflito, interesses, controlo, regulação, etc.), que enriqueceram a análise das organizações escolares (Ball, 1987). Os *modelos simbólicos* vieram pôr a tónica no significado que os diversos actores dão aos acontecimentos e no carácter incerto e imprevisível dos processos organizacionais mais decisivos" (Nóvoa, 1999, p. 25).

Como pudemos constatar no Capítulo I deste trabalho, através da análise das políticas educativas recentes no nosso país, não obstante algumas intenções reformistas, enfatiza-se a continuação de uma acentuada tradição centralizadora das políticas educativas e da administração do sistema educativo a que corresponde um controlo político-administrativo. Neste sentido, num contexto de uma administração centralizada, a escola poderia ser percepcionada como uma organização burocrática sujeita a um controlo apertado e morfologicamente organizada segundo um modelo uniforme instituído numa lógica do tipo *top-down*.

Contudo, como sustenta Licínio Lima,

> "[...] a burocracia centralizada do ministério nem sempre se constituía em poder organizacionalmente realizado e que, enquanto forma de dominação racional-legal, legítima (autoridade), ela era confrontada com outros tipos de racionalidade e com outras concepções de legitimidade" (Lima, 1998a, p. 161).

Nesta perspectiva, e propondo sistematizar um quadro teórico de análise optaremos por uma solução que contemple não só as determinações formais congruentes com a perspectiva burocrática mas que, ao mesmo tempo, dê conta de algumas dimensões da organização escolar situadas na esfera da autonomia dos actores e das suas regras (in)formais que, no "plano da acção organizacional" pressupõem desempenhos em conformidade legal ou de eventuais *"desvios e disfunções"* através das "regras efectivamente actualizadas" (Lima, 1998a). Deste modo, o mesmo autor relança uma perspectiva que contrapõe uma ordem bem mais débil ao nível das estruturas do que a conexão característica da burocracia.

"A *ordem burocrática* da conexão e a *ordem anárquica* da desconexão configurarão, desta forma, um modo de funcionamento que poderá ser simultaneamente conjuntivo e disjuntivo. A escola não será, exclusivamente, burocrática ou anárquica. Mas não sendo exclusivamente uma coisa ou outra poderá ser simultaneamente as duas. A este fenómeno chamaremos modo díptico da escola como organização" (Lima, 1998a, p. 163).

FIGURA 6

Modo de funcionamento díptico da escola como organização

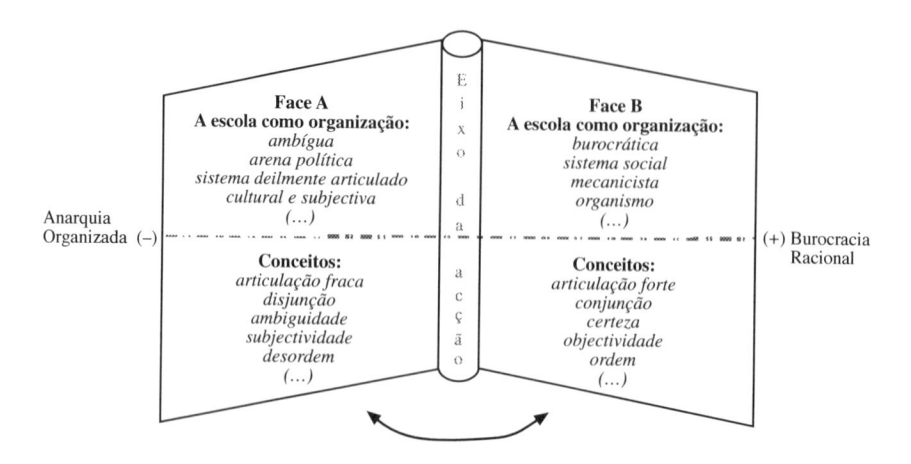

Fonte: Lima, 2001 p. 48.

Este modelo é descrito pelo autor nos seguintes termos:

> "'Díptico' no sentido em que é *dobrado* em dois a partir de um *eixo* constituído pelo plano da acção e por referência ao plano das orientações para a acção, ora exibindo mais um lado, ou face (por exemplo a face burocrática-racional, ou de sistema social), ou outra face (a metaforicamente representada como anarquia, ou ainda aquelas mais associadas aos modelos políticos, ou culturais e subjectivos), ora ainda apresentando as duas em simultâneo, ainda que em graus variados de abertura ou de fechamento, ou de presença/ausência face ao observador" (Lima, 2001, p. 47).

Como refere o mesmo autor (1998a), o termo anarquia não é sinónimo de má organização nem de falta de hierarquia ou direcção. Este termo encerra um conjunto de inconsistências e até uma desconexão relativa entre elementos de uma organização ao nível das estruturas e actividades, objectivos e procedimentos, decisões e realizações.

Tomando em consideração o carácter complexo da organização escolar e numa tentativa de aproximação ao nosso quadro teórico-conceptual privilegiaremos uma abordagem à luz dos modelos racional burocrático, político e da ambiguidade, sem, contudo, descuidar o contributo de outras perspectivas teóricas ou reflexões de outros autores que se afigurem pertinentes para o estudo em causa. Procuraremos, a partir da articulação das diferentes dimensões características dos modelos referidos, atendendo às suas virtualidades e fraquezas, analisar organizacionalmente a escola com especial enfoque para as racionalidades associadas aos processos de decisão ao nível da gestão de topo (Assembleia de Escola e Conselho Executivo). Não obstante a possibilidade de aplicabilidade/ /transferibilidade para outras realidades, entendemos que o contributo desta reflexão se adequa à organização escolar (agrupamento de escolas) que consideramos/seleccionamos para a realização deste trabalho.

Desta forma, apresentaremos, de seguida, embora de uma forma sucinta, algumas dimensões mais significativas das abordagens mais utilizadas no estudo das organizações educativas, e que privilegiaremos, tendo em conta a sua pertinência para iluminar aspectos relativos à compreensão/análise do nosso objecto de estudo.

3. ELEMENTOS PARA A CONSTRUÇÃO DE UM QUADRO DE ANÁLISE DAS ORGANIZAÇÕES EDUCATIVAS

3.1. Abordagem à luz do Modelo Racional Burocrático

Dentro dos modelos formais, o modelo burocrático, numa perspectiva analítica, encerra dimensões que possibilitam a compreensão e interpretação de alguns aspectos relacionados com o funcionamento das organizações na medida em que confere importância à estrutura formal e destaca as questões da racionalidade e da dominação (autoridade e poder). Nesta perspectiva, a estrutura confere maior racionalidade ao modo de funcionamento da organização, determinando o seu modo de procedimento. A acção organizacional é entendida como "o produto de uma determinada decisão claramente identificada, ou de uma escolha deliberada, calculada, em suma, racional" (Lima, 1998a, p. 69). Esta perspectiva burocrática, tratando-se de um modelo teórico (desenvolvido por Max Weber) ao enfatizar as questões da centralização e da racionalidade, pressupõe a existência de uma melhor solução organizacional universal, válida para todos os contextos, e tem subjacente um "tipo ideal" que assenta num conjunto de características distintivas com base num modelo teoricamente centralizado, impessoal, desvalorizando influências e sentimentos. Uma das características mais marcantes desta perspectiva diz respeito precisamente à rigidez do controlo no desempenho dos cargos, tal como sustenta Mintzberg: (1982, p. 18-19):

> "La structure d'une organisation peut être simplement comme la somme total des moyens pour diviser le travail entre tâches distinctes et pour ensuite assurer la coordination nécessaire entre ces tâches. [...] On peut nommer ces moyens *les mécanismes de coordination*, tout en se souvenant qu'il s'agit autant de communication et de contrôle que de coordination".

Segundo vários autores (Costa, 1996; Lima 1998a; Estêvão, 1998), ao nível da administração educacional, as características do modelo burocrático que mais frequentemente se aplicam à organização escolar são: o centralismo na tomada de decisões, a manifesta autoridade e hierarquia, o peso da legalidade e o excessivo normativismo, a divisão do trabalho e a competência técnica, a impessoalidade na aplicação das normas marcadas pela uniformidade, recorrendo-se frequentemente ao uso de uma "tecnologia encadeada" na tomada de decisão (Formosinho, 1985) ou "tecnologia de rotina" (Lima, 1998a), o formalismo escrito, a generalização do desempenho mínimo e as normas de procedimento para a actuação no cargo, a definição de estatutos profissionais.

Como refere Carlos Estêvão (1998, p. 178):

> "É o maior ou menor grau de presença ou ausência destas carac-terísticas que determina a definição de uma organização como mais ou menos burocrática, entendendo-se aqui organização fundamentalmente como uma estrutura de órgãos e funções, como uma estrutura social formalmente organizada, como *entidade* que responde a um esquema ideal concebido pela direcção da organização e em que a contribuição pessoal dos membros é subestimada uma vez que o seu comportamento deve reflectir as posições pré-determinadas na estrutura e não tanto as suas qualidades ou a sua experiência individual".

Este modelo coloca, ainda, em evidência a estrutura hierárquica enquanto autoridade racional legal sobre os diferentes níveis orga-nizacionais baseada numa organização de cargos bem delimitados, onde os candidatos são seleccionados por nomeação com base em cri-térios de qualificações e competência técnica claramente identificáveis. Deste modo, a estrutura obedece a princípios de racionalidade na divisão das tarefas, em objectivos muito claros, na hierarquia dos cargos e em regras e procedimentos rígidos e com elevado nível de previsibilidade de comportamentos.

> "La razón decisiva que explica el progreso de la organización burocrática ha sido siempre su superioridad *técnica* sobre cualquier otra organización" (Weber, 1993).

Segundo Firestone & Herriott (1982), esta visão das organizações, à luz do modelo burocrático, perseguindo o "tipo ideal" de Weber, revela uma imagem extremamente integrada, com ligações fortes entre as estruturas e seguindo uma lógica de previsão altamente formalizada e determinada *a priori*. Neste sentido, como refere Licínio Lima (1998a, p. 73),

> "O modelo burocrático, quando aplicado ao estudo da escola, acentua a importância das normas abstractas e das estruturas formais, os processos de planeamento e de tomada de decisões, a consistência dos objectivos e das tecnologias, a estabilidade, o consenso e o carácter *preditivo* das acções organizacionais".

Em termos de decisão a parte da organização que assume maior destaque são as estruturas de topo que pressionam todo o resto da organização no sentido de uma centralização estratégica. Tudo é previamente decidido e previsto através de regulamentos o mais pormenorizadamente possível de modo a retirar todo o carácter de incerteza restringindo a margem de autonomia dos executantes.

Nesta perspectiva, Carlos Estêvão (1998, p. 180) sustenta que

> "as organizações educativas detêm um conjunto único de objectivos claros que orientam o seu funcionamento; que esses objectivos ou metas são traduzidos pelos níveis hierárquicos superiores da burocracia em critérios racionais de execução para os professores e outros actores; que os processos de decisão se desenrolam segundo o modelo racional de resolução de problemas; que o controlo formal, assente em regras, determina *a priori* a conduta exigida; que o sistema é fundamentalmente um sistema fechado em que se estabelece claramente a diferença entre 'política' e 'administração'".

O estudo das organizações educativas dentro da burocracia do "tipo-ideal" coloca-se frequentemente perante algumas inconsistências inerentes à própria burocracia e que se traduzem muitas vezes em "disfuncionamentos" (March & Simon, 1979). Vários autores insistem neste disfuncionamento da burocracia na medida em que a própria burocracia pode tornar-se prisioneira do seu próprio sistema criando tanto efeitos previsíveis como imprevisíveis e que afectam o normal funcionamento da organização. Ao analisar estas disfunções ao nível das relações humanas, Crozier (1963) faz referência a uma estrutura burocrática lenta, rotineira, inadaptada acusando-a de uma inércia que o próprio modelo tenta combater, criando assim uma espécie de "paradoxo da burocracia".

O modelo burocrático da teoria das organizações, ao acentuar uma visão integradora, ignorando que as organizações não possuem conflitos, subestima a problemática das relações de poder enquanto problema central no campo da sociologia das organizações. Deste ponto de vista, segundo o mesmo autor, o desenvolvimento de regras impessoais cria mecanismos que condicionam ou impedem a rigidez burocrática, quer ao nível do exercício de determinadas funções, quer ao nível da qualificação para o exercício das funções ou ainda pela execução de regras impostas superiormente (Crozier, 1963, p.227).

> "La rigidité d'une organisation ne tient pas seulement aux pressions qui viennent d'en haut. L'exigence de conformité, contrairement à une opinion trop souvent répandue n´est pas à sens unique. [...] Les subordonnés acceptent de jouer ce jeu qui leur est imposé dans la mesure où ils peuvent s'en servir dans leur propre intérêt et en tirer partie, par exemple pour obliger la direction à respecter leur autonomie personnelle."

Analisando as relações entre as estruturas organizacionais na perspectiva da eficiência da gestão de topo com as necessidades de controlo, emerge uma dimensão normativa no sentido das soluções para os problemas. Na perspectiva de Ball (1994, p. 23), estas teorias das organizações encerram

> "ideologías, legitimaciones de ciertas formas de organización. Exponen argumentos en términos de la racionalidad y la eficiencia para lograr el controlo. Los límites que imponen a la concepción de las organizaciones realmente descartan la posibilidad de considerar formas alternativas de organización".

Segundo o mesmo autor, estas teorias são amplamente aceites por administradores e professores na medida em que são tomadas como o "melhor modo" de organizar e administrar as escolas. Deste ponto de vista, as organizações educativas são encaradas, em maior ou menor grau, como burocracias formais adaptando um esquema conceptual importado das organizações empresariais e industriais.

3.2. **Abordagem à luz dos Modelos da Ambiguidade**

Os modelos da ambiguidade[7] destacam a incerteza e a imprevisibilidade nas organizações pela ênfase concedida à instabilidade e complexidade da acção organizacional. Esta teoria defende que as organizações complexas (educacionais) funcionam com objectivos problemáticos, onde as diversas estruturas da organização operam como grupos relativamente autónomos ligados de uma forma débil. Deste modo, a tomada de decisão acontece em ambientes formais e informais, em cujo processo a participação é fluida.

> "Unlike many other perspectives, the data supporting ambiguity models have been drawn largely from educational settings. Schools and colleges are characterized as having uncertain goals, unclear technology and fluid participation in decision-making. They are also subject to changing demands from their environments. These factors lead March and Olsen (1976) to assert that 'ambiguity is a major feature of decision making in most public and educational organisations'" (Bush, 1986, p. 109).

Assim, os modelos de ambiguidade caracterizam-se por uma ausência de definição clara de objectivos, por uma tecnologia problemática (em que os objectivos não são entendidos de forma consensual), pela fragmentação das organizações, pela incerteza sobre o poder relativo das diferentes partes da instituição, pela participação fluida, pela influência do ambiente nas organizações, pela ênfase no carácter

---

[7] Estes modelos estão associados a um grupo de investigadores que desenvolveram os seus trabalhos nos anos 70, nos Estados Unidos e na Suécia, e que não estavam satisfeitos com as explicações que os modelos formais permitiam. Estes eram vistos como inadequados para descrever o funcionamento das organizações, principalmente em momentos de instabilidade.

não planeado das decisões e ainda pelo reconhecimento da descentralização, dada a complexidade e imprevisibilidade das organizações. Embora ainda não constituindo um conjunto totalmente coerente de conceitos de análise das organizações, os seus pressupostos foram difundidos sobretudo através das metáforas das *organized anarquies*, do *garbage can* e dos *loosely coupled systems*.

3.2.1. *A metáfora das* organized anarquies

A metáfora da "anarquia organizada", proposta por Cohen, March & Olsen, em 1972, pode ser englobada naquilo que Tony Bush denomina de modelos de ambiguidade.

> "Ambiguity models assume that turbulence and unpredictability are dominant features of organisations. There is no clarity over the objectives of institution and their processes are not properly understood. Participation in policy making is fluid as members opt in or out of decision opportunities" (Bush, 1986, p. 108).

Estes modelos, ao apresentarem como características das organizações a incerteza, a existência de objectivos problemáticos e conflituais, a participação fluida, a instabilidade, bem como um certo grau de imprevisibilidade, complexidade e ainda uma tecnologia ambígua e incerta, contrastam com as teorias clássicas que evidenciam a existência de objectivos bem definidos, consensuais, acompanhados por uma tecnologia clara.

> "Organized anarchies are organizations characterized by problematic preferences, unclear technology, and fluid participation" (Cohen, March, & Olsen, 1972, p. 1).

Cohen, March & Olsen (1972), ao basearem o seu estudo no processo de tomada de decisão, consideram que as "anarquias organizadas" são organizações que se caracterizam essencialmente por três propriedades gerais: objectivos problemáticos, tecnologia pouco clara e participação fluida.

OBJECTIVOS PROBLEMÁTICOS

A definição dos objectivos de uma organização caracteriza-se, segundo aqueles autores, por uma falta de clareza. Por vezes, nomeadamente nas organizações educacionais, são vagos, o que pode servir para justificar determinados comportamentos, colocando, desta forma, em causa a intencionalidade da acção organizacional. Deste modo, numa determinada organização torna-se difícil considerar um conjunto de objectivos coerentes no processo de tomada de decisão que satisfaça as exigências de uma teoria consistente. Ao invés, a organização funciona com base em objectivos inconsistentes e mal definidos:

> "In the organization it is difficult to impute a set of preferences to the decision situation that satisfies the standard consistency requirements for a theory of choice. The organization operates on the basis of a variety of inconsistent and ill-defined preferences" (Cohen, March, & Olsen, 1972, p. 1).

Além disso, os objectivos não têm idêntica importância para todos os elementos dentro da organização e nem são percepcionados de igual forma pelos diversos membros, como salienta Colin Turner:

> "Different members of the organization see different goals or give different priorities to the same goals or are unable to define their goals to the point where they have any operational meaning" (Turner, 1988, pp. 79-80).

TECNOLOGIA POUCO CLARA

A tecnologia consiste nos processos e métodos através dos quais são conseguidos os resultados das organizações. Em determinadas organizações, e falando concretamente das de natureza produtiva, a tecnologia utilizada pode ser facilmente compreendida pelos seus membros. No entanto, quando falamos de organizações educacionais, o problema torna-se mais complicado, na medida em que não é fácil tornar os processos e as tecnologias claros e compreendidos pelos membros da organização.

> "Although the organization manages to survive and even produce, its own processes are not understood by its members. It operates on the basis of simple trial-and-error procedures, the residue of learning from the accidents of past experience, and pragmatic inventions of necessity" (Cohen, March, & Olsen, 1972, p. 1).

Assim, nas organizações educacionais, os procedimentos parecem resultar mais da experiência anterior e da intuição momentânea dos elementos do que do resultado de uma operação reflexiva, racional e sistemática, de acordo com intenções pré-definidas, ficando, portanto, condicionados por factores aleatórios e situacionais.

Como refere Licínio Lima:

> "As decisões parecem, portanto, sujeitas a juízos de valor, em vez de emergirem como as únicas e as melhores decisões que, pela sua superioridade técnica e racional, se impõem ao próprio decisor (objectivo). À certeza sucede-se a incerteza e uma certa indeterminação, à objectividade a sujectividade, e à optimização a satisfação" (Lima, 1998a, p. 76).

PARTICIPAÇÃO FLUIDA

Outra característica das anarquias organizadas, identificada por Cohen, March & Olsen (1972), é o carácter inconstante da participação por parte dos seus elementos. Dentro das organizações educacionais verifica-se que o tempo e esforço dispendidos pelos seus membros não são sempre constantes:

> "Participants vary in the amount of time and effort they devote to different domains; involvement varies, from one time to another. As a result, the boundaries of the organization are uncertain and changing; the audiences and decision makers for any particular kind of choice change capriciously" (Cohen, March, & Olsen, 1972, p. 1).

A metáfora da anarquia organizada, como sublinha Licínio Lima, "não envolve um juízo de valor ou uma apreciação negativa, embora a expressão possa à primeira vista sugeri-lo, não pretende caracterizar situações de excepção, nem sequer se assume como modelo explicativo de todas as organizações, e de todas as partes e componentes de uma organização" (Lima, 1998a, p. 80). Aliás, como salientam Cohen, March & Olsen (1972, p. 1),

"A theory of organized anarchy will describe a portion of almost any organization's activities but will not describe all of them".

Dada a falta de intencionalidade da acção organizacional, as escolhas no momento da tomada de decisão assumem um carácter particularmente ambíguo, colocando de parte a ideia de que as decisões são tomadas com base em hipóteses que resultam de reflexões racionais. Podemos ainda referir que as decisões são, muitas vezes, não-planeadas, porque a falta de clareza dos objectivos e dos processos nem sempre conduz a uma sequência de detecção do problema, analise das hipóteses e implementação da solução mas viável.

Para Licínio Lima, "o modelo de anarquia organizada desafia o modelo bem instalado da burocracia racional, não por procurar sobrepor-se-lhe, mas por procurar competir com ele na análise de certos fenómenos e de certas componentes das organizações. Ao modelo sério, quase sagrado, da racionalidade tradicional, o modelo anárquico opõe a 'loucura sensata', ou o 'disparate razoável'" (Lima, 1998a, p. 84).

3.2.2. *A metáfora do* garbage can

Dentro das anarquias organizadas foi ainda desenvolvido um modelo para a tomada de decisão, descrito por Cohen, March & Olsen (1972) e designado de metáfora do "caixote do lixo" (*garbage can*). Este modelo salienta a falta de intencionalidade da acção organizacional, questionando as concepções tradicionais da decisão organizacional que obedece a um plano sequencial e racional de fases. Para os referidos autores, o processo de tomada de decisão assemelha-se a um "caixote do lixo" onde:

> "[…] various kinds of problems and solutions are dumped by participants as they are generated. The mix of garbage in a single can depends on the mix or cans available, on the labels attached to the alternative cans, on what garbage is currently being produced, and on the speed with which garbage is collected and removed from the scene" (Cohen, March, & Olsen, 1972, p. 2).

Cohen, March & Olsen (1972) consideram que, frequentemente, as soluções precedem os problemas e que estes são formulados em função das primeiras. Deste ponto de vista,

> "[…] an organization is a collection of choices looking for problems, issues and feelings looking for decision situations in which they might be aired, solutions looking for issues to which they might be the answer, and decision makers looking for work" (Cohen, March, & Olsen, 1972, p. 2).

Esta visão da acção organizacional enfatiza o modo como, ao longo do tempo, o processo de tomada de decisão se altera, sublinhando:

> "the strategic effects of timing, through the introduction of choices and problems, the time pattern of available energy, and the impact of organizational structure" (Cohen, March, & Olsen, 1972, p. 2).

As decisões apresentadas pelo modelo do "caixote do lixo" também podem ser o resultado da mistura de problemas, de soluções, de participantes e de oportunidades de escolha, criando situações de ambiguidade em que, por vezes, se torna difícil estabelecer critérios de ligação. Deste modo, as soluções para os problemas não são mais do que o resultado das diversas conexões aleatórias entre os quatro elementos referidos que se "misturam" no "caixote do lixo". Assim, no processo de tomada de decisão, a "mistura" dos elementos é condicionada por vários factores, por exemplo, quando perante uma cartografia dos problemas existentes, estes são resolvidos por uma ordem de importância. A decisão é ainda determinada pelo volume de soluções existentes no "caixote de lixo". Por outro lado, como os problemas são resolvidos sem uma reflexão prévia sobre eles, muitas vezes existem problemas que encontram soluções no decorrer do processo de resposta a outros problemas. A separação entre problemas e escolhas, bem como a mistura destes com as soluções e os participantes, conduzem a respostas que vão emergindo mais ou menos como que acidentalmente.

3.2.3. *A metáfora dos* loosely coupled systems

Karl E. Weik, em 1976, ao estudar as organizações educacionais, deparou-se com a existência de uma fraca articulação entre as diversas estruturas da escola. Este autor salienta sobretudo uma relativa independência entre as diversas dimensões da organização:

> "By loose coupling, the author intends to convey the image that coupled events are responsive, *but* that each event also preserves its own identity and some evidence of its physical or logical separateness. Thus, in the case of an educational organization, it may be the case that the counselor's office is loosely coupled to the principal's office. The image is that the principal and the counselor are somehow attached, but that each retains some identity and separateness and that their attachment may be circumscribed, infrequent weak in its mutual, affects, unimportant, and/or slow to respond. Each of those connotations would be conveyed if the qualifier loosely were attached to the word coupled. Loose coupling also carries connotations of impermanence, dissolvability, and tacitness all of which are potentially crucial properties of the "glue" that holds organizations together" (Weick, 1976, p. 3).

Weik (1976) começa por nos confrontar com uma imagem de um jogo de futebol não convencional onde tudo nos parece confuso, usando esta comparação para sugerir uma representação igualmente não convencional das organizações educacionais:

"[…] The beauty of this depiction is that it captures a different set of realities within educational organizations than are caught when these same organizations are viewed through the tenets of bureaucratic theory" (Weick, 1976, p. 1).

Perante a pergunta "How does an organization go about doing what it does and with what consequences for its people, processes, products, and persistence?" (Weick, 1976, p. 1), o autor concluiu que as respostas eram sempre as mesmas e justificavam que uma organização faz aquilo que faz devido aos seus planos, à escolha intencional dos meios e dos objectivos comuns. Porém, para Weik (1976), o problema é que estas organizações eram difíceis de encontrar:

"[…] People in organizations, including educational organizations, find themselves hard pressed either to find actual instances of those rational practices or to find rationalized practices whose outcomes have been as beneficent as predicted, or to feel that those rational occasions explain much of what goes on within the organization. Parts of some organizations are heavily rationalized but many parts also prove intractable to analysis through rational assumptions" (Weick, 1976, p. 1).

Para o mesmo autor, as ideias prevalecentes desta teoria organizacional não clarificam como essas "estruturas suaves" se desenvolvem, persistem e impõem um método aleatório entre os seus elementos. Nesta nova teoria, conceitos, como "débil articulação", constituem dispositivos que alertam o investigador para observar e questionar coisas e factos que anteriormente eram tidos como certos. Para Karl Weik era fundamental constituir-se uma linguagem capaz de destacar aspectos que anteriormente não eram vistos e, de algum modo, assinalar algumas limitações ao modelo da racionalidade burocrática.

"The guiding principle is a reversal of the common assertion, "I'll believe it when I see it" and presumes an epistemology that asserts, "I'll see it when I believe it. "Organizations as loosely coupled systems may not have been seen before because nobody believed in them or could afford to believe in them" (Weick, 1976, pp. 2-3).

Noutro artigo, Weik afirma que a articulação débil é evidente quando diversos elementos se afectam mutuamente:

> "suddenly (rather than continuously), occasionally (rather than constantly), negligibly (rather than significantly), indirectly (rather than directly), and eventually (rather than immediately)" (Weick, 1982, p. 380), citado por (Orton & Weick, 1990, pp. 203-204).

Este conceito sugere que algures numa organização existem elementos interdependentes, variando em número e na "força" da sua ligação:

> "The fact that these elements are linked and preserve some degree of determinacy is captured by the word coupled in the phrase loosely coupled" (Orton & Weick, 1990, p. 204).

A existência de articulações débeis, flexíveis e imprecisas foi associada às instituições educacionais, e particularmente às escolas. Contudo, outras instituições são também marcadas pela existência de elementos conectados entre si de uma forma mais ou menos fraca, como seja, entre outros, o caso dos hospitais e dos tribunais. Segundo o mesmo autor, a escola pode ser vista como debilmente articulada, em que a falta de "articulação" se pode manifestar, por exemplo, entre intenções e acções, meios e fins, processo e produtos, professores e alunos, professores e pais, professores e professores, etc. Estas "desarticulações" relativas podem aparecer e desaparecer em diversos momentos, uma vez que a sua natureza e intencionalidade não são sempre as mesmas.

A este propósito, Weik refere que alguns elementos

> "[…] may appear or disappear and may merge or become separated in response to need-deprivations within the individual, group, and/or organization"[…]"Given the context of most organizations, elements both appear and disappear over time. For this reason a theory of how elements become loosely or tightly coupled may also have to take account of the fact that the nature and intensity of the coupling may itself serve to create or dissolve elements" (Weick, 1976, p. 5).

Contrariamente à ideia que possa transparecer à primeira vista – de que este tipo de organizações não funcionam ou não respondem aos diversos problemas –, Karl E. Weik considera que a articulação débil (*loose coupling*) pode revelar-se potencialmente funcional e demonstrar certas propriedades extremamente importantes para o funcionamento quotidiano das organizações.

> "While there is ample reason to believe that loosely coupled systems can be seen and examined, it is also possible that the appearance of loose coupling will be nothing more than a testimonial to bad methodology. [...] The necessity for a contextual methodology seems to arise, interestingly enough, from inside organization theory. The implied model involves cognitive limits on rationality and man as a single channel information processor" (Weick, 1976, pp. 9-10).

Segundo Weik, uma forma de entender as organizações complexas é considerar que o tipo de actividade condiciona a própria estrutura organizacional. Neste sentido, e considerando que o acto educativo acontece num ambiente em que os objectivos são ambíguos e a tecnologia pedagógica é incerta ou pouco clara, poder-se-ia chegar a uma questão do tipo: "if the task is diffuse then would not any organizational form whatsoever be equally appropriate or should this directly compel a diffuse form of organizational structure?" (Weick, 1976, p. 12). Esta dupla hipótese salienta soluções diferentes: a primeira considera que, se a tarefa é difusa, a estrutura organizacional não é relevante, enquanto a segunda alternativa sublinha que, para actividades difusas, há apenas uma forma organizacional ajustada (anarquia organizada).

Uma segunda questão é: se a tarefa é difusa por que é que as organizações educativas têm uma forma e por que é que todas são iguais? Weik avança com uma resposta possível: "the tasks of educational organizations does not constrain the form of the organization but rather this constraint is imposed by the ritual of certification and/or the agreements that are made in and by the environment" (Weick, 1976, pp. 12-13).

Este modelo encerra uma racionalidade que se caracteriza por uma certa imprevisibilidade dos acontecimentos e pelo paradoxo dos factos organizacionais em contraste com a estabilidade das estruturas e a actividade rotineira. Por vezes, as estruturas assumem funções que não estão necessariamente relacionadas com a eficiência.

3.3. Abordagem à luz do Modelo Político

O modelo político, enquanto perspectiva analítica desenvolvida para o estudo das organizações, constitui-se como um modelo alternativo ao tradicional racional burocrático na medida em que evidencia alguns conceitos e questões anteriormente negligenciadas e são igualmente importantes para a explicação da acção organizacional (Morgan, 1996). Na perspectiva deste modelo, as organizações constituem-se em torno da diversidade de interesses e objectivos, da importância do poder e do conflito, dentro de uma "racionalidade política" (Lima, 1998a) em função dos próprios indivíduos ou grupos em que estão inseridos e das suas acções dentro das organizações.

A este propósito, Ellström (1984, p. 37), citado por Lima (1998a), refere que:

> "[...] emphasizes the plurality of goals, interests, and ideologies among the participants in an organization, the ocurrence of as conflict as a normal condition of organizational life, and the use of struggle and bargaining as rational means towards pursuing individual or collective goals".

Deste modo, ao reconhecer outras formas de poder dentro das organizações, para além da autoridade formal e consequentemente que, por esta via, os conflitos são inerentes à própria dinâmica organizacional, a actividade política torna-se uma dimensão fundamental no desenvolvimento da mudança. Como sustenta Bush (1986, p. 68),

> "conflict is viewed as a natural phenomenon and power accrues to dominant coalitions rather than being the preserve of formal leaders".

Por outro lado, na medida em que as metas organizacionais são ambíguas e nem sempre coincidentes, a participação dos actores pode ser intensa em determinados momentos (mas, ao mesmo tempo, pode também ser inconstante) assumindo variações em termos de intensidade em processos de negociação concretizados através de coligações e/ou confrontos.

Neste modelo podemos eleger como conceitos centrais os interesses, o conflito e o poder. O conceito de poder[8], embora não reuna consenso na sua definição, é considerado um elemento importante por diversos autores no campo da análise organizacional. Para Morgan (1996, p. 163), o poder é "o meio através do qual conflitos de interesses são, afinal, resolvidos. O poder influencia quem consegue o quê, quando e como". Contudo, como refere Dahl (1991), o conceito de poder está associado ao conceito de interesses e ignora a distinção entre diferentes tipos de poder e formas de poder. Nesta perspectiva, Hoyle (1982) faz a distinção entre autoridade e influência. A primeira está associada à forma de poder legal e legitimado e a segunda é entendida como a capacidade de alguém influenciar outrem sem recurso a sanções legais. À semelhança de Hoyle, também Blase (1991) faz distinção com base na dicotomia poder formal e poder informal. Por sua vez, Crozier (1963) distingue o poder de perito e o poder hierárquico.

> "A partir des situations d'incertitude qui exigent l'intervention humane deux types de pouvoirs auront donc toujours tendance à se développer. D'abord le pouvoir que nous pourrions appeler le pouvoir de l'expert, c'est-à-dire le pouvoir donc un individu dispose du fait de sa capacité personnelle à contrôler une certaine source d'incertitude affectant le fonctionnement de l'organisation, et en second lieu le pouvoir hiérarchique fonctionnel, c'est-à-dire le pouvoir dont certains

---

[8] Segundo Clegg (1998, p. 96), o poder diz respeito ao " [...] pressuposto de que as organizações e os ambientes devem ser concebidos como arenas, onde grupos com níveis de poder diversos, isto é, com um controlo diferenciado dos recursos disponíveis, competem por recursos diferencialmente valorizados no contexto de jogos complexos e regidos por regras indeterminadas que cada grupo procura explorar em proveito próprio".

individus disposent, du fait de leur fonction dans l'organisation, pour contrôler le pouvoir de l'expert et à la limite y suppléer" (Crozier, 1963, p. 202).

Neste sentido, relativamente ao poder nas organizações os actores desenvolvem formas de intervenção ao nível das estruturas e processos de tomada de decisão, assumindo formas mais ou menos complexas e/ou mais ou menos formais de negociação através de iniciativas ou estratégicas tendo em conta as suas margens de poder, no sentido de fazer valer os seus pontos de vista, procurando influenciar as decisões organizacionais, forçando a adopção de políticas e impondo os seus objectivos. Deste ponto de vista, as estruturas não são estáveis, na medida em que não existem essencialmente para satisfazer exigências de eficácia organizacional, mas reflectem uma morfologia resultante dos interesses dominantes num dado momento, uma vez que resultam de processos de luta e negociações de interesses. Crozier & Friedberg (1977), contrariando o que se considera o organograma oficial de uma organização, apresentam a convicção de que, na prática, o verdadeiro organograma organizacional é o resultado da conjugação complementar das estruturas formais (oficiais) com as dinâmicas reproduzidas pelas estruturas através da diferenciação das distintas formas de poder dentro da organização.

A este propósito, Bolman & Deal (1989) referem que, quando os actores se envolvem em alterações morfológicas, são movidos por uma motivação de reforço do seu poder mais do que por uma procura no sentido da racionalidade da organização.

"What they are really trying to do is to redesign the world to make it better express their self-interests" (Bolman & Deal, 1989, p. 82).

O modelo político encerra uma visão da organização congruente com um espaço de confrontação de interesses e competição entre sujeitos onde cada actor ou grupo procura, de forma estratégica, esgrimir os seus argumentos mobilizando as "zonas de incerteza" que controla e que são relevantes para a consecução dos seus objectivos. Segundo Crozier & Friedberg (1977, p. 72),

"Le pouvoir d'un individu ou d'un groupe, bref, d'un acteur social, est bien ansi fonction de l'ampleur de la *zone d'incertitude* que l'imprévisibilité de son propre comportement lui permet de contrôler face à ses partenaires".

Assim, as organizações são vistas por alguns autores (Baldrige, 1971; March & Olsen, 1976; Pfeffer & Salancik, 1978; Bolman & Deal, 1989) como "arenas políticas", o que se articula com uma visão das organizações enquanto "coligações de interesses", que encerram uma teia complexa de indivíduos e interesses na luta por alcançar determinados poderes, contrastando com o "mito da racionalidade" dos modelos racionais do *one best way*. De acordo com Natércio Afonso (1992, p. 43),

"A perspectiva política concebe as organizações como contextos circunstanciais onde indivíduos e grupos de interesses e finalidades específicas entram em interacção para atingirem os seus objectivos próprios, pondo em prática estratégias diferentes e muitas vezes antagónicas. Deste modo, em cada momento, os objectivos explícitos da organização são concedidos como sendo o resultado específico do jogo de poder em curso, envolvendo diversos indivíduos e grupos activos no seio da organização".

Como já mencionámos, uma dimensão fundamental do modelo político é a centralidade que assume o conceito de poder em que toda a actividade social gira em torno do "jogo político" (mais visível em situações de mudança onde se apresentem escolhas entre diferentes alternativas) na defesa de interesses ou coligações de interesses que se convertem em mais ganhos de poder dentro da organização. As políticas de escola não proporcionam aos indivíduos ou grupos ganhos materiais, mas sim vantagens em termos de influência, estatuto e prestígio.

Segundo Morgan (1996, p. 153), falar de interesses significa "[...] um conjunto complexo de predisposições que envolvem objectivos, valores, desejos, expectativas e outras orientações e inclinações que levam a pessoa a agir em uma e não em outra direcção". Os interesses não encerram em si uma categoria absoluta na medida em que podem assumir várias conceptualizações de acordo com os actores e as suas finalidades dentro da organização. Como refere Natércio Afonso, o reconhecimento da multiplicidade de interesses

> "[...] leva à consideração de que os *outputs* organizacionais resultam da interacção de conjuntos diferentes de interesses, os quais são coligações pouco conexas de actores individuais ou grupos com interesses comuns, no contexto organizacional e num dado momento" (N. Afonso, 1994, p. 53).

O mesmo autor defende ainda que, quando a convergência de conjuntos de interesses assume níveis mais coesos e estáveis na política organizacional, promove a criação de grupos de actores que defendem os mesmos interesses e que:

> "Se os grupos de interesses desenvolvem um empenhamento activo e forte na consecução dos seus interesses, tendem a transformar-se em *lobbies*, exercendo uma influência permanente e sistemática sobre os que tomam as decisões na organização" (N. Afonso, 1994, p. 53).

A abordagem política das organizações, ao pressupor a existência de um conjunto diversificado de interesses, aceita o desenvolvimento normal de conflitos nas dinâmicas dos processos de decisão, na medida em que constata que grupos diferentes possuem interesses distintos associados às suas funções, formações e convicções e que, por esta razão, não coincidem necessariamente com uma visão consensual das políticas da organização. Nesta perspectiva, cada grupo de interesses procura munir-se dos meios necessários para fazer valer as suas posições e valores, defendendo os seus próprios interesses, e, dado que não coincidem necessariamente com as convicções de outros grupos, origina o aparecimento de conflitos. A partir do estudo das organizações escolares, Gronn (1986) distingue três tipos de conflito: o conflito manifesto, que corresponde à manifestação dos interesses de determinados indivíduos ou grupos de uma forma aberta e que se desenrola nas instâncias formais dentro da organização, o conflito encoberto (o mais comum), que se desenvolve em arenas informais e que está associado à "luta" entre interesses instalados e interesses de outros grupos, podendo aparecer sob a forma de agenda oculta socorrendo-se de movimentos nos bastidores através de manipulações e/ou rumores como forma de exercer pressão sobre quem participa na tomada de decisão; e ainda o conflito latente associado a indivíduos que têm opiniões indecisas ou ainda não tomaram consciência dos seus interesses relativamente a algumas questões. Estes conflitos tanto podem permanecer de forma latente na actividade política como evoluir para situações de conflito manifesto ou encoberto. Contudo, a evolução destes conflitos latentes para situações de hostilidade podem depender da força com que são neutralizados pelos grupos dominantes.

O modelo político, quando aplicado ao estudo das organizações educativas, salienta a dimensão da organização enquanto "construções sociais" constituindo-se como "contexto social atravessado por relações de poder" (A. Afonso, 1991, p, 22) na medida em que, como sublinha Bush (1986), assumem-se como realidades onde o consenso, a existir, resulta de um processo conflitual já que os objectivos não são dados *a priori* como consensuais. Neste sentido, os pressupostos políticos não são exclusivos dos grandes centros de poder mas ocorrem dentro das organizações.

No que diz respeito aos processos de decisão dentro das organizações, eles resultam da actividade política envolvida em torno da discussão da agenda organizacional entre objectivos e interesses num determinado momento de acordo com a posição que os actores ou coligações assumem no momento. Deste modo, as decisões reflectem o resultado complexo dos processos que as envolvem, ainda que frequentemente esse processo seja algo confuso e enredado (Baldrige, 1993, p. 54).

Segundo Bush (1986, 69 e ss), as características fundamentais deste modelo analítico são: em primeiro lugar, a actividade política está associada a uma actividade de grupo (exercida nos centros de decisão) e não é associada à instituição enquanto entidade; em segundo lugar, esta actividade é desenvolvida em torno de "coligações de interesses" entre pessoas ou grupos que ocasionalmente podem formar alianças na defesa de interesses específicos; em terceiro lugar, o conflito nas organizações é assumido como normal; em quarto lugar, admite-se que os objectivos nas organizações são ambíguos, instáveis e contestáveis na perspectiva dos diferentes grupos de interesses; em quinto lugar, as decisões aparecem como resultado de uma complexa e disputada negociação; em sexto lugar, o poder aparece como uma questão central nas organizações, independentemente do tipo de poder que possa assumir; em sétimo lugar, a influência externa assume particular relevância na tomada de decisão interna, uma vez que as organizações, e designadamente as escolares, não são consideradas sistemas fechados e, desta forma, são sujeitas a influências externas; em oitavo lugar, as características deste modelo proporcionam uma visão adequada para entender a distribuição de recursos dentro da organização, uma vez que interfere com a capacidade de mobilizar esforços no sentido de defender interesses parciais ou particulares.

Do mesmo modo, Stephen Ball (1994) considera que as escolas podem ser analisadas nesta perspectiva política na medida em que são "espaços de disputa ideológica" e de confronto de interesses pois congregam um conjunto de influências, compromissos e negociações em que o exercício do poder é realizado através de processos de uma dinâmica "micropolítica". De igual modo, Blase (1989), analisando as representações dos professores sobre as dinâmicas políticas estabelecidas, de um modo especial com os directores de escola, refere-se à utilização de "estratégias micropolíticas" que se relacionam com o uso de poder na interacção entre docentes e directores. O autor considera, porém, que os directores se encontram numa posição privilegiada já que as suas estratégias de gestão e liderança os coloca numa posição em que beneficiam de um estatuto de mediadores políticos entre núcleos de poder. Também Blase & Anderson (1995), considerando a relevância das estratégias de acção e dos factores associados à administração das escolas bem como aos processos de desenvolvimento das lideranças individuais e colectivas, sublinham a concepção das escolas como "arenas políticas culturais" (Anderson, 1996) resultantes dos espaços de conflito associados à disputa de crenças, valores e representações sociais.

Esta perspectiva micropolítica a que os autores se referem tende a enfatizar os interesses individuais remetendo para um plano secundário as metas organizacionais na medida em que a acção dos actores não é passiva, mas encerra em si um conjunto diversificado de interesses pessoais, profissionais e políticos (Hoyle, 1988).

"[...] the space between structures is occupied by something other than individuals and their motives. This 'other' consists of micropolitical structures and processes. It is characterized more by coalitions than by departments, by strategies rather than by enacted rules, by influence rather than by power, and by knowledge rather than by status." (Hoyle, 1988, p. 257).

Ainda nesta perspectiva, Ball (1994, p. 25) afirma

"[...] el futuro del análisis organizativo de las escuelas está en el ámbito de lo que no sabemos sobre las escuelas, en particular en la comprensión de la micropolítica de la vida escolar, lo que HOYLE llama el 'lado oscuro de la vida organizativa'".

Em síntese e como refere Rui Gomes (1993, p. 75),

"Os modelos políticos apresentam alguns contributos importantes para a compreensão da escola como organização. Ajudam-nos a reconhecer que as metas, a estrutura, as técnicas, as funções, os estilos de liderança e os processos de decisão, bem como outros aspectos formais da organização escolar têm uma dimensão de poder".

Também Friedberg (1993) discute o poder associado ao intercâmbio/negociação de comportamentos, o que pressupõe a existência de actores com capacidade negocial e força política para criar alianças mobilizadoras do exercício do seu poder de influência para manipular, num dado momento, o quadro negocial em que ocorre a tomada de decisão. Por referência ao modelo de Weber, trata-se de um poder informal de natureza corporativista (embora possa desenvolver-se a nível individual) que emerge dentro de um contexto incerto e de fronteiras algo desconhecidas. Nesta perspectiva,

"A análise das organizações e da acção organizada não pode, assim, eliminar os actores. Os espaços de acção compõem-se de actores que pensam, mesmo que não tenham todos os dados, que têm intenções, mesmo que não atinjam sempre, longe disso, os seus fins; que são capazes de escolher, nem que seja intuitivamente; e que podem ajustar-se inteligentemente a uma situação, ou pelo menos à cognição (percepção) que dela têm e desenvolver a sua acção em consequência". (Friedberg, 1993, p. 199).

Deste modo, os actores (micropolíticos) valorizam a vertente informal da organização que é fortemente caracterizada pela participação e interacção dos actores nos processos de decisão, em detrimento da dimensão formal que se destaca pela evidência clara das estruturas da organização e por regras e procedimentos claros e definidos *a priori*, decorrentes de organigramas e regulamentos. Assim, ao destacar a análise do conflito e do jogo implícito de interesses, a perspectiva micopolítica valoriza, de um modo especial, as dinâmicas dos processos de tomada de decisão que, consequentemente, condicionam o funcionamento da organização.

Stephen Ball estabelece os pressupostos da micropolítica na escola com base nos interesses e conflitos dos actores associados à perspectiva do controlo sobre a organização.

"Considero las escuelas, al igual que prácticamente todas las otras organizaciones sociales, campos de lucha, divididas por conflictos en curso o potenciales entre sus miembros, pobremente coordinadas e ideológicamente diversas" (Ball, 1994, p. 35).

Assim, na medida em que a micropolítica envolve o resultado da interacção de uma diversidade de interesses, as estratégias desenvolvidas no interior da organização (e que resultam em movimentos de conflito e consenso) significam que a dinâmica organizacional não se desenvolve exclusiva e harmoniosamente nem em constante conflito, mas que esta dinâmica é fundamental para o desenvolvimento da organização.

Não obstante a dinâmica micropolítica ser concebida e gerida dentro de cada escola, isto não significa que em determinados momentos não seja fortemente condicionada por factores políticos externos, designadamente provenientes da administração central a partir de um contexto macropolítico que segundo Ball, (1994, p. 247) influenciam o desenvolvimento dos "jogos políticos" no interior das organizações educativas. Contudo, os actores organizacionais reagem às influências exteriores transformando-as em relações políticas internas gerando confrontos e conflitos em torno da interpretação dessas intenções no sentido de dar as respostas mais "adequadas". Neste contexto, Bacharach & Mundell (1993), centrando a sua análise no domínio das micropolíticas, defendem uma perspectiva na "lógica de acção" de Weber, enfatizam mais os grupos de interesses do que o indivíduo ou a organização, sustentando que a análise das políticas das organizações escolares deveriam integrar perspectivas micro e macropolíticas, representando, por isso, um quadro de análise adequado em períodos de implementação de reformas iniciadas a partir do exterior (Hoyle, 1999).

Não obstante reconhecer como preocupações centrais das teorias organizacionais a autoridade, as estruturas (*tight* ou *loose*), a autonomia, a colegialidade e a ambiguidade, Hoyle (1999), num estudo recente, procurando manter a distinção conceptual de entre "micropolíticas" (no plural), como o conjunto de processos de interacção social e "micropolítica" (no singular) como área de investigação, apresenta as duas faces da micropolítica enquanto campo de investigação: a *policy micropolitics* e a *management micropolitics*.

> "Policy micropolitics faces in the direction of macropolitics. Educational organizations are seen as sites or arenas (Ball 1987) of social conflict. […] Management micropolitics faces in the direction of the strategies whereby school leaders and teachers pursue their interests in the context of the management of the school. […] And although micropolitics is concerned with strategies deployed in the conflict of interests between teachers, perhaps the main focus is the conflict of interests between school leaders and teachers" (Hoyle, 1999, p. 214).

3.4. Para uma síntese de algumas dimensões organizacionais inerentes aos processos de decisão ao nível dos órgãos de "direcção" e "gestão"

Numa primeira aproximação ao que poderá ser um quadro teórico adequado ao objecto que nos propomos estudar, procuraremos, a partir de alguns contributos de diversos modelos de análise sociológico-organizacional, identificar um conjunto de dimensões imprescindíveis à compreensão do processo de tomada de decisão dentro da organização escolar, em especial no que concerne aos órgãos de gestão de topo – Assembleia de Escola e Conselho Executivo.

A tradição fortemente centralizadora do Estado em relação ao sistema educativo nacional, que, do ponto de vista do modelo racional-burocático, determina uma actuação rotineira, onde os actores periféricos fazem aquilo que a administração central pretende que eles façam, proporciona uma visão simplista da escola, na medida em que ela é revelada como hierarquicamente determinada, de causalidade linear, valorizando a estrutura formal da organização e os normativos legais em vigor.

QUADRO 8

**Síntese de algumas dimensões organizacionais
para a compreensão dos processos de decisão
ao nível dos órgãos de "direcção" e "gestão"**

DIMENSÕES (paradigmas)	A ESCOLA COMO ORGANIZAÇÃO	OBJECTIVOS E PREFERÊNCIAS	TECNOLOGIAS E PROCESSOS	PROCESSOS DE DECISÃO (direcção e gestão)	PARTICIPAÇÃO	ESTRUTURAS ORGANIZACIONAIS
Modelo Racional Burocrático	Imagem burocrática da escola	Claros e consenso partilhado	Transparência / clareza	Racionalidade organizativa *a priori*	Prevista	Articulação forte
Modelo Político	Imagem da escola como "sistema político"	Falta de clareza e desacordo e/ou conflito	Transparência / clareza	Metas organizacionais ambíguas e sujeitas a interpretações políticas	Intensa	Articulação débil
Modelo da Ambiguidade	Imagem da escola como "anarquia organizada" (Cohen, March & Olsen, 1972) ou "sistema debilmente articulado" (K. Weick, 1979)	Falta de clareza e desacordo e/ou conflito	Ambiguidade / falta de clareza	Racionalidade paradoxal e *a posteriori* Modelo decisional do "caixote do lixo" (Cohen, March & Olsen, 1972)	Fluída	Articulação débil

Não obstante estas características poderem ser observadas na escola, por vezes a debilidade de articulação entre diversas estruturas e elementos escolares condiciona a conduta organizacional. Por outro lado, o facto de os centros de decisão mais significativos estarem localizados fora da escola permitindo apenas uma pequeníssima parte da margem de decisão, configura, à partida, outro tipo de desarticulação, quer a um nível institucional (com as instâncias superiores da Administração Central), quer dentro das estruturas da própria organização. Embora não possamos identificar, na prática, órgãos de direcção dentro da escola, trata-se de reconhecer a importância das diversas lógicas e racionalidades dos actores organizacionais na tomada de decisão, dentro da "margem de autonomia relativa" inerente ao próprio actor (Crozier, 1963), onde a dimensão informal da organização assume particular relevância em que "[...] a escola não será apenas um *locus de reprodução*, mas também um *locus de produção*, admitindo-se que possa constituir-se também como uma instância (auto)organizada para a produção de regras (não formais e informais)" (Lima, 1998a, p. 175). A este respeito faz sentido as palavras de James March (1981, p. 563), para quem: "organizations rarely do exactly what they are told to do".

Num período caracterizado por uma anunciada "mudança" de paradigma organizacional, que parece institucionalizar o actual modelo de "autonomia, administração e gestão" das escolas, uma focalização analítica plural permite aceder a outras dimensões da organização, já que possibilita uma melhor compreensão de quem ganha e de quem perde com as mudanças organizacionais, com a redefinição das estruturas e com a (re)distribuição dos poderes e recursos dentro da organização escolar. Importa reconhecer a tensão existente entre interesses particulares, pessoais, de coligação e organizacionais, uma vez que nem sempre coincidem com as "versões oficiais" da realidade organizacional.

Na medida em que o controlo dos recursos, designadamente financeiros, representa uma importante fonte de poder, ele serve tanto a centralização burocrática da administração como determinados interesses e racionalidades dentro de cada organização escolar. Como clarifica N. Afonso (1994, p. 56), "este controlo é exercido não apenas relativamente à quantidade de recursos atribuídos a cada escola, mas também através das restrições formais sobre a sua utilização discricionária pelos administradores escolares".

Deste modo, afigura-se pertinente uma análise à luz do modelo político nas mudanças ocorridas na escola, tanto no que concerne ao processo de formação dos agrupamentos, como na implementação do actual modelo de administração e gestão, designadamente nos processos de constituição e instalação dos novos órgãos. Esta abordagem reconhece centralidade à intencionalidade da acção dos actores organizacionais dentro de uma constelação de interesses, objectivos e valores, mesmo quando o momento é imposto politicamente a partir do exterior, e que aqueles aderem à agenda, embora desenvolvam mecanismos de defesa segundo propostas e/ou projectos individuais ou de grupo ou coligações no interior da organização.

Uma análise a partir deste modelo, e designadamente na perspectiva micropolítica, permite-nos determinar algumas dimensões essenciais que colocam em evidência as relações humanas considerando o indivíduo, a sua autonomia relativa, a diversidade de interesses, os jogos de influência e o processo de negociação, condições que revelam a problemática não consensual em que as decisões são geradas. Deste modo, as estratégias políticas desenvolvidas por determinados indivíduos ou coligações podem determinar a concretização ou não de processos de mudança de acordo com determinados interesses ao nível local, o que permite conceptualizar a organização escolar à luz das perspectivas micropolíticas.

Em momentos de alguma instabilidade na organização ou na implementação de reformas, não é de ignorar também a possibilidade da ocorrência de fenómenos de "neutralização política", designadamente ao nível dos órgãos de topo da escola, como forma de garantir um certo protagonismo e/ou sentido de oportunidade nos processos de tomada de decisão e posse de informação, que frequentemente assumem contornos mais ou menos (in)formais servidos por uma "tecnologia de controlo" sobre as estruturas e os indivíduos. Por outro lado, em contraste com a visão dos modelos teóricos que atendem sobretudo aos mecanismos estruturais formais da organização, as diferentes metáforas e imagens dos modelos da ambiguidade, revelando o valor simbólico e a ambiguidade envolta numa ordem menos racional e frequentemente mais débil entre as estruturas organizacionais, são reveladoras da existência de uma menor consistência no interior das organizações.

Esta visão ganha particular relevo com as metáforas dos modelos da ambiguidade, designadamente com a imagem algo estranha do processo decisional do "caixote do lixo" (Cohen, March & Olsen, 1972) que tem a particularidade de salientar a falta de intencionalidade de algumas acções, por oposição à lógica sequencial do modelo burocrático. Neste contexto, são precisamente as características das "anarquias organizadas" que salientam o carácter problemático da estrutura organizacional. Assim, os problemas e as soluções, bem como as hipóteses de escolha surgem de uma forma algo aleatória e, por vezes, relativamente independentes, e destaca o facto de as soluções para os problemas surgirem condicionadas por um conjunto de elementos ocasionais ou acidentais. Por outro lado, a ideia de ambiguidade organizacional, de articulação débil do sistema e de independência relativa de diversos elementos e/ou estruturas organizacionais, dentro das organizações educativas (no nosso caso, ao nível dos órgãos de administração e gestão), é visível na concepção das organizações como "sistemas debilmente articulados" que salientam a fraca ligação entre as estruturas e indivíduos, que se desenvolve numa espécie de "jogo esquisito" (K. Weick, 1976, p. 1), caracterizado por conjugações fortuitas, nem sempre desejadas, nem totalmente dominadas, mas que é praticado pelos actores como se fizesse sentido.

Perante esta inconsistência, as organizações educativas tendem a revelar uma manifesta desarticulação entre estruturas e competências, problemas e soluções, meios e fins. As metas são definidas num contexto de grande ambiguidade que frequentemente encontram justificações *a posteriori* e não raras vezes a tecnologia utilizada é caracterizada por uma grande incerteza. Assim, admite-se que o funcionamento das organizações não corresponde totalmente ao modelo racional-burocrático, mas reconhece-se a forte influência da Administração Central junto das escolas, e designadamente o controlo que exerce junto dos Conselhos Executivos. Torna-se, pois, pertinente uma análise das dinâmicas de acção deste órgão através de uma lógica congruente com uma "gestão micropolítica" (*management micropolitics*) (Hoyle, 1999) ao serviço de uma "recentralização de poderes por *controlo remoto*", encarando-se o Conselho Executivo como "o último elo de uma *desconcentração radical* que penetra já no universo específico de cada escola" (Lima, 1995a, p. 67-68).

Por outro lado, apesar da forte centralização que caracteriza a administração da educação em Portugal, e admitindo que nenhuma organização escolar corresponde completamente à descrição do modelo burocrático, uma perspectiva que reconheça a lógica dos actores (e as dinâmicas inerentes à sua acção) "poderá ter a vantagem de nos fazer lembrar que, por mais poderosos que os controlos político-administrativos possam ser, mesmo no contexto de uma administração burocrática centralizada, os actores educativos gozam sempre de uma certa margem de autonomia" (Lima, 1998a, p. 83). Porém, esta "autonomia" (mais ou menos discricionária) dos actores escolares, nomeadamente no que respeita aos processos de decisão, é, muitas vezes, exercida à custa de uma *"infidelidade normativa"* (Lima, 1998a) por oposição ao normativismo. Por outras palavras, as práticas escolares são justificadas, ora por uma orientação normativista, ora por lógicas (frequentemente inconscientes) que se afastam do padrão formal (normativo).

> "As condições de recepção, o canal utilizado, os códigos actualizados pelos receptores, [...] poderão por si só operar transformações de sentido no conteúdo *interdito* da mensagem. [...] Admitindo o facto de a reprodução normativa poder não ser perfeita e em plena conformidade, haverá que considerar a produção de regras, organizacionalmente localizada, quer como simples resposta alternativa, quer como forma de *preencher* eventuais espaços não regulados normativamente" (Lima, 1998a, p. 175).

Esta perspectiva que acabamos de realçar afasta-nos das visões mais formais, integradoras e unitárias das organizações educativas, na medida em que reforça a vertente das relações de poder diferenciadas, e transversais e marginais ao mesmo tempo que alerta para um certo grau de imprevisibilidade e ambiguidade nos processos de tomada de decisão ao nível dos órgãos de administração e gestão das escolas.

Capítulo IV

O PROCESSO DE CONSTRUÇÃO
DO *AGRUPAMENTO AZUL*

1. BREVES CONSIDERAÇÕES METODOLÓGICAS

O estudo empírico que aqui se apresenta resulta de um trabalho de campo que decorreu entre Outubro de 2001 e Outubro de 2002, correspondendo ao último ano do primeiro mandato após a aplicação do Decreto-Lei n.º115-A/98, de 4 de Maio. Tal facto permite-nos ressaltar a pertinência deste trabalho uma vez que, para além de descrever o processo de constituição do *Agrupamento*, proporcionou realizar uma espécie de balanço/avaliação de práticas, saberes e experiências associadas a uma mudança institucional decorrente do referido modelo.

Considerando a natureza e os objectivos do estudo, impunha-se uma abordagem descritiva e eminentemente qualitativa para a sua concretização. Por outro lado, a necessidade de considerar um leque variado de intervenientes e de auscultar as suas percepções e opiniões em relação ao tema em análise levou-nos a incluir também o questionário para recolha de dados. Optámos, assim, por uma metodologia mista, abarcando, portanto, uma dimensão qualitativa e quantitativa, apontando para o que Shulman (1986) designa de "modelo de ponte", privilegiando, no entanto, a abordagem qualitativa (Miles & Huberman, 1984; Strauss, 1987; Bogdan & Biklen, 1994; Padgett, 1998; Denzin & Lincoln, 2000 e Bryman, 2001) que incidiu na descrição e análise dos elementos de informação recolhidos no sentido de desvelar o significado que os diferentes actores lhe atribuem e de produzir uma visão o mais aproximada possível do contexto em que foram gerados. Deste modo, a nossa opção privilegia o estudo de caso de tipo descritivo (Yin, 1993) porque visa descrever, de uma forma exaustiva, um determinado fenómeno dentro do seu contexto. Esta opção ganha consistência pela possibilidade que permite em estudar, de forma holística, diferentes aspectos de um determinado processo, neste caso a análise do processo de implementação do novo modelo de administração e gestão das escolas.

A preocupação em respeitar a validade e fiabilidade interna na condução e desenvolvimento do nosso estudo, uma das questões centrais em qualquer investigação, levou-nos a recorrer ao processo de triangulação, pela possibilidade que este método oferece na redução/ /minimização de possíveis enviesamentos e/ou parcialidades. Assim, utilizámos como instrumentos de recolha de dados: as entrevistas, o inquérito por questionário, a análise de documentos e a observação não participante que constituem o *corpus* de análise deste trabalho. Este último caso foi-nos particularmente importante pela oportunidade de aceder a um universo de opiniões que caracterizam a face mais oculta, não oficial, da instituição e ainda aceder a alguns pormenores que, num ambiente mais formal, são normalmente secundarizados. Desta forma, os contactos efectuados, quer na sala dos professores, quer noutros espaços frequentados pelo pessoal docente e não docente, foram fundamentais.

Recorremos à triangulação de métodos e de fontes de informação (Stake, 1995; Robson, 1993). Esta opção permitiu-nos recolher diversos dados junto de distintos actores, possibilitando assim uma análise holística e contextualizada do fenómeno em estudo. Por outro lado, tal procedimento permitiu ultrapassar algumas fragilidades que alguns métodos de recolha de dados apresentam e valorizar as potencialidades de cada um deles. Aliás, a triangulação bem como o envolvimento prolongado com o objecto de estudo são duas estratégias identificadas na literatura como potenciadoras do rigor e da validade da investigação qualitativa (Padgett, 1998). Optámos por concentrar a nossa recolha de dados preferencialmente através de entrevistas centradas (*focused interview*) e posterior análise de conteúdo, de inquérito por questionário e respectiva análise estatística com o auxílio do SPSS, versão 9.0, da análise de documentos, designadamente legislação, actas e outros documentos produzidos no *Agrupamento*. Recorremos ainda à observação não participante. No processo de recolha de dados, procurámos salvaguardar dois princípios fundamentais referidos por Erickson (1986), ou seja, tivemos a preocupação de informar sobre os objectivos e propósitos do estudo, salvaguardando, de igual modo, o anonimato dos actores, sobretudo na realização e citação das entrevistas.

2. CARACTERIZAÇÃO DO *AGRUPAMENTO AZUL*

O Agrupamento de Escolas que entendemos designar por *Agrupamento Azul*[9], que serviu de objecto de estudo da nossa investigação durante o ano lectivo de 2001/2002, está localizado num meio essencialmente rural, do distrito de Braga. Trata-se de um agrupamento de cariz vertical, que engloba 21 estabelecimentos de ensino desde o pré-escolar até ao 3.º ciclo. O *agrupamento* de escolas tem 144 docentes, dos quais 97 são professores do 2.º e 3.º ciclos, 34 são professores do 1.º ciclo e 13 são educadores de infância.

Aproximadamente 56% dos docentes pertenciam ao quadro de nomeação definitiva e cerca 16% pertencem ao Quadro de Zona Pedagógica ou ao Quadro Distrital de Vinculação, estando colocados, em regime de contrato neste *Agrupamento*, aproximadamente 28% dos

---

[9] Adoptámos o procedimento de não identificação do agrupamento pelo nome próprio para protecção da identidade de todos os que aceitaram colaborar nesta investigação, embora, para um leitor mais conhecedor da realidade onde o estudo foi realizado, possa ser possível o reconhecimento da identidade do agrupamento. Segundo Bogdan & Biklen (1994, p. 75 e ss), as questões centrais, no âmbito da ética investigativa, são "o consentimento informado" e a "protecção dos sujeitos". Contudo, estes autores também alertam para o facto de, algumas vezes, "quando se efectua investigação, é difícil ou impossível proteger a identidade dos sujeitos".

docentes. Trata-se de um corpo docente que se encontra mais ou menos estável ao nível do 1.º ciclo e jardins-de-infância, mas que, ao nível do 2.º e 3.º ciclos, ainda manifesta uma significativa mobilidade do corpo docente, o que implica, neste último caso, que uma parte considerável dos docentes se tenha de deslocar da sua residência habitual. De acordo com os dados por nós recolhidos junto dos serviços de administração escolar, o corpo docente é, na sua maioria, do sexo feminino (aproximadamente 70,4%). Ao nível do pré-escolar a percentagem é maior (91,7%, pois apenas existe um docente do sexo masculino), enquanto no 1.º ciclo é de 77,2 % e no 2.º e 3.º ciclos é de 42,9 %).

O Pessoal não docente do *Agrupamento* é constituído por 54 funcionários, dos quais, 36 funcionários têm o seu local de trabalho na escola sede do *Agrupamento*, 10 prestam serviço nas escolas do 1.º ciclo e 8 pertencem aos jardins-de-infância do *Agrupamento*. Para além destes, o *Agrupamento* tem ainda mais 8 assalariadas/tarefeiras, sem qualquer tipo de vínculo, que prestam serviço quase exclusivamente nos jardins-de-infância e escolas do 1.º ciclo do *Agrupamento*. A grande maioria dos funcionários do *Agrupamento* é do sexo feminino (aproximadamente 76%). Em termos etários, a média de idades do pessoal não docente é, de aproximadamente, 45 anos, enquanto que cerca de 35% já tem mais de 50 anos de idade. De registar que existe um número considerável de funcionários com longo tempo de serviço, alguns dos quais desde a criação da escola sede do *Agrupamento*. Em termos de habilitações literárias, é nos mais jovens que se verifica maior nível de instrução (aproximadamente 20% tem mais que o 9.º ano de escolaridade). Quanto às assalariadas, por se tratar de um serviço pontual e precário (apenas uma hora por dia), prestam serviços de limpeza, não lhes sendo exigidas qualificações académicas. Para além desta situação, a grande maioria dos funcionários do *Agrupamento* pertence ao quadro, registando-se apenas um número muito pouco significativo (apenas 6, cerca de 11%) de contratados a termo certo. Para a esmagadora maioria do pessoal não docente a residência situa-se próximo do local de trabalho, o que de resto é um dos critérios a ter em consideração nos concursos de selecção de candidatos para vagas de pessoal não docente.

No ano lectivo de 2001/2002 o *Agrupamento* tinha inscritos 1614 alunos.

Os 208 alunos inscritos no ensino pré-escolar estavam distribuídos por 11 turmas e representavam cerca de 12,8% da população escolar. Cerca de 28,0% dos alunos estavam no 1.º ciclo do ensino básico distribuídos por 28 turmas. No 2.º ciclo do ensino básico estavam inscritos 376 alunos, que representam cerca de 23,3 % da população escolar distribuídos por 14 turmas, onde a opção pelo Inglês como primeira língua estrangeira era manifestamente maior, pois apenas uma pequena turma em cada ano tinha como língua estrangeira o Francês. Quanto ao 3.º ciclo do ensino básico, estavam inscritos 516 alunos, cerca de 32,0%, distribuídos por 21 turmas. É ainda de referir que, em 2001/2002, no 7.º ano, cerca da 39,3% dos alunos optaram por Educação Tecnológica em vez de uma segunda língua estrangeira. Em relação ao ensino nocturno, existe também no *Agrupamento Azul* a oferta dos SEUC's que representam cerca de 3,8% do universo dos alunos, distribuídos por 3 turmas (cf. tabela 1).

TABELA 1

Alunos (distribuição por níveis de escolaridade e turmas)

	Pré-escolar	1º ciclo	2º ciclo	3º ciclo	SEUC	TOTAL
Nº de Alunos	208	452	376	516	62	1614
Nº de Turmas	11	28	14	21	3	77

Ainda de acordo com os dados disponíveis, e quando analisámos a distribuição dos alunos por sexo, concluímos que há um equilíbrio não só em termos globais (52% dos alunos do sexo masculino e 48% do sexo feminino) como também por ano de escolaridade. A maioria dos alunos tem a idade ajustada ao nível de escolaridade que frequenta e o maior número de repetições verifica-se no 7.º ano de escolaridade com cerca de 22%.

3. A CONSTITUIÇÃO DO *AGRUPAMENTO AZUL* E A IMPLEMENTAÇÃO DO MODELO INDUZIDO DO DECRETO-LEI N.º 115-A/98, DE 4 DE MAIO

Trata-se de um *Agrupamento* que foi aprovado por despacho do Ministro da Educação, sob proposta da Direcção Regional de Educação do Norte, seis meses depois da publicação do Decreto-Lei n.º115-A/98, de 4 de Maio. No mesmo despacho se afirmava a conveniência em "dar início, desde já a um processo experimental de constituição e funcionamento de agrupamentos", de acordo com o previsto no artigo 8.º do Decreto-Lei n.º 115-A/98, de 4 de Maio. É um agrupamento de escolas que, segundo a sua Presidente, estava "um passo à frente" em relação à generalidade dos agrupamentos a nível nacional. A instalação deste *Agrupamento de Escolas* foi feita por uma Comissão Executiva Instaladora, composta por três elementos, democraticamente eleita, segundo o estipulado no Decreto-Lei n.º 115-A/98, de 4 de Maio, tendo sido empossada em 24 de Julho de 1998 pelo Coordenador do Centro de Área Educativa de Braga.

O agrupamento de escolas de cariz vertical, engloba uma escola dos 2.º e 3.º ciclos do Ensino Básico (sede do agrupamento), 12 escolas do 1.º ciclo do Ensino Básico e 7 Jardins-de-infância. É o maior em termos de população escolar de entre os quatro agrupamentos existentes no respectivo concelho, sendo dois do tipo vertical e dois do tipo horizontal. A criação dos quatro agrupamentos no Concelho partiu da iniciativa da Câmara Municipal que, para além do Plano Director Municipal, contou com um estudo académico, realizado no âmbito do estágio pedagógico de uma licenciatura em Sociologia. Segundo o autor do referido estudo,

> "[...] a componente prática desse estágio que eu fiz na Câmara foi precisamente o reordenamento da rede escolar aqui no Concelho. E o trabalho terminou em termos de relatório com a elaboração de uma proposta de reordenamento da rede [...]. Portanto, e como naturalmente me competia, eu fiz essa proposta que era um trabalho académico, não era mais do que isso, e no final deixei ficar uma cópia à autarquia. Depois disso a autarquia entendeu, e muito bem, pegar naquele trabalho

e iniciar também o processo de constituição dos agrupamentos [...]"
(Entrevista n.º 16, Representante da Autarquia na AE).

Esta ideia foi corroborada por outro representante da autarquia na
AE que atesta o papel decisivo da edilidade na decisão de constituir os
agrupamentos neste Concelho:

> "[...] eu era o assessor da educação e portanto, competia-me, de
> certa forma, agarrar nesse trabalho e avançar com ele. Não seriam as
> outras pessoas que não estavam tão ligadas como eu" (Entrevista n.º 17,
> Representante da Autarquia na AE).

É ainda consensual a opinião dos actores entrevistados e mais
directamente implicados no processo de constituição do *Agrupamento*
em análise sobre o papel determinante da autarquia na génese desta
iniciativa e o seu "carácter político"[10]. As citações que a seguir se apresentam são elucidativas a este respeito.

> "[...] foi sobretudo da iniciativa da Câmara Municipal... [...]
> ...houve uma particular vontade do actual Presidente da Câmara em que
> este concelho desse esse primeiro passo. [...] Também [se verificou]
> uma pressão para que fosse um agrupamento de natureza vertical [...]
> houve aqui alguma preocupação em ser vanguardista, em ser pioneiro,
> em ser dos primeiros concelhos a implementar este modelo" (Entrevista
> n.º 11, Presidente da Assembleia Constituinte).

---

10 A este respeito, João Barroso & Ana Almeida, no contexto do Programa de
Avaliação Externa do Processo de Aplicação do DL n.º 115-A/98, concluem que "a
constituição dos agrupamentos serviu, não só, para as direcções regionais exercerem
uma 'pedagogia de influência', junto das autarquias (visando a sua adesão aos objectivos do novo regime de gestão escolar), mas também para reforçarem a sua capacidade estratégica na complexa 'micro-política' local. Por outro lado, foi igualmente
um momento importante para os vários sectores em presença (escolas, autarquias e
administração regional) 'medirem forças', no contexto de um processo de negociação
que, de certo modo, antecipa o que se irá passar com os 'contratos de autonomia'[...]"
(Barroso & Almeida, 2001, pp. 64-65).

"Foi tratado directamente da Câmara Municipal... eles avançaram ou quiseram avançar. E de tal forma que [...] ultrapassou os trâmites utilizados normalmente. Não foi feito com a CAE, foi feito directamente com a DREN, isto é, penso, que como a DREN queria apostar, queria agarrar alguém que pegasse nisto e como a Câmara Municipal se mostrou receptiva [...]. Como isso aconteceu, a DREN tomou aquilo em mãos,... para que este Agrupamento funcionasse como exemplo, [...]. E portanto o processo foi pela Câmara, eu fui contactada depois, ..." (Entrevista n.º 15, Presidente do Conselho Executivo).

Também os pais reiteraram a liderança da autarquia no processo de constituição do *Agrupamento*, tal como atestam os seguintes testemunhos:

"O grande impulsionador da constituição dos agrupamentos foi a Câmara Municipal" (Entrevista n.º 22, Representante dos Pais/EE na AE).

"A ideia que eu tenho, digamos que foi mais ou menos um processo político. [...] Daquilo que presenciei no desenrolar do processo de formação do Agrupamento, houve, digamos uma certa pressão política por parte da DREN para a implementação dos agrupamentos" (Entrevista n.º 10, Representante dos Pais/EE na AE).

Quanto ao pessoal não docente, as entrevistas deixaram transparecer alguma incerteza (e até desconhecimento) sobre a iniciativa da constituição do *Agrupamento*.

"Acho que isso foi mais com a Câmara, não foi?" (Entrevista n.º 2, Representante do Pessoal não Docente na AE).

"Eu não sei. Não faço ideia..., não sei. Não sei mesmo" (Entrevista n.º 21, Representante do Pessoal não Docente na AE).

Junto do pessoal docente com assento na AE, também foi possível identificar alguma indefinição e falta de clareza quanto ao modo como se processou a constituição do *Agrupamento*.

"Eu não sei, mas a ideia que eu tenho é que teria sido mesmo a EB 2 e 3 que resolveu e iniciou o processo. É mesmo a ideia que eu tenho" (Entrevista n.º 23, Elemento Docente na AE).

"[...] em relação à constituição do Agrupamento, não faço a mínima ideia de quando é que foi... de quem surgiu o primeiro plano, com quem é que foi tratado [...] pelo menos da parte da minha colaboração em alguma coisa passou-me assim um bocado ao lado. [...] foi dado adquirido que já estava organizado" (Entrevista n.º 9, Representante do Pessoal Docente na AE).

Este manifesto desconhecimento sobre o processo inicial de constituição do *Agrupamento* pode ser igualmente comprovado por alguns dos docentes inquiridos. Como se pode ver no gráfico, 31% dos respondentes afirmam desconhecerem o processo de constituição, enquanto que 28% consideram que resultou de um consenso geral e 21% de uma concertação entre professores e Autarquia. De referir ainda que 10% dos inquiridos apontam para uma imposição da autarquia e outros tantos apontam para uma negociação entre alternativas.

GRÁFICO 1

Representações dos actores acerca da configuração do *Agrupamento Azul*

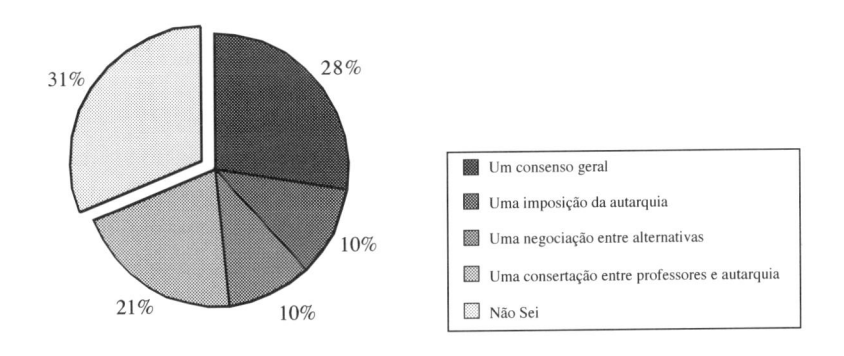

Contudo, foram criadas algumas expectativas por parte de alguns actores educativos em torno das potencialidades da constituição do *Agrupamento* que, de algum modo, favoreciam o desenvolvimento do processo, nomeadamente a "vontade de mudar", a sinergia de esforços, o combate ao isolamento das escolas do 1.º ciclo e a melhoria de recursos e condições de trabalho, ressaltando, assim, um "aparente consenso quanto às vantagens" (Barroso & Almeida 2001, p, 63).

> "Eu suponho que a constituição do Agrupamento foi mais ou menos consensual, [...] vivia-se uma fase em que, ao fim e ao cabo, que o modelo que vigorou ainda durante vários anos que estava esgotado e que dava para sentir nas pessoas, realmente, alguma vontade de mudar e de alterar e caminhar por caminhos novos. E que desse ponto de vista havia uma grande comunhão de vontades em que se pudesse trilhar esse caminho" (Entrevista n.º 11, Presidente da Assembleia Constituinte).

> "[...] na altura as pessoas não reflectiram muito a situação... mesmo as pessoas do 1.º ciclo e do pré-escolar entraram naquela, tipo..., [...] queremos melhorar o nosso isolamento, as nossas péssimas condições e tal e isto é uma forma...! [...] Estavam a contar ter dinheiro e não sei quê e não sei que mais e condições e depois nem sempre foi possível haver isso. Portanto, foi mais ou menos assim... em estado de choque. ... Mesmo algumas pessoas que se queriam pronunciar perderam um bocado ali... apesar de ter sido um processo democrático, porque foi, estava ali toda a gente e quem não concordava podia dizer que não, mas, as pessoas inibiram-se. Não foi assim propriamente debatido antes, foi assim um bocadinho empurrado" (Entrevista n.º 15, Presidente do Conselho Executivo).

> "[...] julgo que também da parte dos actores locais nomeadamente em relação aos professores das escolas do 1.º ciclo e dos jardins de infância, houve aí a criação de uma imagem que haveria algumas coisas a ganhar em termos qualitativos [...], conciliando escolas nos vários níveis de ensino e a possibilidade de utilizar equipamentos e recursos que geralmente só existiam a nível do 2.º e 3.º ciclos, portanto criou-se uma imagem positiva [...]" (Entrevista n.º 16, Representante da Autarquia na AE).

É de salientar que os dados obtidos através do questionário, no que se refere às mudanças introduzidas com a constituição do *Agrupamento*, apontam, de uma forma geral, para duas situações: a primeira tem a ver com a percentagem significativa de indecisos relativamente a questões, tais como a resolução dos problemas das assimetrias e do isolamento das escolas (27,3%), a distribuição mais racional dos recursos (35,2%), o aumento dos recursos financeiros (45,5%) e uma maior capacidade de decisão (38,6%); a segunda prende-se com a concordância generalizada por parte dos inquiridos, no que diz respeito aos efeitos positivos decorrentes da constituição do *Agrupamento*, à excepção do aumento dos recursos financeiros.

GRÁFICO 2

Efeitos decorrentes da constituição do *Agrupamento Azul*

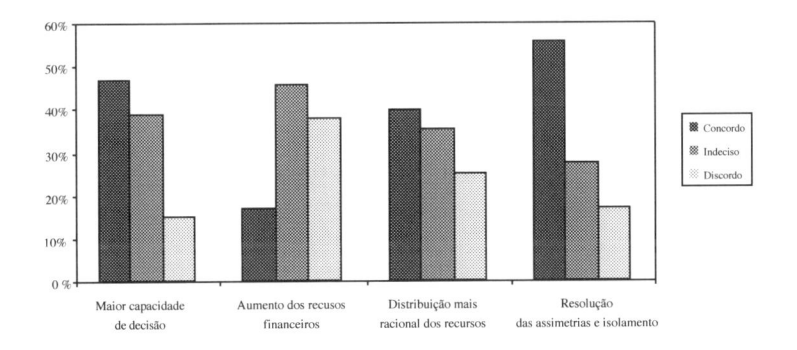

No entanto, foram encontradas algumas diferenças, entre docentes do pré-escolar e 1.º ciclo, por um lado, e professores dos 2.º e 3.º ciclos, por outro. De uma forma geral, os primeiros (sobretudo os docentes do 1.º ciclo) são mais cépticos e críticos relativamente às mudanças (positivas) decorrentes da constituição do *Agrupamento* do que os segundos (cf. tabela 2).

TABELA 2

**Efeitos decorrentes da constituição do *Agrupamento Azul*
por nível de ensino**

NÍVEL DE ENSINO	Maior capacidade de decisão			Aumento de recursos financeiros			Distribuição mais racional de recursos			Resolução dos problemas das assimetrias e isolamento		
	C	I	D	C	I	D	C	I	D	C	I	D
Pré-escolar	63,6%	27,3%	9,1%	27,3%	18,2%	**54,5%**	36,3%	36,4%	27,3%	**63,6%**	18,2%	18,2%
1° ciclo	47,8%	34,8%	**17,4%**	8,7%	30,4%	**60,9%**	13,0%	30,4%	**56,6%**	21,7%	39,1%	**39,2%**
2° ciclo	56,5%	30,5%	13,0%	30,4%	**52,2%**	17,4%	**52,2%**	39,1%	8,7%	**65,3%**	21,7%	13,0%
3° ciclo	32,3%	51,6%	16,1%	9,7%	**61,3%**	29,0%	**51,6%**	35,5%	12,9%	**71,0%**	25,8%	3,2%

Legenda: C = concordo; I = indeciso e D = discordo

Ao nível do pessoal não docente, as expectativas em relação ao *Agrupamento* eram ligeiramente diferentes. Os seus testemunhos deixam transparecer alguma apreensão e algum cepticismo (e até desconfiança) relativamente à inclusão de outros elementos com implicações ao nível da assunção de novas responsabilidades e consequente gestão de recursos humanos.

> "nem sequer vimos com muito bons olhos a entrada de outros membros (colegas) [...] pensámos que íamos perder a nossa privacidade" (Entrevista n.° 21, Representante do Pessoal não Docente na AE).

Se procedermos a uma análise mais detalhada dos dados obtidos através do questionário, podemos observar que, para além da grande percentagem de sujeitos que responderam "não sei", ao nível dos professores do 1.° ciclo, há a registar uma percentagem considerável que associa o processo de constituição do *Agrupamento* a uma lógica mais congruente com uma imposição da autarquia, o que contrasta com a opinião dos docentes dos 2.° e 3.° ciclos que apontam mais para um consenso geral (embora seja igualmente significativa a percentagem dos que admitiram desconhecer o processo).

TABELA 3
A configuração do *Agrupamento* foi o resultado de

NÍVEL DE ENSINO	Um consenso geral	Uma imposição da autarquia	Uma negociação entre alternativas	Uma concertação entre professores e autarquia	Não sei
Pré-escolar	18,2	9,1	27,3	27,3	18,1
1° ciclo	4,3	**34,8**	4,3	34,8	21,8
2° ciclo	50,0	0	9,1	4,5	36,4
3° ciclo	32,3	0	9,7	19,4	38,6

Os representantes dos Pais/EE partilham da opinião de que a constituição do *Agrupamento* resultou de uma imposição por parte da autarquia, tal como atesta o seguinte testemunho:

> "O processo dos agrupamentos foi um bocado imposto. Portanto, houve auscultação, houve reuniões, mas depois a situação foi imposta. [...] A Câmara e a DREN quase disseram... isto é assim e ficamos por aqui. [...] O processo foi conduzido de cima para baixo. Não foram os professores que disseram: 'nós vamos ficar aqui ou acolá', não. É assim, é assim. [...] A Câmara liderou o processo e fez esta divisão" (Entrevista n.° 7, Representante dos Pais/EE na AE).

Não obstante as expectativas iniciais, podemos afirmar que a constituição do *Agrupamento*, neste caso, resultou mais de um casamento por *conveniência* do que propriamente de uma necessidade dos actores locais ou mesmo de uma dinâmica entre os vários ciclos de escolaridade.

> "Havia uma dinâmica em experiências pontuais que funcionavam muito bem em que vinham os meninos das escolas do 1.° ciclo visitar esta escola, através do projecto ALFA e de outros projectos, algumas actividades dinamizadas por outras instituições em que participávamos em conjunto, mas era só isto. [...] o problema de base não é esse, isso é o mais fácil de fazer. O problema é discutir os assuntos de igual para igual onde estão todos com os mesmos objectivos, entendidos todos como professores" (Entrevista n.° 15, Presidente do Conselho Executivo).

Por outro lado, era previsível o despertar de um clima desconfortável e até potenciador de alguns conflitos (e alguma resistência), tanto na fase da constituição como, mais tarde, no relacionamento entre os vários ciclos de ensino.

> "[...] é engraçado... eu desde logo percebi que ia haver uma certa resistência por parte de alguns colegas, tanto do 1.º ciclo, como do 2.º e 3.º. Como é sabido, a relação entre os professores do 1.º ciclo e do 2.º e 3.º é do género: "tu estás aí e eu estou aqui" e pronto a ideia foi durante muito tempo assim. Eu achei que, se calhar, ia ser complicado... aceitarmo-nos mutuamente não estou a dizer que eu aceite ou deixe de aceitar, mas há colegas do 2.º ciclo e 3.º que se sentem diferentes e o mesmo se passa em relação aos colegas do 1.º ciclo para com os do 2.º e 3.º ciclo" (Entrevista n.º 4, Representante do Pessoal Docente na AE).

> "[...] ao longo do tempo fui vendo que realmente nem tudo corre certo, nem tudo corre bem dentro das nossas expectativas. Porque eu estava convencidíssima que este tipo de agrupamento vertical que nos iria dar a possibilidade de, uma vez por todas..., nos sentarmos à mesa, os diferentes níveis de ensino e fazermos uma articulação vertical [...]. Não foi feito, o que é que começou a haver... rejeição... ou então o que eu já acho um grande constrangimento, antes de a gente conhecer põe logo de parte, ou então é má vontade" (Entrevista n.º 12, Representante do Pessoal Docente na AE).

> "Eu disse que tinha havido algumas reticências por parte de alguns professores do 1.º ciclo, mas também aconteceu no 2.º e 3.º ciclos, também os havia que não queriam aceitar que o 1.º ciclo fizesse parte. Portanto, lutaram por um... agrupamento horizontal" (Entrevista n.º 17, Representante da Autarquia na AE).

O testemunho da Presidente do CE é também elucidativo no que se refere ao processo (imposto) de constituição do *Agrupamento*:

> "[...] muitas pessoas começaram a colocar algumas questões logo na altura, mas entretanto nessa altura houve um *forcing* muito grande daqui... em termos mais pessoais até daqui do... executivo porque... e foi um bocado tipo vamos ver, somos a favor da interligação, andamos de

costas voltadas [...], portanto, estes discursos foram um bocado trabalhados e um bocado indicados e o pessoal lá foi um bocadinho na onda, não tendo ainda muita noção na prática de como as coisas se iriam fazer. Nessa altura também o executivo não sabia, não é?" (Entrevista n.º 15, Presidente do Conselho Executivo).

De salientar que foram os elementos docentes do primeiro ciclo que mais se manifestaram contra a constituição deste *Agrupamento*, revelando algum mal-estar e alguma resistência face a uma decisão já tomada:

> "[...] não havia grande ligação, existia uma certa barreira, e ainda existe um bocadinho hoje em dia, entre os professores... embora já não exista tanta porque a formação de base é a mesma. Antigamente, como eram os professores do magistério e os outros eram licenciados, havia aquela rivalidade [...]. Éramos vistos assim um bocadinho como professores de segunda. Ah! Agora vão mandar em nós e vamos perder regalias e ainda vamos ficar piores. Não se interessam pelos nossos problemas, só se interessam pelos deles [...] e muita gente não queria realmente" (Entrevista n.º 13, Representante do Pessoal Docente na AE).

Segundo o que apurámos aquando da realização das entrevistas, a iniciativa de constituição do *Agrupamento* foi encarada, de algum modo, como um processo *voluntarista* tendo sido considerada uma exigência, algo inevitável e revelador do forte determinismo/intervencionismo, por parte de alguns órgãos desconcentrados da "Administração Educativa".

A este propósito, Rui Canário *et al* (2000, pp. 146-147) sustentam que a "metodologia centralista" utilizada pelas instâncias administrativas, "está associada à 'urgência' e ao voluntarismo que marcaram a decisão política [...] mais recentemente, nas diligências administrativas efectuadas para promover os chamados 'agrupamentos' de escolas. Assim se dá continuidade a uma tradição burocrática e centralizadora, totalmente contraditória com a retórica oficial da descentralização e da autonomia." E acrescentam ainda que "esta metodologia, em vez de favorecer o desenvolvimento de dinâmicas autónomas locais, tende a favorecer expectantes estratégias meramente reactivas por parte das escolas e dos professores, traduzíveis em modalidades de indiferença, contestação, zelo ou faz-de-conta".

Como nos adiantou um representante da autarquia na Assembleia da Escola e o Presidente da Assembleia Constituinte, a Câmara Municipal terá sido convidada, por parte da Administração Central, a liderar o processo de dinamização e constituição dos agrupamentos.

> "[...] foi feito, de certa forma, um apelo para que as autarquias tomassem um pouco a seu cargo a dinamização do processo porque, pronto, seria uma certeza que as coisas iriam avançar mais do que se deixasse um pouco ao critério das escolas [...]" (Entrevista n.º 17, Representante da Autarquia na AE).

> "[...] aliás era notório que por parte da Ad. Central [...] particularmente da DREN havia algum *forcing* para que isto avançasse, ao fim e ao cabo, era a maneira de provar que o sistema funcionava. Foi realmente notória ... fruto dessa colaboração estreita entre autarquia e a DREN ... houve realmente um *forcing* grande inicial," (Entrevista n.º 11, Presidente da Assembleia Constituinte).

1.1.1. *O Conselho Pedagógico*

O Conselho Pedagógico começou por sofrer as primeiras alterações antes da entrada em funcionamento do *Agrupamento* (um ano antes da sua instalação), quando a Presidente do Conselho Directivo apresenta, em reunião do Conselho Pedagógico, uma proposta de alteração da composição deste órgão, com base no Despacho 37-A/SEEI//96, sugerindo que integrassem este órgão um elemento do 1.º ciclo e outro do pré-escolar. Esta proposta, porque não constava de um ponto específico na ordem de trabalhos, surpreendeu os participantes e provocou alguma contestação.

> "O professor [...] depois de se interrogar do porquê da análise deste despacho neste momento, manifestou a opinião da continuidade, nesta fase, da actual estrutura" (Acta do CP, em 8/7/1998).

Apesar disso, a proposta foi aceite e a partir de Setembro de 1998, o CP passou a integrar, para além dos tradicionais membros, um elemento do 1.º ciclo e outro do pré-escolar, em representação dos seus pares. Na acta da mesma reunião consta ainda que "no sentido de assegurar continuidade nesta fase de transição, o Conselho Pedagógico deliberou pela manutenção dos docentes representantes dos actuais órgãos do Conselho Pedagógico, com salvaguarda das decisões anteriores assumidas, no aspecto de rotatividade, por alguns grupos disciplinares". Esta foi uma medida que, mais tarde, veio provocar alguns conflitos quando a Comissão Executiva Instaladora decidiu não acatar esta deliberação do CP e, quando na primeira reunião do Conselho de Directores de Turma, do ano lectivo seguinte, manifesta a intenção de proceder à eleição do respectivo Coordenador.

> "Nesta altura o professor [...] apresentou uma declaração de voto dizendo que se recusaria a votar, em primeiro lugar por uma razão legal ao abrigo do decreto-lei 115-A ponto dois do artigo cinco que diz que se deve manter a mesma estrutura e órgãos do Conselho Pedagógico e estruturas actualmente em exercício, de acordo com o regime que presidiu à sua constituição. Por outro lado, por uma questão de coerência em relação ao Conselho Pedagógico de oito de Julho de mil novecentos e noventa e oito que recomendou manter neste ano lectivo de noventa e oito, noventa e nove, os mesmos docentes no Conselho Pedagógico" (Acta do CDT, em 3/9/1998).

Em sede de nova reunião, e porque aquele ponto havia ficado suspenso, a Presidente da Comissão Executiva Instaladora procedeu à leitura da resposta entretanto solicitada à CAE:

> "Na sequência do V.º FAX de 07/09 informamos que não sendo atribuição do Conselho Pedagógico a prorrogação de mandatos de órgãos cujo prazo de duração está claramente definido na lei e uma vez que, entre outras, são atribuições do órgão de gestão cumprir e fazer cumprir os diplomas legais e regulamentares e determinações em vigor, em conformidade com o art.º 11 do Despacho 8/SERE/89, deverá o Órgão de Gestão deliberar não cumprir o estabelecido na reunião do Conselho Pedagógico, uma vez que tal determinação viola a lei, infor-

mando da decisão o CP e a Direcção Regional de Educação do Norte" (Ofício da CAE, em 9/9/1998).

No ano de instalação dos novos órgãos previstos no Decreto-Lei n.º115-A/98, de 4 de Maio, a composição do CP era a seguinte:

QUADRO 9
Composição do Conselho Pedagógico (1998/1999)

COMPOSIÇÃO DO CONSELHO PEDAGÓGICO	NÚMERO
Presidente da CEI	1
Vice-presidente da CEI	1
Delegados de Disciplina/Grupo disciplinar	20
Coordenador dos Directores de Turma	1
Representante do 1º Ciclo	1
Representante do Pré-escolar	1
Representante da Associação de Pais	1
Coordenador dos Directores de Turma	1
Coordenador dos Apoios Educativos	1
TOTAL	**28**

Com a aprovação e entrada em vigor do Regulamento Interno, do *Agrupamento Azul*, o CP passou a ter a seguinte composição:

QUADRO 10
Composição do Conselho Pedagógico (1999/2000)

COMPOSIÇÃO DO CONSELHO PEDAGÓGICO	NÚMERO
Presidente do CE	1
Chefes de Departamentos Curriculares	4
Coordenadores dos Conselhos de Docentes	5
Coordenador dos Directores de Turma	1
Representante do Grupo de Projectos em Desenvolvimento	1
Representante dos Serviços de Apoio Educativo	1
Representante dos Pais ou EE	1
Representante do pessoal Não Docente	1
Representante dos Serviços de Psicologia e Orientação	1
TOTAL	**16**

Apesar de existirem apenas quatro Conselhos de Docentes, o RI prevê na composição do CP cinco coordenadores, o mesmo será dizer que um desses conselhos possui dois coordenadores[11]. Esta foi uma das falhas apontadas ao Regulamento Interno pela CAE, depois de ter sido

---

[11] A este propósito, referia-nos um representante dos Pais/EE que pertenceu também à AC: "[...] fui dos poucos a dizer que um representante chegava. [...] mais tarde houve problemas a nível financeiro e depois tiveram que o extinguir no ano passado. Lá está, e na altura houve uns educadores que não gostaram porque pensavam que eu os estava a colocar à parte da questão" (Entrevista n.º 7, Representante dos Pais/EE na AE).

aprovado pela Assembleia Constituinte. Contudo, a CAE concordou em aceitar, pelas razões apontadas pelo Presidente da Assembleia Constituinte e pela Presidente do Conselho Executivo[12], a proposta apresentada.

Segundo as palavras da presidente do Conselho Executivo: "Na altura, e aí está, com a AC conseguimos fugir à regra um bocadinho naquela questão que eu já referi de ter dois coordenadores num dos núcleos do Conselho de Docentes. E que nós justificámos pessoalmente e portanto foi entendido e foi aceite, embora fugisse um bocadinho à norma, por assim dizer, claro que na altura aceitaram mas depois levantou-se a questão, mais tarde, que foi como pagar, a quem deveríamos pagar, etc... portanto esbarrámos sempre com entraves da administração". (Entrevista n.º 15, Presidente do Conselho Executivo). Curiosamente, este acontecimento foi um dos pontos que mais controvérsia gerou tanto nas reuniões do CP como do respectivo Conselho de Docentes, como veremos mais adiante.

1.1.2. A Comissão Executiva Instaladora

O Processo de eleição para a Comissão Executiva Instaladora (CEI) iniciou-se em 18 de Junho de 1998, com a realização de uma reunião de pessoal docente, pessoal não docente e pais/encarregados de educação, convocada pela Presidente do Conselho Directivo para a constituição das mesas eleitorais. Apresentaram-se vários candidatos e, depois de sujeitos a sufrágio, foram eleitos dois representantes do pessoal docente, dois representantes do pessoal não docente e dois representantes dos pais/encarregados de educação. O acto eleitoral para

---

[12] Segundo as palavras da presidente do Conselho Executivo: "Na altura, e aí está, com a AC conseguimos fugir à regra um bocadinho naquela questão que eu já referi de ter dois coordenadores num dos núcleos do Conselho de Docentes. E que nós justificámos pessoalmente e portanto foi entendido e foi aceite, embora fugisse um bocadinho à norma, por assim dizer, claro que na altura aceitaram mas depois levantou-se a questão, mais tarde, que foi como pagar, a quem deveríamos pagar, etc... portanto esbarrámos sempre com entraves da administração". (Entrevista n.º 15, Presidente do Conselho Executivo).

a Comissão Executiva Instaladora realizou-se no dia 23 de Junho de 1998, ao qual se apresentaram duas listas concorrentes[13] – Lista A e Lista B, com os respectivos "programas de acção". Ambas as listas concorrentes incluíam no seu manifesto eleitoral as competências definidas na lei.

O programa eleitoral da lista A colocava a sua ênfase

> "[...] na concepção, elaboração e concretização dos projectos Educativo e Curricular [bem como no] diagnóstico de necessidades educativas, a participação de todos os agentes da comunidade escolar, a construção e realização de projectos de acção, a colaboração estreita com outros actores do meio envolvente e o reforço de parcerias com órgãos locais (autarquia, Associações Culturais, Desportivas e Recreativas, Paróquias, etc), bem como o estabelecimento de prioridades educativas constituem alguns dos aspectos nos quais a escola se deve empenhar energicamente" (Programa de acção da lista A à CEI, p. 1).

Por sua vez, a lista B coloca a tónica na solidificação da autonomia e na aproximação à comunidade:

> "Por detrás desta solidificação da autonomia de uma Escola como investimento na qualidade da educação, tem de existir um processo que não pode ser descurado mas sim implementado segundo estratégias cuidadosamente ideadas por toda a comunidade educativa". [...] "É nosso primordial objectivo criar uma Escola que não se alheie das condições locais, da origem social e dos interesses dos alunos e dos pais nem das expectativas da comunidade em geral. Na sequência deste propósito incrementaremos a construção de um Projecto Educativo, elaborado de forma responsável e participada por todos os agentes da educação, fazendo valer o interesse colectivo e a comunidade local" (Programa de acção da lista B à CEI, pp. 1 e 2).

---

[13] Conforme aviso de abertura, sem data, do Conselho Directivo, foi fixado o prazo para a apresentação de listas concorrentes à CEI entre os dias 9 e 17 de Junho de 1998.

De resto, apesar da existência dos respectivos programas de acção das listas concorrentes a este acto eleitoral, não lhes foi atribuída grande importância por parte dos restantes actores:

> "[...] eu apenas me limitei às pessoas ... ao nome das pessoas... não liguei ao plano. Falando por mim. Portanto, aquilo que eu sabia do plano era, se calhar, por conversas que eu tinha com pessoas de ambas as listas. Mas sinceramente, nunca me dei ao trabalho sequer de ler e de perguntar isso, sinceramente nunca fiz." (Entrevista n.º 1, Representante do pessoal docente na AE).

> "Isso então se apresentaram esse plano da acção, então desconheço." (Entrevista n.º 2, Representante do pessoal não docente na AE).

Do acto eleitoral, que decorreu com normalidade, saiu vencedora a lista A, que, de acordo com a acta da assembleia eleitoral, obteve 162 votos (62,8 %), contra 95 votos (36,8 %) na lista B. Num universo de 265 eleitores, votaram 258, aproximadamente 97,3 %. Apenas existiu um voto nulo. Como é natural, é nestes períodos de eleições que mais se faz sentir a actividade política nas escolas. Neste caso, ao que parece, extravasou para o exterior da escola e assumiu conotações com a política partidária local, como atestam os seguintes testemunhos:

> "[...] eu penso que numa terra como esta há sempre interesses partidários. E se não de uma forma explícita, porque também era um bocado difícil comprovar, houve de uma forma implícita ou encoberta. [...] Começou mal porque isto foi um bocado extrapolado para fora da escola da pior forma, porque o ser extrapolado para fora da escola é positivo, mas foi extrapolado da pior forma. [...] por estas questões das politiquices, meteu-se gente ao barulho que não tinha que se meter e foi ... mais uma vez não nos preocupámos com a essência das questões, preocupámo-nos foi com essas questões de ganhar... em termos pessoais. Quem ganha e quem perde, etc... e não com a perspectiva de trabalhar um projecto." (Entrevista n.º 15, Presidente do Conselho Executivo).

> "[...] houve uma grande divisão entre funcionários, houve uma parte para uma lista e outra parte para outra. E depois houve um... sei

lá... tivemos que ficar [...] calados, quietos porque havia... era tudo apro-veitado para se dizer aquilo que não se disse, aquilo que não se fez."
(Entrevista n.º 21, Representante do pessoal não docente na AE).

"Segundo o que eu ouvi, houve uma certa pressão política, pronto, são coisas que eu ouvi mas nunca ninguém me veio dizer..." (Entrevista n.º 10, Representante dos Pais/EE na AE).

A Comissão Executiva Instaladora era composta por um presi-dente, elemento do 3.º ciclo do 10.º grupo A e por dois vice-presi-dentes, um do 2.º ciclo do 5.º grupo e outro docente do 1.º ciclo. Esta equipa tomou posse em 24 de Julho de 1998, após homologação do processo eleitoral por despacho de 20/7/1998 da Directora Regional Adjunta de Educação do Norte. Depois de lido o compromisso de honra, os elementos foram empossados pelo Coordenador do Centro de Área Educativa, em representação do Director Regional de Educação do Norte.

1.1.3. *A Assembleia Constituinte*

A 17 de Novembro de 1998, iniciou-se o processo eleitoral para a constituição da Assembleia Constituinte com a realização de uma reunião geral de pessoal docente e outra de pessoal não docente com a finalidade de prestar algumas informações e esclarecimentos acerca dos passos a dar na implementação do novo "regime de autonomia, administração e gestão dos estabelecimentos da educação pré-escolar e dos ensino básico e secundário" e ainda de eleger as mesas eleitorais para as respectivas assembleias eleitorais do pessoal docente e do pessoal não docente para a Assembleia Constituinte.

A composição da Assembleia Constituinte foi decidida na reunião do CP de 14 de Outubro de 1998, como se explicita no quadro 11.

QUADRO 11
Composição da Assembleia Constituinte

COMPOSIÇÃO DA ASSEMBLEIA CONSTITUINTE	NÚMERO
Docentes	7
Não docentes	3
Pais / Encarregados de Educação	3
Representante da Autarquia	1
TOTAL	**14**

As eleições para as assembleias eleitorais do pessoal docente e do pessoal não docente, embora distintas, foram marcadas pela Comissão Executiva Instaladora para o dia 19 de Novembro de 1998. Decorrido o prazo legal para apresentação de listas, apenas uma foi apresentada e, posteriormente, sujeita a sufrágio. Em 11 de Novembro de 1998, a Autarquia comunicou, pelo ofício n.º 3962 à Comissão Executiva Instaladora, o seu representante legal designado, por unanimidade, em reunião da Câmara Municipal. De igual modo, a Associação de Pais comunicou pelo ofício 2AP/98, de 17 de Novembro de 1998, a indicação dos três elementos representantes dos encarregados de educação a integrar a Assembleia Constituinte. Tendo sido homologado o processo eleitoral pelo Director Regional em 3/12/98, este facto foi comunicado à escola através do telefax da CAE n.º 920/CAE em 9/12/98.

A primeira reunião da Assembleia Constituinte foi convocada pela Presidente da Comissão Executiva Instaladora para o dia 16 de Dezembro de 1998 com a finalidade de dar posse à referida assembleia, de prestar algumas informações e submeter a aprovação do Regulamento Interno. Nesta reunião não foi ainda analisada a proposta de RI e "a pedido do eleito Presidente da Assembleia Constituinte agendou-se a reunião de análise, discussão e apresentação de sugestões sobre o Regulamento Interno para o dia quatro de Janeiro [...]"(Acta da Assembleia Constituinte, em 16/12/1998).

Na segunda reunião da AC foram discutidos alguns pontos dos quais destacamos os seguintes:

1) COMPOSIÇÃO DA ASSEMBLEIA DE ESCOLA

A Assembleia Constituinte apresentava um total de 14 elementos e a proposta de RI referia uma Assembleia de Escola de 20 elementos[14].

Embora tivessem surgido várias justificações para o facto, a versão oficial, talvez *legitimadora,* foi a seguinte:

> "Ouvidos os representantes dos docentes do Pré-escolar e do 1.º ciclo, optou-se então por este número" [20], "pois segundo os seus pontos de vista, esta seria a forma de estarem mais representados neste órgão[...]" (Acta da Assembleia Constituinte, em 4/1/1999).

2) DIRECÇÃO EXECUTIVA

De referir que o documento apresentado como proposta de RI indicava a hipótese de optar por um órgão colegial "Conselho Executivo", o que terá suscitado uma discussão acesa com base em "duas perspectivas baseadas em concepções distintas: a *democrática* que defende um órgão constituído por um Conselho Executivo; o movimento das *Escolas Eficazes* que promove a designação de um director" (Acta da Assembleia Constituinte, de 4/1/1999) (sublinhado nosso). Da discussão e "após um vivo debate, decidiu-se pela manutenção da redacção apresentada no documento em estudo" (Acta da Assembleia Constituinte, de 4/1/1999).

---

[14] A este respeito, o Presidente da AC "relembrou a decisão do Conselho Pedagógico realizado em Outubro de 1998, foi apontado que a Assembleia de Escola deveria ser constituída por catorze elementos cuja composição é aí registada na respectiva acta" (Acta da Assembleia Constituinte, de 4/1/1999).

3) COMPOSIÇÃO DO CONSELHO PEDAGÓGICO

Relativamente à composição do CP, a discussão, na sua essência, centrou-se na organização das estruturas de orientação educativa, mais especificamente no que diz respeito ao pré-escolar e 1.º ciclo, "com grande preocupação da representatividade dos diferentes níveis de ensino, do ponto de vista da eficácia deste órgão e ponderadas as formas como as Escolas do 1.º ciclo e os Jardins de Infância estão organizados, não perdendo de vista a grande dimensão e dispersão [...]" geográfica do *Agrupamento Azul*. (Acta da Assembleia Constituinte, de 4/1/1999). Após as alterações introduzidas ao documento inicial, de acordo com as deliberações da AC, realizou-se nova reunião para aprovação do documento final do Regulamento Interno, em 8 de Janeiro de 1999, que configurava o seguinte organigrama.

Depois de aprovado pela AC, o Regulamento Interno foi enviado para a CAE, a fim de ser homologado. Porém, este organismo "desconcentrado" dos serviços centrais da educação convocou a Presidente do Conselho Executivo e o Presidente da Assembleia Constituinte para "uma reunião na qual analisaram alguns aspectos do Regulamento Interno que do ponto de vista do Centro de Área Educativa de Braga deveriam ser alterados" (Acta da Assembleia Constituinte, de 17/3/ /1999). A este respeito, vale a pena referir as palavras de Licínio Lima, quando refere que aquelas instâncias assumem

> "autoritariamente o papel de exegetas autorizados e exclusivos intérpretes legítimos do espírito e da letra da lei, uniformizando recepções, estabelecendo comparações indevidas entre propostas de distintas escolas (e projectos e racionalidades), aceitando certas soluções e recusando outras igualmente plausíveis, denegando com frequência (e logo desde o seu início) o necessário respeito pelos órgãos escolares democraticamente constituídos e por algumas das suas mais elementares decisões (assim imediatamente vigiadas e tuteladas)". (Lima, 1999, p. 67-68)

Esta Assembleia Constituinte, quer pelo papel que desempenhou na apreciação/discussão do RI, quer pelos elementos que a constituíram

FIGURA 7

Organigrama inicial no 1.º Regulamento Interno

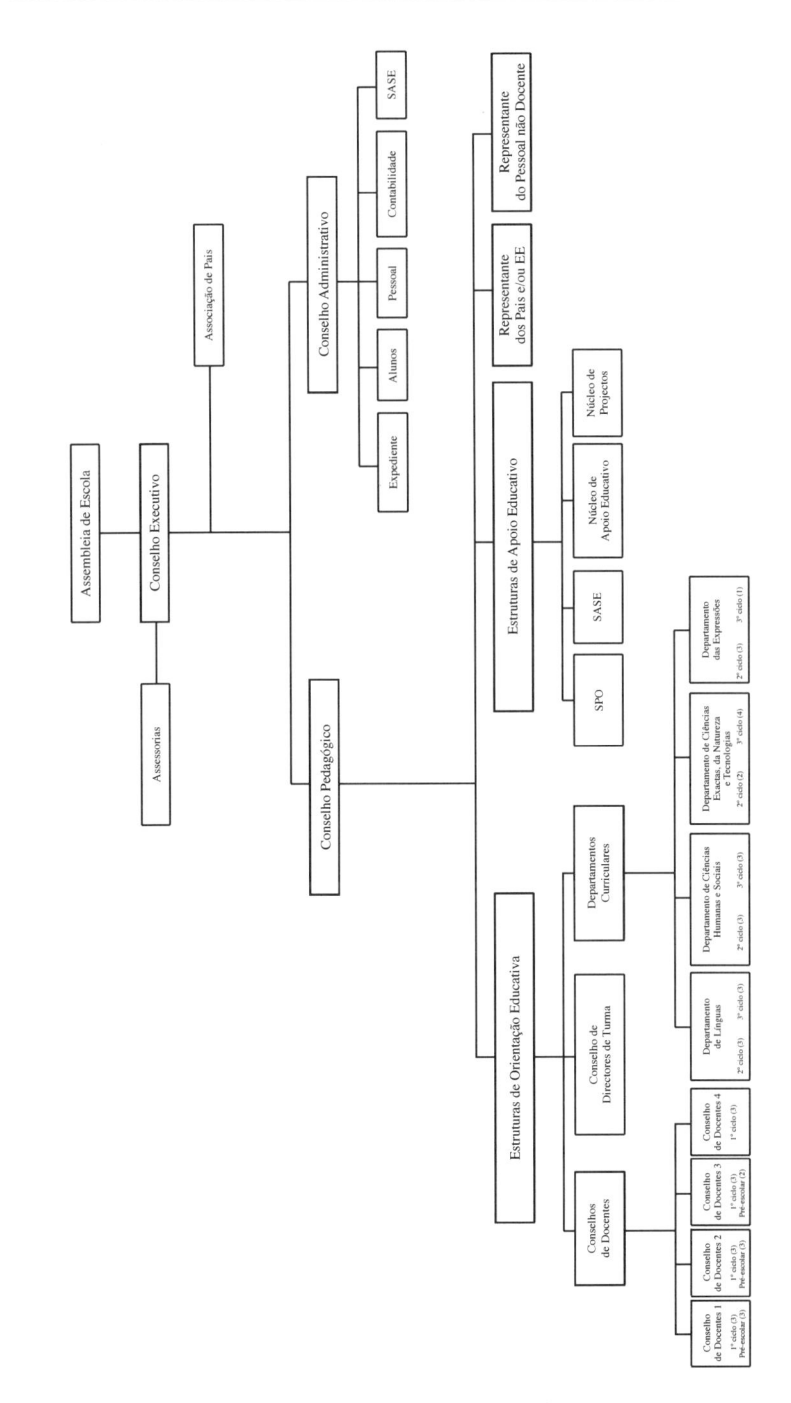

(conotada com uma das listas concorrentes à CEI) alertou para o facto de a assembleia se poder vir a tornar um contra-poder à "Direcção Executiva". Por estas razões, desenvolveu-se por parte da CEI uma estratégia para neutralizar as possíveis ameaças vindas desse órgão:

> "Em relação à AC [...] estavam lá elementos entendidos como do contra, o que implicou logo ali assim algumas desconfianças, portanto não foi um processo onde íamos abertamente, mas preparados para debater eventuais posições. [...] entendemos como se tivesse uma intenção definida para atacar determinadas situações. [...] nós queríamos, em termos práticos e sinceros, eliminar qualquer hipótese de ter novamente a AC e, portanto, tratámos de arranjar uma [lista] nossa, uma do nosso lado, por assim dizer." (Entrevista n.º 15, Presidente do Conselho Executivo).

Neste contexto, foram tomadas algumas diligências por parte da CEI que, chamando a si a responsabilidade da elaboração do RI, propõe para a constituição da AE um número de 20 elementos, como já referimos anteriormente, e ao mesmo tempo desenvolve esforços para promover a constituição de uma lista candidata à AE, o que terá feito desmoralizar alguns elementos da lista anteriormente candidata à AC.

Neste sentido, a desistência do elemento que encabeçou a lista para a AC ficou a dever-se a um conjunto de razões que o próprio descreve do seguinte modo:

> "... foi ter verificado que os elementos que comigo estiveram na AC quando eu os contactei para constituirmos uma lista para a AE alguns deles me disseram que já não estavam disponíveis porque sabiam das movimentações que havia para constituir uma outra lista e, como tal, já não estariam disponíveis. Uns porque não se queriam chatear, outros porque era incómodo entendiam que haveria aqui umas outras lutas de outra natureza e que, em face disso, também eu, na altura, obviamente me dei conta de que [...] a CEI entendeu que a Assembleia Constituinte se estava a insurgir ou digamos que era o lançar de uma semente para depois constituir também uma lista que se candidatasse ao CE. Sinceramente nunca foi essa a minha intenção, mas ao verificar que havia este receio, ao verificar que havia já pessoas contactadas para constituírem uma lista alternativa a esta que eu patrocinava, pura e simplesmente

entendi que o melhor que eu tinha a fazer era retirar-me e deixar a escola trilhar o caminho que entendesse." (Entrevista n.º 11, Presidente da Assembleia Constituinte).

A perspectiva de que a existência de duas listas seria uma situação inviável face a uma assembleia constituída por 20 elementos docentes foi também corroborada pelo elemento que encabeçou a lista candidata à AE:

"[...] esta é a minha perspectiva, como a Assembleia tem 20 elementos, constituir duas listas num universo de 100 professores ou cento e tal professores, não é muito fácil. [...] e se quisermos, para que se consiga naquele agrupamento algo com muita calma, com serenidade, sem conflitualidade... [...] a AE apareceu como o elemento estabilizador e penso que aí o CE quando apelou às pessoas também que constituíram esta lista acho que foi perspicaz, que conseguiu fazer um bom trabalho a esse nível, teve consciência e acertou, houve estabilidade, a gente sabe que se houver conflitualidade, que aqui é o cerne da questão, entre a AE e o CE. [...] é muito chato que na Assembleia esteja alguém de oposição sistemática a tudo o que se faz no CE [...]". (Entrevista n.º 19, Presidente da Assembleia de Escola).

Aliás, pudemos constatar ainda que os convites às pessoas para integrarem a lista para a AE eram efectuados, quer pelo elemento que encabeçou a lista à AE, quer pela Presidente da CEI:

"Foi o elemento que depois foi eleito Presidente, [...] na altura e mesmo a Presidente do CE que me convidaram a fazer parte da Assembleia." (Entrevista n.º 9, Representante do pessoal docente na AE).

"Fui convidada, pela Presidente do Conselho Executivo." (Entrevista n.º 23, Representante do pessoal docente na AE).

Do mesmo modo foi constituída a única lista candidata à AE relativa ao pessoal não docente.

"[...] ora bem, a iniciativa foi do CE, não é, para nós apresentarmos uma lista... e quem a encabeçou na altura fui eu." (Entrevista n.º 2, representante do pessoal não docente na AE).

1.1.4. *A Assembleia de Escola*

Em 5 de Março de 1999 é fixada, através de aviso, a data da realização do acto eleitoral para a eleição da Assembleia do *Agrupamento* bem como os prazos para a apresentação de listas concorrentes (de 19 a 26 de Março). Os elementos para as mesas eleitorais foram eleitos pelos respectivos corpos eleitorais em 14 de Abril de 1999. As eleições para a Assembleia do *Agrupamento* realizaram-se, tal como previsto, no dia 21 de Abril, tendo-se apresentado unicamente uma lista concorrente, tanto para o pessoal docente como para o pessoal não docente. Não houve necessidade de aplicação do sistema de representação proporcional pelo método de Hondt para a distribuição dos votos em mandatos uma vez que foram eleitos todos os membros efectivos de cada uma das listas. No que diz respeito à eleição do pessoal docente, dos 140 eleitores inscritos, tal como constava dos cadernos eleitorais, votaram 78 (aproximadamente 56%), tendo a única lista concorrente recolhido 54 votos, enquanto que 7 foram considerados nulos e 17 votos brancos. No que diz respeito à eleição do pessoal não docente, dos 59 eleitores inscritos, tal como constava dos cadernos eleitorais, votaram 45 (aproximadamente 76%), dos quais 40 foram válidos e 5 brancos. Em 12 de Abril, a Associação de Pais informa a CEI, pelo ofício 5/AP/99, sobre os seus elementos representantes a integrarem a AE. De igual modo, a Autarquia em 14/4/99, através do ofício 215/DEC/DT, informa a CEI dos seus elementos representantes a integrarem a AE.

QUADRO 12
Composição da Assembleia do *Agrupamento Azul*

COMPOSIÇÃO DA ASSEMBLEIA DO *AGRUPAMENTO*	NÚMERO
Docentes	10
Não docentes	4
Pais / Encarregados de Educação	4
Representantes da Autarquia	2
TOTAL	**20**

Em 31 de Maio de 1999 reuniu a Assembleia do *Agrupamento*, por convocatória da Presidente da CEI, a fim de ser empossada e eleger o seu Presidente. Uma vez que é requisito fundamental ser elemento docente[15], apresentou-se como candidato o cabeça de lista da única lista dos elementos docentes.

1.1.5. *O Conselho Executivo*

O processo eleitoral para a eleição do Conselho Executivo teve início em 11 de Maio de 1999 com a publicitação do aviso de abertura do prazo (de 12 a 19 de Maio de 1999) para a apresentação de listas candidatas ao acto eleitoral para aquele órgão. No dia seguinte, foi afixado o aviso que estipula o dia 26 de Maio de 1999 para a realização do acto eleitoral. Em 24 de Maio, foi eleita a mesa da assembleia eleitoral de entre pessoal docente, pessoal não decente e pais e/ou encarregados de educação. O acto eleitoral decorreu conforme a data prevista, tendo-se apresentado unicamente uma lista candidata, por sinal correspondente aos mesmos elementos que constituíam a CEI. Foram apurados os seguintes resultados: dos 279 eleitores inscritos, exerceram o seu direito de voto 194 (aproximadamente 70%), sendo que 154 foram votos na lista A, 6 votos foram considerados nulos e 34 votos foram brancos.

Depois de cumprido o procedimento, conforme "Informação n.º 6, de 17/05/1999", da Unidade de Acompanhamento do regime de autonomia, administração e gestão, a CAE comunica ao Agrupamento, em 1/6/1999, que "verificada a conformidade com o enquadramento legal em vigor", remete o processo eleitoral referente ao Conselho Executivo, a fim de ser homologado pelo(a) Presidente da Assembleia de Escola" (Ofício da CAE da mesma data). Este gesto por parte da Admi-

---

15 Curiosamente, nesta Assembleia os únicos membros que não são docentes são precisamente os elementos representantes do pessoal não docente (funcionários), uma vez que os representantes dos pais e/ou EE e da autarquia são igualmente docentes. Apenas um elemento representante dos pais e/ou EE, embora não sendo professor profissionalizado, já exerceu funções docentes inclusivamente neste *Agrupamento* de escolas.

nistração Central em conferir o acto da homologação ao Presidente da AE constitui, em nosso entender, apenas um acto de mera encenação e um rito procedimental, na medida em que a verdadeira responsabilidade continua no âmbito das competências dos órgãos desconcentrados da administração (controlar burocraticamente todo o processo, verificando a sua conformidade legal).

CAPÍTULO V

DINÂMICAS E RACIONALIDADES DE ACÇÃO
NO *AGRUPAMENTO AZUL*

1. PROCESSOS E PRÁTICAS DE "DIRECÇÃO" E "GESTÃO" NO *AGRUPAMENTO AZUL*

Neste capítulo, analisamos as dinâmicas e racionalidades de acção inerentes aos processos de "direcção" e "gestão" no *Agrupamento Azul*, interpretando os dados obtidos à luz do quadro "teórico-conceptual" construído para o efeito, procurando integrar dados quantitativos e qualitativos. Para tal, apresentamos os dados com base em três pontos principais: a) A Assembleia de Escola e o seu sentido (em que se discutem as suas competências, o seu funcionamento, a participação dos seus membros, a centralidade das suas decisões e a sua visibilidade exterior); b) a relação entre a Assembleia de Escola e o Conselho Executivo (e suas implicações em termos de desenvolvimento das dinâmicas de acção institucionais); c) as repercussões do modelo proposto pelo Decreto-Lei n.º 115-A/98, de 4 de Maio, em termos de autonomia (nomeadamente no que diz respeito à operacionalização do Projecto Educativo, do Regulamento Interno e do Plano Anual de Actividades).

1.1. A Assembleia do *Agrupamento Azul* – à procura de um sentido

Como já constatámos anteriormente, a Assembleia de Escola terá sido encarada como órgão potenciador de se constituir como um eventual contra-poder em relação ao Conselho Executivo. Assim, e tendo em atenção a forma como decorreu todo o processo de eleição dos seus elementos, principalmente docentes e não docentes, este órgão iniciou a sua actividade condicionado por esta situação. Deste modo, os representantes do pessoal docente e não docente assumiram uma posição de subalternidade em relação ao Conselho Executivo. Por outro lado, esta dependência pode ser também relacionada com a(s) representação(ões) que estes elementos possuíam da "Direcção Executiva", e designadamente da Presidente do CE, o que se relaciona com o seu "poder de perito" (Crozier, 1963). Neste caso, este tipo de poder está associado a uma figura elevada na hierarquia da instituição pelo facto de estar muito próximo da Administração Central, possuindo, por esta razão, um conjunto de informações que, devido aos débeis mecanismos de transmissão de informação existentes na escola, dificilmente são do conhecimento dos restantes elementos que dela fazem parte.

Na organização escolar, este é, aliás, um poderosíssimo instrumento de controlo, tanto por parte dos professores em coligações de interesses e na defesa de estatuto e/ou imagem da instituição para o exterior, como, em diferentes contextos, por parte dos gestores escolares contra os professores.

1.1.1. *Das competências e atribuições ao seu funcionamento*

A Assembleia de Escola, como estrutura formal da organização escolar, é entendida de acordo com os princípios consagrados nos normativos legais que a definem como "o órgão responsável pela definição das linhas orientadoras da actividade da escola" e ainda como "o órgão de participação e representação da comunidade educativa". No entanto, as representações que os vários actores escolares que participaram neste estudo possuíam acerca deste órgão não eram coincidentes.

Tratando-se de um órgão novo na escola, o seu papel não era perspectivado de um modo muito claro, quer pelos seus membros, quer pela generalidade dos actores escolares. De um modo geral, todos os elementos da Assembleia de Escola concordam com as competências e atribuições consignadas tanto no modelo jurídico-normativo como no Regulamento Interno. Porém, quando questionados acerca do cumprimento das mesmas, os diversos elementos que compõem a AE não são capazes de explicitar nenhuma delas; apenas possuem uma imagem mais ou menos interiorizada de que se trata de um órgão com grandes poderes para determinar o caminho que deve seguir o *Agrupamento*. Estas representações confirmam dados obtidos noutros estudos, nomeadamente Barroso, Almeida & Homem (2001, p. 159) que apontam para "uma diferença substancial entre a definição abstracta sobre o estatuto e funções deste órgão e a definição concreta que cada participante dá da assembleia a que pertence". Os testemunhos que a seguir se apresentam são reveladores desta situação:

> "nós ainda não estamos cientes da responsabilidade que temos" (Entrevista n.º 23, representante do pessoal docente na AE).

> "[...] não sei bem todas as competências da Assembleia, mas se calhar há algumas que ela não cumpre totalmente. [...] não me estou agora a lembrar de nenhuma... eu sei que as competências são bastante latas e que se calhar algumas não estão a ser cumpridas" (Entrevista n.º 10, representante dos pais/EE na AE).

De facto, a maior parte da actividade da AE centra-se nas propostas e sugestões da Presidente do CE e, nesta perspectiva, são enfatizadas mais umas competências do que outras. Também são partilhadas algumas responsabilidades por parte da "Direcção Executiva" com a AE quando, por conveniência, interessa repartir responsabilidades, até como forma de legitimação. Deste modo, o funcionamento da AE está fortemente condicionado pelas iniciativas que partem geralmente da Presidente do Conselho Executivo.

Quanto às expectativas iniciais em relação à AE, os entrevistados manifestaram posições que vão desde a ausência de expectativas, associada à falta de (in)formação (por se tratar de um órgão novo) e às dificuldades inerentes ao seu funcionamento e operacionalização (devido à falta de meios financeiros e humanos) até ao reconhecimento da sua importância na definição de políticas educativas locais (uma vez que é o órgão "mais importante da escola" a quem compete tomar "decisões fundamentais"), e, portanto, à existência de atitudes positivas em relação a este órgão:

> "Eu acho que a AE como deveria ser o órgão mais importante da escola, em que todas as decisões fundamentais, portanto da orientação de um agrupamento, passariam pela AE, em que seria debatido todas essas questões. Foi a razão principal e o que eu estava à espera" (Entrevista n.º 7, representante dos pais/EE na AE).

Como já mencionámos anteriormente, quando questionados sobre as razões que levaram os diferentes elementos a fazer parte da AE, as respostas por parte do pessoal docente e não docente apontam para um processo bastante influenciado pela "Direcção Executiva" que liderou e conduziu a constituição de listas para aquele órgão:

> "[...] honestamente a principal razão foi a consideração pela Presidente do CE... e de certa forma foi também retribuir-lhe o pedido que ela me fez e a confiança que depositou em mim" (Entrevista n.º 1, representante do pessoal docente na AE).

> "[..] ora bem, a iniciativa foi do CE, não é, para nós apresentarmos uma lista... e quem a encabeçou na altura fui eu. [...] E convidei os meus colegas... quem queria participar nessa lista. (Entrevista n.º 2, representante do pessoal não docente na AE).

A confirmar esta situação está o testemunho da própria Presidente do CE que atesta a sua iniciativa (e influência) na condução de todo o processo.

> "falei com essa pessoa [Presidente da AE] e aceitou, tudo bem, porque eu falei com ele, e a partir daí, claro que estivemos a ver um conjunto de pessoas que era importante fazerem parte da Assembleia de Escola, ele

falou com todas, eu reforcei com algumas" (Entrevista n.º 15, Presidente do Conselho Executivo)

Um dos objectivos deste estudo é compreender os processos, as dinâmicas e as racionalidades subjacentes ao funcionamento da AE. Assim, no quadro de análise do processo de instalação do modelo proposto pelo Decreto-Lei n.º 115-A/98, de 4 de Maio, torna-se pertinente perceber a forma como os actores escolares se posicionam e como avaliam o papel deste órgão.

Os participantes neste estudo, nomeadamente os representantes do pessoal docente, manifestaram sentimentos de algum cepticismo e dúvida relativamente ao funcionamento da AE, salientando a falta de sensibilização e de informação sobre os assuntos a tratar, a escassez de tempo para abordar as temáticas em questão, o desconhecimento das competências atribuídas a este órgão e a existência de alguns "vícios" na condução dos trabalhos:

> "As grandes dificuldades de funcionamento, era, para já, o pessoal não estar sensibilizado para o tipo de tarefas que tinha que desempenhar e ao mesmo tempo a própria estrutura não estar também, sensível para a importância de uma assembleia e se calhar trazer também, portanto, vícios da organização anterior" (Entrevista n.º 1, representante do pessoal docente na AE).

A confirmar esta posição está o testemunho da Vice-presidente da AE que denota uma certa desarticulação entre os membros deste órgão, chegando a afirmar o seguinte: "Eu que sou a Vice-presidente da Assembleia nunca me senti como tal... nunca participei na elaboração da ordem de trabalhos" (Notas de campo[16], Vice-Presidente da

---

[16] Na reunião da AE do dia 27/02/2002 a vice-presidente da AE teceu algumas críticas em relação ao funcionamento das quais destacamos as seguintes: "eu sou a vice-presidente da AE e nunca me senti como tal"; "tem-se feito uma análise ponto por ponto de uma forma muito burocrática"; "gostava de estar mais disponível e não me tenho sentido"; "quero sentir-me mais útil"; "só tenho ideias depois da reunião porque só na reunião são disponibilizados alguns elementos importantes".

Assembleia de Escola, em 27/02/2002). E noutra ocasião acrescentou:

> "[...] não podemos nunca trabalhar um documento com honestidade e com seriedade, até porque há uma agenda que não é só esse documento. Portanto, faz-se uma leitura na transversal, na diagonal, ou seja, já vão sublinhadas algumas questões que possam ser mais pertinentes ou que possam efectivamente tornarem-se públicas, também ser necessário que elas sejam faladas" (Entrevista n.º 5, representante do pessoal docente na AE).

A própria Presidente do CE reconhece a falta de cuidado/preparação relativamente ao funcionamento das reuniões deste órgão quando afirma:

> "[...] vi algum conhecimento do Presidente da Assembleia um bocado em cima do joelho, às vezes, [...] e fazendo as coisas como cumprindo o calendário" (Entrevista n.º 15, Presidente do Conselho Executivo).

Uma posição mais positiva é defendida pelos representantes do pessoal não docente, para quem o funcionamento da AE não apresenta quaisquer aspectos negativos, como se pode comprovar no seguinte excerto (bastante lacónico):

> "... acho que estava bem... ... acho que isso, as reuniões, de facto, eram... ... ... estavam bem pensadas e... acho que sim... .... que estavam bem planeadas as reuniões" (Entrevista n.º 2, representante do pessoal não docente na AE).

Em relação às reuniões deste órgão, os entrevistados afirmam que, tendo em conta as funções que a AE desempenha (e a importância que lhe é atribuída), a sua periodicidade e frequência são adequadas. No entanto, também ressalvam o facto de, a exercer, de forma adequada, as atribuições consignadas nos normativos, o número de reuniões não seria suficiente:

"[as reuniões] tem sido suficientes porque não tem havido questões para resolver. Porque na hora em que isto começar a fazer envolvimento, eu acho que são insuficientes" (Entrevista n.º 23, representante do pessoal docente na AE).

Assim, no desenvolvimento das suas atribuições, a Assembleia de Escola recorre, de uma forma mais ou menos clara, a procedimentos ritualizados no âmbito das suas competências e que, ao fim e ao cabo, reflectem um conjunto de actos organizacionais *discutidos e aprovados*, com maior ou menor leveza, sem que se crie uma oportunidade de se estabelecerem inter-relações entre os documentos analisados, resultando numa actividade mais ou menos descontínua (um exemplo elucidativo dessas práticas é a fraca articulação e/ou relação entre o PE e o PAA ou mesmo entre estes, e o Orçamento e a Conta de Gerência.

1.1.2. *Da participação dos membros à influência exercida*

De um modo geral, a participação dos elementos com assento na AE é reduzida, limitando-se a intervenções pontuais. Esta opinião é partilhada pelos diferentes membros deste órgão que reconhecem a necessidade e a importância de uma participação mais interventiva e de uma "aprendizagem para a participação":

> "Eu acho que a participação na AE é muito reduzida... porque geralmente... dá-se as informações,... entrega-se o material para a reunião, e... pronto está tudo bem. As pessoas aceitam tudo de bom grado o que aparece. Depois a participação das pessoas…, as pessoas estão quase sempre caladas" (Entrevista n.º 7, representante dos pais/EE na AE).

> "A participação é muito reduzida, acho que muitas vezes as pessoas só estão lá a fazer o quorum necessário e, muito sinceramente, acho que para as chefias […] às vezes parece que o objectivo é mesmo que eles façam *quorum*." (Entrevista n.º 1, representante do pessoal docente na AE).

"[...] muitas das vezes, as pessoas, não digo todas, mas haverá uma percentagem para quem a Assembleia é quase um frete, é o cumprir de uma formalidade que quanto mais depressa acabar melhor" (Entrevista n.º 17, representante da autarquia na AE).

No que concerne à participação dos representantes do pessoal não docente, as suas percepções, bem como as dos restantes elementos da AE, apontam para alguns traços comuns, nomeadamente, a falta de preparação (e de formação) para uma efectiva intervenção no âmbito dos assuntos abordados naquele órgão (necessitando de alguns "anos de aprendizagem"), o desconhecimento relativamente aos temas em discussão, a existência de uma relação de dependência perante os restantes elementos e órgãos da escola e a consequente insegurança e falta de consistência/fundamento das decisões/atitudes tomadas. Por outras palavras, os entrevistados são unânimes em caracterizar a participação do pessoal não docente como "pouco activa" ou ainda como uma "intervenção passiva" que se resume a "levantar o dedo numa votação", traduzindo-se numa espécie de ritual de aprovação e/ou legitimação.

"[...] é evidente que o pessoal não docente também necessita de alguma preparação [...] o pessoal não docente há-de estar uns anos em aprendizagem [...] a participação deles, é levantar o dedo quando é necessário numa votação" (Entrevista n.º 19, Presidente da Assembleia de Escola).

"[...] parece-me uma participação sobretudo pouca activa, [...] que também pode ser explicada julgo eu pela relação de dependência que os funcionários das escolas têm relativamente aos outros órgãos da escola" (Entrevista n.º 16, Representante da autarquia na AE).

"[...] os funcionários, como todos nós, notaram que vão lá assinar, [...] efectivamente, se nós já estamos ali um bocadinho ... quando é que isto acaba, não é, eles estão ali um bocado, onde é que eu ponho a cruz" (Entrevista n.º 5, representante do pessoal docente na AE).

Como já referimos, os próprios funcionários reconhecem que a sua participação na AE é bastante reduzida, aludindo à sua presença como "meros espectadores", que quase só intervêm no momento das votações, o que fazem por influência de alguém a quem reconhecem "mérito". De uma forma geral, entendem a sua presença na AE como "perda de tempo" e como "uma grande seca". Estes dados corroboram resultados de outros estudos que revelaram a "participação irrelevante" e a "falta de preparação" dos elementos do pessoal não docente para entender e pronunciar-se sobre os assuntos discutidos na AE (N. Afonso & S. Viseu, 2001b, p. 63):

> "[...] a participação era praticamente nula. Pronto na altura de votar, quando era para votar algo, a gente estava lá e votava de livre vontade porque também estava a ouvir e sabia... pronto criávamos uma ideia nossa" (Entrevista n.º 14, Representante do Pessoal não Docente na AE).

> "Nós era só para assistir..., [...] éramos aí meros espectadores. [...] só ia lá perder o meu tempo... Entrava numa reunião calado e saía de lá às vezes sem abrir a boca. [...] olhe... nós íamos para lá que era mesmo para apanhar uma grande seca" (Entrevista n.º 2, representante do pessoal não docente na AE).

No entanto, apesar das percepções negativas generalizadas junto dos representantes do pessoal não docente, um dos elementos sublinhou que a sua participação na AE lhe proporcionou momentos de aprendizagem e de (re)conhecimento das dinâmicas existentes na organização escolar.

> "[...] desde que comecei a ir à AE começo a perceber que a escola tem uma dinâmica que ninguém a entende, os funcionários não sabem que ela existe. [...] Eu gosto de lá estar mas acho que a escola tem uma dinâmica tão grande, tão complexa que nos custa a entrar nessa engrenagem. Eu gosto de lá estar, gosto de ver aquelas discussões e aprendo com isso, mas entendo que eu não tenho 'bagagem' para entrar numa discussão..." (Entrevista n.º 21, Representante do Pessoal não Docente na AE).

Quanto à participação dos elementos da Autarquia, a visão dos restantes membros da AE aponta para uma participação irregular e pontual sobretudo no âmbito de questões relativas a transportes e a outras áreas mais directamente ligadas às competências do município:

> "A autarquia muitas vezes não esteve presente, [...] Também nunca houve nenhum assunto que, eu me lembre, que envolvesse a autarquia a não ser questões pontuais, de transportes e por aí fora" (Entrevista n.º 15, Presidente do Conselho Executivo).

A justificação para esta intervenção menos activa na AE é apresentada pelos próprios elementos representantes da Autarquia quando, embora reconhecendo a necessidade de partilha de decisão entre os diferentes actores, se referem a uma posição de não ingerência nos processos e dinâmicas da escola, sublinhando, no entanto, a necessidade de clarificar o seu papel, enquanto membros deste órgão, e de (re)considerar a sua participação que pode oscilar entre momentos de uma maior ou menor intervenção:

> "não queremos, nem queríamos, até porque estivemos ligados ao início do processo, de modo nenhum que isso fosse entendido como uma tentativa de ingerência daquilo que é o dia a dia da escola, nós queremos ser parceiros e queremos que a escola tenha autonomia,... […] não queremos é ficar de fora de uma área em que nós colaboramos; de resto, […] naturalmente são os professores o actor mais bem colocado para dirigir e coordenar um agrupamento ou uma escola." (Entrevista n.º 16, representante da autarquia na AE).

Também o Presidente da AE reconhece que a intervenção dos representantes da autarquia acontece mais junto do órgão de gestão, embora sublinhe que participam "sempre que podem e sabem" na discussão dos assuntos apresentados nas reuniões da AE:

> "É um órgão onde eles têm que estar e fazem todo o gosto em estar, mas penso que depois a participação dá-se mais em sintonia com o CE, de qualquer maneira, nunca se inibem e sempre que podem e sabem dão a sua opinião" (Entrevista n.º 19, Presidente da Assembleia de Escola).

Quanto aos representantes dos pais, também eles professores, a sua participação é entendida em dois sentidos. Por um lado, eles próprios reconhecem algum constrangimento ou condicionalismo no momento de assumir posições que possam tomar sobre questões relativas a docentes; por outro, porque têm consciência da existência de dinâmicas paralelas na organização escolar, a sua intervenção é encarada como expressão de posições menos "transparentes". O próprio Presidente da AE reconhece que o facto de os pais serem também professores condiciona as dinâmicas da AE, salientando que a sua participação é reduzida:

> "[...] os pais porque são professores quanto a mim prejudica [...] eu acho que eles participam pouco porque eles percebem por dentro, percebem o formal e o informal destas coisas, percebem o que está subjacente a determinado tipo de atitudes e de certo já não são claros, não são transparentes nas decisões que tomam" (Entrevista n.º 19, Presidente da Assembleia de Escola).

> "Eu acho que nós por termos a mesma profissão [...] não podemos dizer verdadeiramente como pais, porque depois somos apontados: 'olha o colega, a dizer mal dos colegas'" (Entrevista n.º 7, representante dos pais/EE na AE).

As lógicas inerentes a estes processos e práticas de "participação" podem associar-se à redução de confrontação de diferentes perspectivas e/ou posições no sentido de evitar a emergência de conflitos. Esta é, aliás, uma ideia reforçada por um dos representantes da Autarquia ao reconhecer a forma "pacífica" como as decisões são tomadas e os processos conduzidos, contrariamente às suas expectativas que iam no sentido da existência de algum conflito (nomeadamente entre professores e pais) fruto de interesses divergentes:

> "[...] as coisas são muito pacíficas, ao contrário daquilo que eu estava à espera, que surgissem alguns conflitos, [...] porque eu julgo que esse conflito é natural, eu julgo que os professores e os pais, têm, naturalmente, em relação a alguns aspectos, interesses completamente diferentes" (Entrevista n.º 16, Representante da autarquia na AE).

O mesmo representante da Autarquia sublinha a intervenção mais activa dos representantes dos professores que "ditam as regras do jogo". No entanto, a participação destes actores é descrita pela Presidente do CE como sendo muito localizada e centralizada relativamente a questões particulares de "cada escola" e de interesses específicos. Daí afirmar que o *Agrupamento* provocou a emergência de "novos conflitos" que decorrem de "situações" e "interesses" diversificados:

> "[...] o Agrupamento aumentou os conflitos, eu sinto aqui, porque há mais pessoas e há interesses diferentes e há situações diferentes e há distanciamentos, portanto..., e isso, na prática, vê-se". (Entrevista n.º 15, Presidente do Conselho Executivo).

De salientar que estes conflitos resultam do facto de terem sido associadas escolas de diferentes níveis de ensino, sendo mais visíveis no relacionamento com os docentes do 1.º ciclo. Os depoimentos que se seguem ilustram esta situação:

> "Olhe, eu só lhe vou dar um exemplo deste género, já viu o que é deixar de ter um pai e passar a ter em casa um padrasto?... ao entrar na casa, não entrava do mesmo jeito que ter o pai ou o padrasto, quer dizer, para mim é um pouco como isso, [...] eu lá senti que era uma adoptiva, e pronto". (Entrevista n.º 23, Representante do Pessoal Docente na AE).

Por outro lado, os próprios representantes dos professores na AE consideram que os membros deste órgão representam mais interesses individuais do que colectivos em virtude dos constrangimentos e dificuldades em estabelecer estruturas/processos de comunicação e partilha de opiniões:

> "acho que representam mais os interesses individuais, porque para representar a comunidade em si era preciso fazer um tipo de trabalho, [...] diferente daquilo que fazem." (Entrevista n.º 9, representante do pessoal docente na AE).

Uma forma de resolver a questão da participação foi proposta pelo Presidente da AE e que consistiu na formação de "grupos de trabalho" específicos[17] dentro da AE encarregues de estudar determinadas questões, mas que, na prática, não funcionaram tornando-se numa forma de justificar a participação mais encenativa do que real. Normalmente os actores começavam por referir a existência desses grupos mas concluíam que na prática não funcionavam, nem tão pouco reuniam para preparar os assuntos:

> "[...] eu sou sincera, [...] estou neste grupo, eu quero participar e fui ter com as colegas que estavam com o PAA e antes da reunião da AE fui lá para ver o que era preciso ajudar e não era naquela de fiscalizar, se querem que eu ajude e ouvi: 'ai não, já está tudo feito, já não é preciso nada' [...] fiquei um bocado desiludida". (Entrevista n.º 13, representante do pessoal docente na AE).

Reconhecendo a importância de uma maior participação/intervenção dos elementos da AE, a Presidente do CE sustenta que tal situação pressupõe um processo de aprendizagem:

> "[...] é difícil as pessoas terem capacidade ou estarem preparadas para dirigir ou tomar decisões, é um processo que se aprende" (Entrevista n.º 15, Presidente do Conselho Executivo).

Constatámos ainda que, apesar da existência de alunos pertencentes ao 3.º ciclo recorrente e da possibilidade que os normativos lhes conferem de participarem na AE, tal facto não é considerado relevante para a maioria dos elementos da AE. Esta situação, apesar de conhecida, nunca foi discutida nem foi considerada na revisão do RI, na medida em que a opinião mais ou menos generalizada é a de que eles não devem estar interessados e, por outro lado, também não têm tempo porque a maior parte deles são trabalhadores-estudantes. Este posicionamento é revelador de uma determinada concepção de participação ou, dito de outro modo, de uma não-participação imposta ou forçada (Lima, 1998b, 2001).

---

[17] No primeiro mandato da AE foram constituídos quatro grupos de trabalho: um para o Projecto Educativo; outro para o Regulamento Interno e regimentos internos; outro para o Plano Anual de Actividades e ainda outro para as questões do orçamento.

1.1.3. *Da centralidade das decisões à visibilidade assumida*

De uma forma geral, os participantes neste estudo reconhecem a importância da AE enquanto órgão central na definição das políticas da escola, facto que surge associado às competências e atribuições consignadas nos normativos legais. Todavia, são unânimes em considerar que, no "plano da acção organizacional" (Lima, 1998b), se trata de um órgão cujo poder e influência são limitados e estão condicionados por um conjunto de factores que se prendem com a falta de (in)formação dos seus membros e com a(s) forma(s) como as questões e processos são conduzidos. Esta discrepância entre o que se reconhece no discurso (ligado às expectativas iniciais) e o que efectivamente acontece ressalta nas entrevistas realizadas junto dos membros da AE, de que é exemplo o seguinte testemunho:

> "[...] parece que nos iam dar assim muito poder mas, poder é uma coisa que não temos poder nenhum. [...] no ano passado foi assim um bocadinho fantoche" (Entrevista n.º 13, representante do pessoal docente na AE).

A corroborar esta ideia estão também as percepções dos professores (que não participam na AE) e cujas respostas à questão aberta do inquérito deixam transparecer algumas imagens bastante elucidativas a este respeito. Os comentários relativamente à AE apontam para o desconhecimento da sua acção (e de alguns dos seus membros), a pouca visibilidade das suas decisões (órgão que "passa bastante despercebido"), a função decorativa que exerce ("órgão figurativo", "tipo maquilhagem" que "embeleza a escola") aliada a alguma ambiguidade e falta de sentido relativamente à sua função no contexto da organização escolar ("uma espécie de faz de conta que fez").

Os próprios membros da AE corroboram esta imagem que passa para o exterior, reconhecendo as percepções menos positivas que existem relativamente a este órgão, nomeadamente o seu carácter "meramente decorativo", a falta de conhecimento e de transparência funcional, sendo frequentemente encarado como um "órgão hermético" cuja acção não assume visibilidade exterior:

"Eu tenho a impressão que a maior parte... os professores têm a noção de que quase não existe. Eu acho que eles só têm noção de que a AE existe quando aparece uma lista, porque é afixada na parede [...] Eu acho que a AE é meramente decorativo, [...] conforme está a funcionar não tem interesse nenhum" (Entrevista n.º 7, representante dos pais /EE na AE).

"[...]... sabem que é um órgão importante que é ele que decide mas na prática não vêem resultados nenhuns." (Entrevista n.º 13, representante do pessoal docente na AE).

A própria Presidente do CE sublinha a imagem menos clara, visível e interventiva que a AE assume junto dos diferentes agentes educativos:

"[...] há muita gente que nem sabe que existe, então principalmente nos pais não sabem que existe e perante os professores sabem, mas não sabem muito bem. [...] sabem quem é o presidente, sabem de alguns elementos, mas penso, é a minha opinião, que não lhe reconhecem grande intervenção" (Entrevista n.º 15, Presidente do Conselho Executivo).

De facto, as opiniões dos professores inquiridos relativamente ao âmbito de acção e às funções da AE dividem-se, isto é, nos itens relativos a este órgão sobressaem uma clara indefinição e ambiguidade na forma como se posicionam perante o papel que a AE assume na dinâmica da organização (cf. gráfico 3).

GRÁFICO 3
Âmbito e papel da Assembleia da Escola

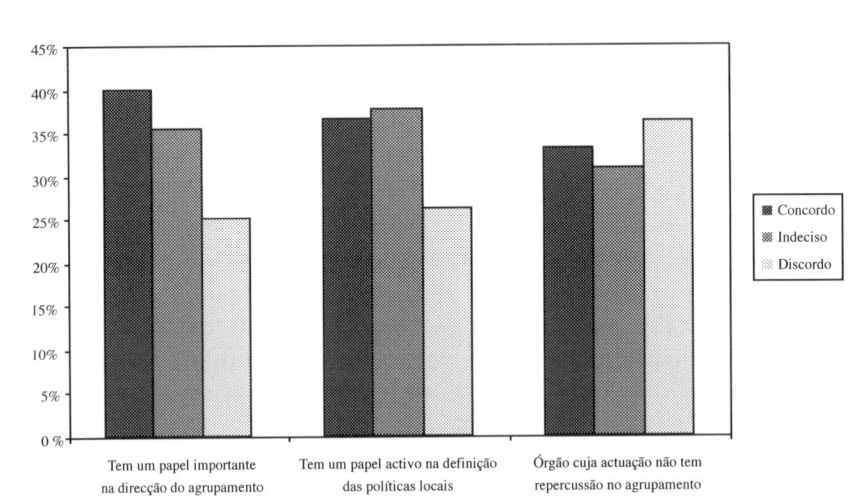

Relativamente aos mecanismos de comunicação com os restantes órgãos e elementos do *Agrupamento*, os entrevistados reconhecem o seu carácter informal e esporádico. Por outras palavras, na prática não são utilizados instrumentos formais de informação e comunicação, como sublinha o próprio Presidente da AE:

> "[...] a afixação das actas, que é obrigatório, [...] como está no regimento e está no regulamento da Assembleia. [...] Não estão afixadas. A malta lê-as ali e tenho a impressão que se as pusesse lá em baixo [...] também ninguém as vai ler. Mas penso que... como é que passa a mensagem, muito mais que as actas, passa pelas pessoas que lá estão que chegam cá fora e informam de forma informal o que se passou na Assembleia." (Entrevista n.º 19, Presidente da Assembleia de Escola).

A informalidade e o carácter pessoal e pontual de que se reveste a forma de comunicar os debates e/ou as decisões tomadas no âmbito da AE são ainda aspectos reiterados pela Presidente do CE e por outros membros da AE, cujos testemunhos são elucidativos a este respeito:

"Isso foi outra questão que já tivemos... não sabe, ou seja, sabe se perguntar, sabe se for ao café, sabem se os elementos disso derem voz" (Entrevista n.º 5, Representante do Pessoal Docente na AE).

"[...] não existem meios para isso. As pessoas chegam pessoalmente aos seus estabelecimentos de ensino e eventualmente comentam. Não vejo forma, não conheço, assim, forma de fazer transmitir isso em termos concretos e formais. O que é que existe? Existem as pessoas que lá estão que depois nos seus locais transmitem e, algumas vezes, via pedagógico que se transmite aquilo que a AE definiu" (Entrevista n.º 15, Presidente do Conselho Executivo).

Também o Presidente da AC sublinhou a falta de comunicação e de conhecimento da acção da AE, cujo impacto e visibilidade exterior são mínimos, apenas se fazendo notar em "época de eleições" e na afixação das convocatórias para as reuniões. O depoimento deste entrevistado é ainda mais surpreendente quando faz referência ao facto de, no que se refere à divulgação de resultados, a preocupação em informar não ser relevante:

"[...] francamente, não temos conhecimento nenhum, [...] não é dada notícia. Tiramos duas conclusões: ou o que é decidido não é divulgado, ou não é decidido nada [...] aliás houve há dias eleição para a AE e, quer dizer, uma coisa tão simples como deve ser a divulgação dos resultados de um acto eleitoral, não apareceu, não se viu, não se soube, foi eleito por muitos, por poucos, do universo eleitoral votaram muitos, votaram poucos, que resultados é que houve?" (Entrevista n.º 11, Presidente da Assembleia Constituinte).

Os dados obtidos através do questionário confirmam esta situação, na medida em que os inquiridos reconhecem a inexistência de mecanismos eficazes, por parte da AE, para comunicar/divulgar as suas decisões (37,5%), mostrando-se ainda 37,5% indecisos em relação a este aspecto. Como já referimos, no caso do a*grupamento* em estudo, nem mesmo os professores conhecem, com regularidade, as actas nem as deliberações tomadas no âmbito da AE, o que acentua o desconhecimento e a ausência de informação (e de circulação de informação) na medida em que as deliberações e os assuntos tratados no âmbito da AE raramente extravasavam o circuito de informação dos professores.

Em síntese, do ponto de vista formal e legal, a AE, salvo raras excepções, é um órgão que cumpre o que está estipulado nos normativos legais, designadamente no que diz respeito às ordens de trabalho, às convocatórias e às actas. Contudo, em termos de funcionalidade, embora se mantenha "activo" (isto é, exista e funcione em serviços mínimos), a acção da AE é (de)limitada, não produzindo os efeitos para que foi criada (nomeadamente a definição das linhas orientadoras da actividade da escola), nem existindo como espaço de participação e representação dos agentes educativos. Dito de outro modo, numa perspectiva formal, a centralidade da AE encontra-se associada à aprovação/consentimento final dos documentos considerados chave, do ponto de vista teórico, na dinâmica organizacional escolar (PE, RI, PAA). Todavia, no plano da acção, o seu impacto e influência deixam de assumir o carácter decisivo que lhe é reconhecido, na medida em que não exerce as competências ao nível da verificação real da consecução das políticas que aprova.

1.2. "Direcção" e "Gestão" – que distribuição de poderes

1.2.1. *O CE como órgão de decisão e a AE como órgão esvaziado de poder – uma subordinação consentida*

A centralidade do CE quer na planificação, quer na condução das acções e decisões na organização escolar, é reconhecida pela generalidade dos entrevistados. Todos os inquiridos (quer através da entrevista, quer através do questionário) reconhecem que é o CE que desenvolve quase todas as estratégias de liderança da acção organizacional e encaram com naturalidade este facto. Não obstante estarem mais ou menos conscientes da importância formal que representa a AE, concordam com as estratégias desenvolvidas pelo CE que, frequentemente, surge personificado na figura da sua Presidente. Por outras palavras, este carácter de subalternidade da AE relativamente ao CE é naturalmente aceite, e a sua função legitimadora não suscita qualquer tipo de constrangimento(s). Os depoimentos que a seguir se transcrevem são elucidativos a este respeito:

> "[...] acho que não tem havido grande contestação ao modo como as coisas já vêm orientadas de trás" (Entrevista n.º 17, representante da autarquia na AE).

> "Eu acho que o órgão que faz tudo é o CE. [...] depois apresenta tudo na AE, havendo sempre um consenso nos documentos apresentados porque eles já foram bem trabalhados". (Entrevista n.º 22, representante dos pais/EE na AE).

De salientar ainda que alguns dos entrevistados chamam a atenção para a acção *neutralizada* da AE em virtude das dinâmicas e processos que condicionam este órgão. O trabalho prévio realizado sobre as questões a debater na AE, a preparação da documentação a discutir e a aprovar, a forma como os documentos são apresentados e as temáticas formuladas no âmbito da AE constituem alguns dos exemplos que, segundo os entrevistados, concorrem para "esvaziar o sentido" da AE e para constranger as suas atribuições, traduzindo-se num trabalho "desinteressante e, na maior parte das vezes, inútil" (Barroso, Almeida & Homem, 2001, p. 160):

> "[...] eu acho que a AE tem muitas competências mas a maior parte delas estão esvaziadas de sentido, [...]. Nós só estamos ali quase só para dizer que sim ao CE, mais nada". (Entrevista n.º 7, representante dos pais/EE na AE).

> "O trabalho está sempre feito, nós chegamos lá, dizemos que sim, é assim, se discutir sou o mau da fita e também não tenho hipóteses, porque perco na votação, portanto, o mais cómodo é deixar andar. É a dinâmica que está criada neste momento" (Entrevista n.º 8, representante do pessoal docente na AE).

Das entrevistas ressalta uma ideia central que se prende com o *controlo* exercido por parte do CE (e nomeadamente da sua Presidente) na condução dos processos de tomada de decisão, assumindo um papel de destaque num órgão que se pretende definidor (e problematizador) das linhas orientadoras de uma política educativa institucional. Expressões como "tomar as rédeas", "dar a volta", "saber convencer" são exemplos da forma como os entrevistados descrevem o papel preponderante da acção do CE, ressaltando o facto de a AE, enquanto órgão de decisão, se encontrar "absorvida", "dominada", "usurpada" por aquele, o que se situa na perspectiva do que Barroso, Almeida & Homem (2001) denominaram de "vigilante vigiado":

> "[...] já se sabe e isso é obvio que é a Presidente do CE [...] a tomar a liderança da reunião e até sobrepôs-se um bocado ao Presidente, e de facto, é ela que toma as rédeas" (Entrevista n.º 1, representante do pessoal docente na AE).

> "De um modo geral, dificilmente a AE tomará decisões porque efectivamente não há grandes domínios em que ela os possa tomar e que desse ponto de vista, quer dizer, a Assembleia foi, digamos, absorvida". (Entrevista n.º 11, Presidente da Assembleia Constituinte).

Esta visão é também reiterada por alguns professores que responderam ao questionário quando afirmam, na questão aberta, que "a Assembleia de Escola é um órgão colegial que reúne mais ou menos três vezes por ano e cuja função é dominada ou usurpada pelo Conselho Executivo". Com efeito, a esmagadora maioria dos professores que responderam ao questionário reconhece que quem toma quase todas as decisões relativas à "direcção" do *Agrupamento* é o CE (71,5%). Por outro lado, sublinham que a AE não é crítica em relação à actuação do CE (51,1%), manifestando-se indecisos (43,2%) quanto a esta questão. Apenas 5,7% afirma que a AE mantém uma postura crítica relativamente ao CE (cf. gráfico 4).

GRÁFICO 4

Papel do Conselho Executivo e da Assembleia de Escola

De facto, o órgão de gestão assumiu, desde o início, o protagonismo na condução e concretização das alterações inerentes ao processo de implementação do modelo de administração e gestão, uma vez que dispunha da informação necessária e relevante em momentos chave e, em alguns casos, das competências necessárias para espoletar as dinâmicas para a instalação dos novos órgãos. Em momentos de instabilidade organizacional, nomeadamente em períodos de aplicação de reformas, uma das estratégias utilizadas como forma de ganhar poder dentro das organizações é o conhecimento dos procedimentos e a posse da informação, bem como a capacidade de a mobilizar em momentos adequados como forma de condicionar as decisões. Como já referimos, a centralidade do CE no desenvolvimento e condução dos processos e das práticas decorrentes do referido modelo é particularmente visível (e assumida) na pessoa da Presidente que congrega todas as responsabilidades.

> "[...] a Presidente do Agrupamento [...] é mesmo ali a cabeça de tudo. [...] ela tem as coisas já organizadas, ela como as coisas lhe saem daqui é muito fácil, isto é agora a minha opinião muito pessoal" (Entrevista n.º 23, representante do pessoal docente na AE).

"O CE faz e baptiza, [...] é o órgão de direcção e gestão, para o bem e para o mal, [...]. A cara do Agrupamento é a Presidente do CE, é ela que responde por tudo e é que faz tudo também, se não faz, manda fazer, mas tudo como ela quer" (Entrevista n.º 8, representante do pessoal docente na AE).

A este respeito são ainda de salientar os resultados obtidos através do questionário que apontam para o protagonismo do CE na tomada de decisão, nomeadamente, na aplicação das verbas do *Agrupamento* (59,1%). Acresce ainda a percentagem significativa de indecisos quando questionados sobre a definição de linhas para a elaboração e aplicação do orçamento do *Agrupamento* por parte da AE e sobre a prestação de contas sistemática do CE em relação à AE, 70,5% em ambos os casos.

GRÁFICO 5
**O poder de decisão do Conselho Executivo
face à Assembleia de Escola**

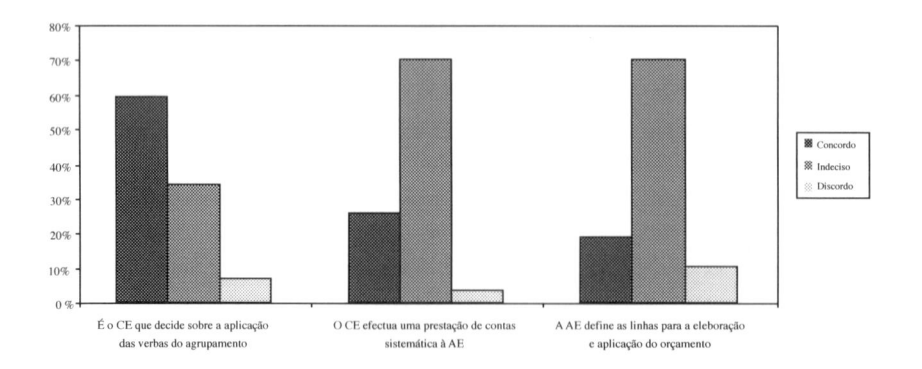

Quando questionados sobre a importância que atribuem aos diferentes órgãos no *Agrupamento*, os professores inquiridos destacam o CE como órgão central de decisão, atribuindo menor importância à

AE, conforme se pode confirmar pelo gráfico 6. De salientar ainda que a moda se situa no 5 para a AE, enquanto que foi 1 no caso do CE e 2 no caso do CP.

GRÁFICO 6
Importância atribuída aos órgãos de gestão de topo do *Agrupamento* (médias)

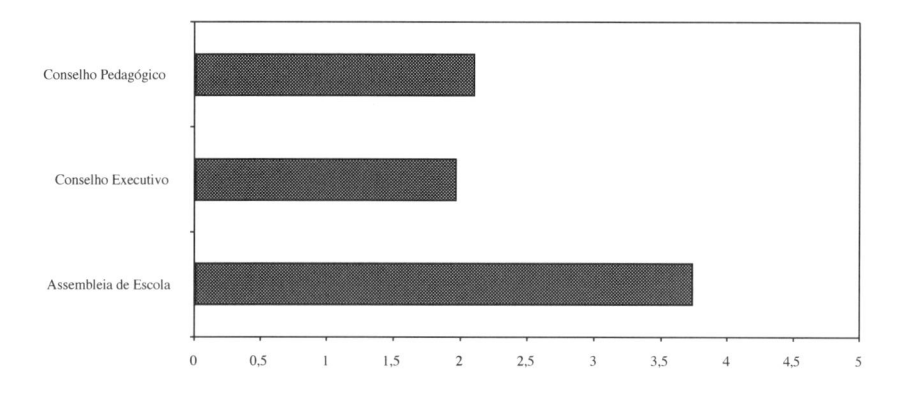

Escala: 1 = o mais importante, 5 = o menos importante.

De uma forma geral, não é clara para os entrevistados a distinção entre "órgãos de direcção" e "órgãos de gestão". Razões associadas à tradição, ao poder de influência e até ao estipulado nos normativos legais justificam a análise inconsistente e algo ambígua que os entrevistados fazem das funções de "direcção" e de "gestão", as quais atribuem ao CE.

"O que está a acontecer agora é ser o CE quem decide. […] continua-se com o peso muito grande, de muitos anos, de haver um CD que decidia tudo e fazia tudo". (Entrevista n.º 4, representante do pessoal docente na AE).

"Quem define tudo é o CE e depois a AE aprova o que o executivo quiser. Portanto, o executivo é que é o verdadeiro órgão da escola e é o fundamental neste momento" (Entrevista n.º 7, representante dos pais/EE na AE).

O testemunho do Presidente da AE corrobora esta falta de clareza entre "funções de direcção" e "funções de gestão", quando afirma:

> "[...] eu penso que a direcção e a gestão estão juntas, não é? Em termos de CE é um órgão de direcção e é um órgão de gestão. E ainda bem, eles têm [...] espaços que..., não lhe chamam directores, mas dirigem e têm outros espaços em que fazem a sua gestão" (Entrevista n.º 19, Presidente da Assembleia de Escola).

Os dados obtidos através do questionário corroboram ainda esta indefinição e imprecisão entre órgãos de "direcção" e órgãos de "gestão". A maioria dos respondentes mostra-se indecisa (40,9%), enquanto que 30,4% discordam da afirmação segundo a qual se verifica na escola a distinção entre órgãos de "direcção" e órgãos de "gestão".

GRÁFICO 7

Distinção entre órgãos de "direcção" e órgãos de "gestão"

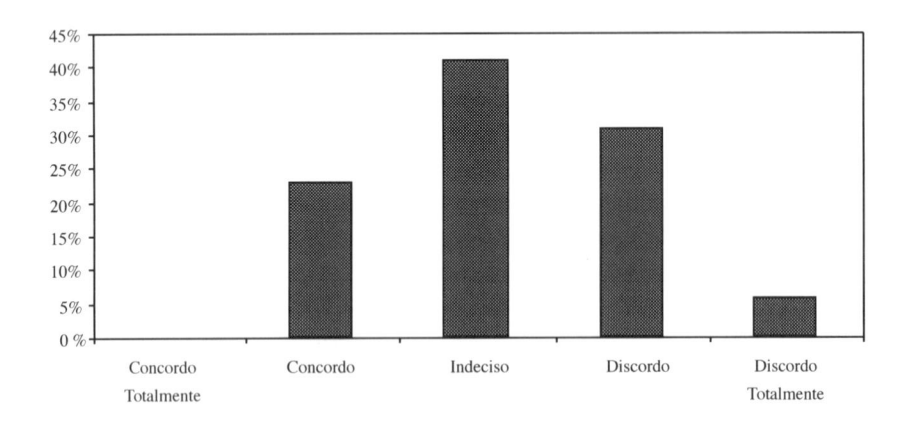

Convém ainda salientar que no próprio modelo proposto no DL n.º 115-A/98, de 4 de Maio, não está clara a distinção entre órgãos de "direcção" e órgãos de "gestão", que, como já discutimos no Capítulo I deste trabalho, apenas surge de uma forma explícita e clara nas propostas enunciadas pelo Grupo do Trabalho no âmbito da CRSE (1988). Para além do que ficou dito atrás, é também de realçar o facto de os testemunhos dos actores revelarem concepções, atitudes e posicionamentos que atestam a complexidade e até a dificuldade de articulação entre os órgãos locais e as imposições e prescrições emanadas da Administração Central. Por outras palavras, embora reconheçam a centralidade da AE na definição das políticas locais, sublinham a presença e a forte influência do poder central nas escolas, o que condiciona as práticas e dinâmicas da(s) acção(ões) local(ais) e justifica a postura de ambivalência que perpassa o discurso dos entrevistados:

> "[...] parece-me que o nosso executivo também está mais vocacionado para cumprir e se calhar até bastante bem as ordens que venham de cima [Administração Central]" (Entrevista n.º 8, representante do pessoal docente na AE).

1.2.2. *Relações de poder entre o Conselho Executivo e Assembleia de Escola*

Quanto à relação entre a AE e o CE, as opiniões dos entrevistados divergem no modo como a descrevem. Por um lado, destacam o bom funcionamento e a boa relação existente entre estes órgãos; por outro, fazem uma leitura menos optimista, sublinhando o "papel comodista" da AE que não exerce nenhum tipo de verificação/controlo, assumindo um carácter de subalternidade relativamente ao CE. Esta visão pode associar-se àquilo que alguns teóricos no campo da teoria organizacional denominam de "lógica de confiança" e "mito do profissionalismo" (Meyer & Rowan, 1988), na medida em que, apesar da sua existência formal, a acção da AE não se pauta pelos princípios e competências consignados nos normativos e, portanto, surge como órgão desvalorizado relativamente ao CE:

> "[...] se quisermos ver as coisas pela negativa ... podemos dizer que, no fundo, a AE assume um papel comodista e se limita a ... aprovar

ou a dar parece favorável em relação a assuntos sobre quais não se debruça completamente e passa um pouco pela rama; se quisermos ver pela positiva podemos dizer que há um relacionamento tão bom, tão bom entre os órgãos que a confiança é absoluta e como tal não há necessidade de verificar ao pormenor [...] eu julgo que também há alguma subalternização da Assembleia de escola e nomeadamente do Presidente da Assembleia em relação ao membro do órgão executivo" (Entrevista n.º 16, representante da Autarquia na AE).

"Eu já não digo que o CE tem muita influência, eu digo que trabalha muito para que a AE funcione à sua maneira, para que se chegue lá que se reuna e aprove..., e pronto" (Entrevista n.º 23, representante do pessoal docente na AE).

A Presidente do CE, admitindo o protagonismo deste órgão, reconhece a falta de intervenção e a ausência de propostas por parte da AE:

"[...] esta não funcionou [AE], funcionou mais o CE a dar sugestões e a dar propostas e falar com a AE do que o contrário" (Entrevista n.º 15, Presidente do Conselho Executivo).

De salientar que as atitudes dos Presidentes da AE e do CE assumem, de uma forma geral, uma influência determinante no processo de condução e aprovação da tomada de decisão:

"A Presidente do CE, penso que é uma pessoa em quem eu confio, [...] é ela que mais nos influencia a nós, [...] porque a ouvimos também com mais atenção" (Entrevista n.º 14, representante do pessoal não docente na AE).

"Quem define a ordem de trabalhos é quem organiza, [...] o Presidente, [...] Mas sinceramente, ele tem na [Presidente do CE] uma boa amiga e ela dá-lhe a papinha toda. De facto, olhe, pronto, ela ali é mãe, avó dos filhos, pronto e dos netos..." (Entrevista n.º 23, representante do pessoal docente na AE).

Os entrevistados são unânimes em considerar a forte influência do CE, nomeadamente da sua Presidente (que assiste às reuniões da AE embora sem direito a voto) e o papel secundário que a AE assume no que diz respeito às relações de poder entre os dois órgãos. Aliás, a própria Presidente do CE realça que a sua presença nos diferentes órgãos constitui uma vantagem face aos restantes elementos, pois, ao exercer o seu poder de influência e, eventualmente, ao usar mecanismos de defesa relativamente a determinadas actuações, inibe determinadas posições e/ou intervenções indutoras de eventuais conflitos. Este poder de influência é notório desde o momento da formação das listas (das diferentes categorias de representantes), até à preparação das reuniões e definição da agenda de trabalhos, à(s) informação(ões) que transmite na reunião. Assim, quer o controlo do conhecimento e da informação, quer o controlo dos limites da organização representam também fontes de poder típicas de alguns elementos da organização (Morgan, 1996). No caso da escola, os gestores escolares podem ser considerados como intermediários da Administração Central, uma vez que estes são frequentemente vistos como os principais responsáveis pela implementação de medidas concretas e orientações a nível nacional, executadas da forma mais conveniente e eficaz, aos quais acresce a função de legitimação junto dos actores escolares.

Dito de outro modo, no caso do *Agrupamento* em estudo, a Presidente do CE refugia-se estrategicamente, em determinados momentos, na tradição centralizadora da Administração para justificar acções, processos e práticas:

> "[...] sinto-me mais vezes como debitadora daquilo que tem que ser cumprido. Sinto o papel de lembrar, de reforçar, do que propriamente o contrário, isto é, ser porta-voz deste Agrupamento perante a Administração Central porque o ser porta-voz implicava o tal trabalho de fundo, e aí sim, e aconteceu pontualmente em algumas situações, mas pontualmente [...] muitas vezes eu estou é a gerir aqui as duas coisas" (Entrevista n.º 15, Presidente do Conselho Executivo).

A este propósito, e no contexto de uma intervenção realizada no âmbito de um encontro promovido pelo Centro de Formação da área geográfica deste *Agrupamento*, a Presidente do CE realçou a preocupação em cumprir e fazer cumprir as normas e procedimentos emanados da Administração Central:

> "Muitas vezes acabamos por não reflectir situações ou questões que até refutamos, mas suspiramos de alívio (de bem com a nossa consciência) quando obtemos e seguimos religiosamente a informação proveniente das instâncias tutelares. Efectivamente, a este nível sinto-me no 'pré-operatório', preocupada com o cumprimento dos normativos e procedimentos, sem, por vezes, entender e reflectir os conceitos. [...] ainda actuo, por vezes, como aquele aluno que decora todos os passos da resolução de uma equação, sem ter tido a eficácia de ter percepcionado o porquê desses passos".

Curiosamente, os professores que responderam ao inquérito manifestam uma posição de dualidade no que se refere ao papel do CE face à Administração Central e face a quem o elegeu. Por outras palavras, se concordam com a afirmação segundo a qual o CE representa os interesses dos professores, do pessoal não docente e dos pais/EE perante a Administração Central (71,6%); por outro, afirmam que o CE constitui a presença da Administração Central no *Agrupamento* (64,7%).

GRÁFICO 8
**Posicionamento do Conselho Executivo face à
Administração Central**

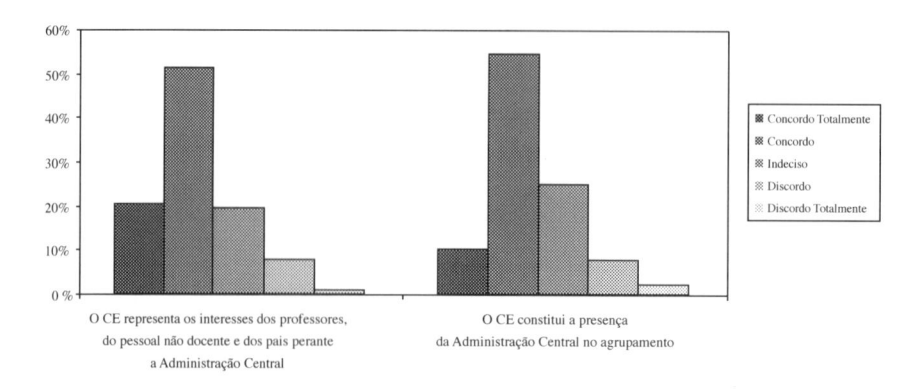

Aliada à posição *centralizadora* da Presidente do CE está a atitude menos interventiva (e mais defensiva) dos restantes actores, justificada pelo desconhecimento dos procedimentos legais e por um certo alheamento em relação aos assuntos relacionados com a administração escolar:

> "O desconhecimento e o alheamento é tal que nem deu para isso, porque as pessoas não tomaram em mão determinadas coisas, portanto não houve qualquer hipótese disso. Hum... poderia haver se as pessoas estivessem dentro do assunto e quisessem lutar e reivindicar alguma coisa" (Entrevista n.º 15, Presidente do Conselho Executivo).

> "[...] quando se apresenta um assunto, as pessoas nunca conhecem a totalidade da legislação, aquilo que é possível fazer mediante aquele assunto e então, normalmente, a Presidente do CE informa se é possível ou não é possível e quais são as limitações" (Entrevista n.º 21, representante do pessoal não docente na AE).

De uma forma geral, e como já mencionámos anteriormente, no discurso dos entrevistados, perpassa a ideia da influência e do poder exercidos pelo CE e que se encontram associados às capacidades de liderança da Presidente e, portanto são aceites com naturalidade. Todos os participantes (pais, professores, pessoal não docente e autarquia) reconhecem o controlo e a centralização quer das decisões, quer da condução dos processos e acções por parte do CE e salientam o papel de "correia de transmissão" desempenhado quer pelo CP na articulação "CE – professores", quer pela AE na ligação "CE – comunidade":

> "quer queiramos quer não, no dia a dia, quem tem poder é o CE e isso vai-se sempre e obrigatoriamente reflectir em termos de forças dentro dos próprios órgãos" (Entrevista n.º 10, representante dos pais/EE na AE).

> "não acredito que a AE influencie o CE, por isso, é que o executivo é capaz de influenciar pelo seu trabalho, pela sua dinâmica, muito mais a Assembleia" (Entrevista n.º 19, Presidente da Assembleia de Escola).

No entanto, alguns representantes do pessoal docente na AE fazem uma leitura algo irónica da forma como os diferentes órgãos se articulam/interagem:

> "[...] a brincar, a brincar é tudo uma panelinha. É assim, quando eu tenho o CP em que o Presidente é a Presidente do CE que por sua vez, por relações pessoais, normalíssimas, que se dá muito bem com uma pessoa que é Presidente da AE, as coisas funcionam, porque atenção, eu não estou a dizer que as coisas não funcionam, porque as coisas funcionam, só que funcionam dentro daquela panelinha, nada sai dali. [...] Há uma boa coordenação é a palavra melhor" (Entrevista n.º 9, representante do pessoal docente na AE).

A falta de tempo e de divulgação (oportuna) dos documentos a serem discutidos e aprovados na AE constitui ainda um dos aspectos que se destacam, de uma forma geral, nos relatos dos participantes neste estudo, os quais aludem ao modo superficial como estas questões são abordadas:

> "[...] aí está deveriam dar-nos estes documentos para levarmos para casa e analisarmos, agora assim em cima da hora é realmente um bocado forçado, não dá para analisar muito" (Entrevista n.º 13, representante do pessoal docente na AE).

> "[...] o executivo leva as propostas, quem somos nós para dizer: 'olha isto está mal'. Não podemos dizer que está mal porque não temos conhecimento dele. Quando foi apresentado o Projecto Curricular, eu cheguei lá, claro estava a olhar para o balão, claro não tinha conhecimento dele. [...] como é que eu posso falar sobre um projecto se não o conheço? Não se pode discutir, ... nem deviam votar numa coisa daquelas" (Entrevista n.º 7, representante dos pais/EE na AE).

Por outro lado, a lógica da imposição e a dimensão política que caracterizaram o processo de constituição do *Agrupamento* e de implementação do novo modelo de administração e gestão são aspectos avançados por alguns docentes para justificar uma certa inércia e alheamento por parte dos actores educativos que optam por um papel mais passivo:

> "Impuseram-nos o Agrupamento, as pessoas são quase nomeadas para encabeçar uma determinada lista, porque tem que estar de acordo com determinadas ideias [...] se houver alguém que faça ondas ou é um rival ou realmente quer destabilizar" (Entrevista n.º 12, representante do pessoal docente na AE).

Opinião contrária é manifestada pelo Presidente da AE que sublinha a boa relação (e o bom funcionamento) existente entre os diferentes órgãos. No entanto, o seu discurso deixa transparecer uma certa lógica de compromisso (mais ou menos tácito) entre eles, designadamente entre as pessoas que assumem o protagonismo das decisões, no sentido de evitar a emergência de conflitos e de salvaguardar a imagem institucional da escola e da classe docente:

> "só serei novamente candidato e Presidente da Assembleia se esta equipa estiver aí, de certo influenciamo-nos reciprocamente [...] Eu sabia que a conduta que iria existir no CE, os procedimentos, a forma de estar, a forma de gerir, tinha que seguir a mesma linha. Porque senão, depois também poderia haver conflitualidade". (Entrevista n.º 19, Presidente da Assembleia de Escola).

O Presidente da AE sublinha ainda a inexistência de conflitos e de interesses individuais manifestados pelos membros da AE:

> "Conflitos, não..., sinceramente, não me parece..., [...] penso que estamos lá numa relação de abertura, [...] estamos lá num colectivo mesmo como uma assembleia, não há... ali defesas pessoais, defesas grupais, penso que não estão ali subjacentes" (Entrevista n.º 19, Presidente da Assembleia de Escola).

Esta imagem também está presente no discurso dos restantes membros da AE que afirmam não existirem quaisquer tipos de conflitos que associam à ausência de discussões de diferentes pontos de vista. De salientar que o termo conflito suscita algum mal-estar, ou pelo menos uma posição desconfortável por parte dos entrevistados que associam esta questão à ausência de processos e práticas de problematização/discussão:

> "Neste momento, não existe conflito nenhum. Está tudo muito bem, muito conforme, toda a gente está de acordo e mais nada [...] O que me dá a sensação é que os professores [...] juntam-se por ciclos, ...mas eu acho que neste momento não... até porque não há discussão, não havendo discussão, ninguém pode defender os seus pontos de vista" (Entrevista n.º 7, representante dos pais/EE na AE).

> "[...] a maior parte das pessoas estão de acordo. Não me recordo assim de assuntos que tivessem suscitado grandes discussões" (Entrevista n.º 13, representante do pessoal docente na AE).

1.3. Repercussões do modelo proposto pelo Decreto-Lei n.º 115-A/98, de 4 de Maio: Que autonomia?

1.3.1. *Da elaboração à 1ª revisão do Regulamento Interno*

Como já referimos, a construção do primeiro RI, apesar de ter ocorrido num curto espaço de tempo, revestiu-se de algumas características que se enquadram na perspectiva da "análise estratégica" (Baldrige, 1971; Ball, 1994), uma vez que, supostamente, a CEI se serviu deste documento, juntamente com outros mecanismos, para alcançar os seus objectivos que consistiam basicamente na manutenção de algum protagonismo e na garantia da tradicional centralidade do órgão de gestão. Pudemos ainda observar que, a par deste fenómeno, se verificou um protagonismo (digno de realce) por parte da Administração Central na condução e controlo do processo e, em particular, a ênfase concedida ao RI em detrimento do Projecto Educativo. Em virtude de alguns condicionalismos congénitos, este documento sofreu algumas alterações posteriores no sentido de o tornar menos complexo e, por conseguinte, mais exequível. A primeira situação foi a eliminação de uma estrutura de gestão intermédia, o "conselho de delegados", que se revelou inoperante e que terá dificultado a comunicação entre o CP e os grupos disciplinares. Outra das situações que ocorreu foi o facto de existirem dois coordenadores para o mesmo Conselho de Docentes, situação em relação à qual, inicialmente, não foram apontados grandes entraves por parte da Administração Central no processo de homologação do primeiro RI. Contudo, mais tarde, esta situação veio revelar-se um problema mais sério que implicou algum desgaste (e muito tempo), nomeadamente nas reuniões do CP[18].

Numa fase inicial o RI é entendido como documento fundamental, na medida em que define a morfologia organizacional e clarifica o modo de funcionamento dos órgãos que o novo modelo institui. No entanto, a forma como os diferentes actores o vêem em termos mais práticos e operacionais não coincide com as finalidades reconhecidas a este documento que, como destaca o Presidente da AC, se tornou num "monstro de papel" que "ninguém lê":

> "[...] o RI que nós aprovámos ao fim e ao cabo tornou-se... [...] num monstro de papel que, a bem dizer, ninguém lê. O que me quer parecer hoje é que, exceptuando aquelas medidas operativas, quando reúne o CP, quando reúne o departamento, quando reúne o grupo, nós pouco mais sabemos do RI" (Entrevista n.º 11, Presidente da Assembleia Constituinte).

De facto, esta opinião é partilhada pela quase generalidade dos entrevistados, que questionando a sua importância e utilidade e subli-

---

18 Foram constituídos quatro conselhos de docentes mas um deles possuía dois coordenadores. Inicialmente, a questão de existirem dois coordenadores (um do pré-escolar e outro do 1.º ciclo) não constituía constrangimento de espécie alguma. Porém, com a publicação do Despacho n.º 10317/99, de 26 de Maio, que contemplava a redução a atribuir a cada coordenador que era de quatro horas no máximo para o 1.º ciclo e pré-escolar, esta situação foi alterada. Perante este facto, a situação tornou-se conflituosa porque havia apenas quatro horas para serem distribuídas por 5 coordenadores.

nham a leitura fastidiosa que ele implica (e, por conseguinte, poucos o lêem):

> "Olhe, eu vou dizer uma coisa, se alguém disser que o leu ... começa por mentir imensas vezes. [...] eu já disse lá [na AE] que não o li, porque é verdade" (Entrevista n.º 23, representante do pessoal docente na Assembleia de Escola).

> "Quando há dúvidas consulta-se a legislação e o Regulamento Interno é tão importante, tão importante que está guardado" (Entrevista n.º 4, representante do pessoal docente na AE).

Um outro aspecto negativo que é apontado ao RI é a sua inadequação à realidade do 1.º ciclo e a desarticulação entre aquele e outros documentos (regulamentadores) existentes ao nível dos estabelecimentos de ensino do 1.º ciclo e do pré-escolar. Por isso, os professores valorizam mais o próprio regimento das estruturas de orientação educativa do que o RI justificando que as realidades são "completamente diferentes" da EB 2 e 3:

> "o Regulamento continua o mesmo e que não tenho dúvidas que foi baseado numa escola EB 2 e 3 porque tem lá aspectos que são absolutamente impraticáveis na nossa escola [...] tenho o meu regimento interno que nós aprovámos aqui na nossa escola e é por aí que nos guiamos." (Entrevista n.º 8, representante do pessoal docente na AE).

Quanto aos dados do questionário em relação ao RI, embora os inquiridos manifestem, de uma forma geral, uma opinião positiva enquanto expressão da organização do *Agrupamento* (73,8%) e enquanto instrumento que esclarece os actores educativos sobre a sua actuação (73,9%), foram encontradas diferenças entre os professores do 1.º ciclo e os docentes dos outros níveis de ensino. Globalmente, os docentes do 1.º ciclo discordam mais das afirmações relativas à importância do RI enquanto instrumento de referência e de expressão do *Agrupamento* (cf. tabela 4).

TABELA 4
Opiniões sobre o Regulamento Interno

NÍVEL DE ENSINO	Expressão da organização do *agrupamento*			Referência para a actuação dos actores educativos			Documento sem importância efectiva		
	C	I	D	C	I	D	C	I	D
Pré-escolar	72,7%	27,3%	0%	72,7%	18,2%	9,1%	0%	27,3%	72,7%
1º ciclo	47,8%	26,1%	26,1%	43,4%	52,2%	4,4%	39,2%	30,4%	30,4%
2º ciclo	82,6%	17,4%	0%	82,7%	13,0%	4,3%	8,6%	8,8%	82,6%
3º ciclo	87,1%	9,7%	3,2%	90,3%	9,7%	0%	9,7%	9,7%	80,6%

Legenda: C = concordo; I = indeciso e D = discordo

Quanto ao pessoal não docente, embora reconheçam, generica-mente, a sua importância no que se refere aos direitos e deveres dos diferentes actores, admitem que desconhecem o seu conteúdo:

> "[...] é um documento que eu já fui pedir ao CE, aliás eu achei que estava no direito de ter um RI porque é interessante ler, [...] é muito importante porque ... nós temos que ver os direitos que nós temos e os deveres ou ... as nossas limitações do que é que podemos fazer e não podemos fazer" (Entrevista n.º 14, representante do pessoal não docente na AE).

> "Isso é o regulamento aqui da escola mas também não sei bem" (Entrevista n.º 2, representante do pessoal não docente na AE).

Esta opinião é ainda partilhada pelos representantes da Autarquia na AE:

> " [...] a maior parte das pessoas não o queriam ler, era um texto tão grande, tão grande, que parecia mais a Constituição da República Portuguesa e, portanto, isso é sempre um obstáculo que a maior parte das pessoas não ultrapassou, não o leu" (Entrevista n.º 16, representante da Autarquia na AE).

Relativamente à participação da Autarquia no processo de aprovação do RI, o mesmo elemento destaca a preocupação em (de)marcar, de forma clara, a posição do município em relação à sua participação e ao seu relacionamento com os restantes parceiros:

> "[...] nós preocupámo-nos essencialmente em introduzir algumas alterações e em propor algumas correcções naquilo que dizia respeito à participação efectiva do representante da Câmara Municipal,... até porque em algumas situações corria-se o risco de colocar a Câmara Municipal no mesmo patamar de qualquer um dos outros parceiros [...] tivemos a preocupação de balizar um pouco, e nomeadamente em termos de tomada de decisão da Assembleia que vinculasse a todos, e termos o cuidado de não colocarmos o representante da Câmara nessa circunstância. [...] Sendo membros, teríamos que ter um estatuto especial, não querendo dizer que fosse superior ou inferior, mas é diferente, não tenho dúvidas sobre isso" (Entrevista n.º 16, representante da Autarquia na AE).

A primeira revisão do RI, que se reflectiu na sua alteração formal, só se verificou passados três anos. O modo como decorreu este processo foi, mais uma vez, revelador de uma forte intervenção por parte da Administração Central que funcionou como uma espécie de *retorno à ordem* (designadamente no que toca ao 1.º ciclo e pré-escolar), na medida em que a fórmula encontrada para as estruturas de orientação educativa teve que ser substancialmente alterada de acordo com as sucessivas regulamentações que surgiram após a publicação do DL n.º 115-A/98.

Em virtude do (suposto) pouco interesse manifestado por parte dos actores educativos, houve necessidade de criar estratégias para os mobilizar a participarem no processo de revisão do RI. Assim, o Presidente da AE lançou o repto aos restantes elementos da assembleia no sentido de alterar este documento que ele próprio considerava "pré-histórico"[19] (Notas de campo, 19/06/2002). Por seu turno, o CE

---

[19] Na reunião da assembleia o Presidente da AE afirmou que o RI "já criou problemas em todos os processos eleitorais" (Notas de campo, 16/07/2002). Curiosamente também verificámos que, para a eleição da 1ª AE, o regimento eleitoral que constava no RI foi suficiente. Contudo, aquando da eleição da 2ª AE (para o novo mandato) procedeu-se à elaboração de um novo regimento eleitoral.

propôs a realização de reuniões para discutir questões relativas ao RI, com obrigatoriedade da redacção de uma acta:

> "[...] o executivo obrigou a fazer uma reunião com acta para ver que alterações iriam fazer ao RI... e aí possivelmente teriam que se debruçar sobre alguma coisa. Porque eu tenho a certeza que se o executivo não obrigasse a fazer acta da reunião, possivelmente eles não se interessariam, não ligavam" (Entrevista n.º 7, representante dos pais/EE na AE).

No final do ano lectivo de 2001/2002, foi constituída uma comissão para redigir a nova versão do RI com base nas sugestões apresentadas. No entanto, como pudemos apurar, as alterações mais significativas foram, de novo, propostas pelo CE, que, de uma forma geral, se identificavam com as indicações provenientes da Administração Central.

Uma forma de ganhar poder, estatuto ou mesmo salvaguardar determinados interesses instituídos, passa pela capacidade de controlar os processos de decisão dentro da organização. Assim, quer na fase de elaboração, quer na fase de revisão do Regulamento Interno, registou-se uma colocação estratégica de determinados actores (Morgan, 1996) nos fóruns de discussão criados para o efeito no sentido de salvaguardar interesses grupais ou individuais. A condução do processo de revisão do RI foi assumida pela Presidente do CE que "transmitiu" à comissão, constituída para o efeito, os elementos necessários para efectuar os (re)ajustamentos em função das supostaa exigências da homologação. Deste modo, a questão central consistia em encontrar a fórmula de participação do CP de acordo com as "exigências" da Administração Central. Em virtude desta situação, algumas das propostas feitas inicialmente (porventura mais consentâneas com o PE) foram relegadas para plano secundário e outras foram até ignoradas:

> "A Presidente do CE apontou para muitas coisas que estavam mal. [...] os outros por uma questão de hierarquia, sinceramente por uma questão de hierarquia ouviram-na e eu também, e depois, lá está, confiámos que ela está mais dentro do assunto, mas também fiquei convencida que estávamos a fazer o regulamento para que realmente não se causasse

obstáculos à liderança. Que continue tudo direitinho sem quebrar as rotinas ou prejudicar o trabalho do CE. [...] havia certas coisas que eu tinha proposto para entrar no RI que não tinham interesse agora" (Entrevista n.º 12, representante do pessoal docente na AE).

De facto, um dos elementos da referida comissão produziu o seguinte testemunho:

"[...] naquela última semana limitámo-nos a partir daquelas informações que a Presidente do CE tinha, verificar onde é que a poderíamos encaixar e a grande complicação era de saber que é quem teria assento no CP mediante as horas que ela tinha para distribuir e por causa dos núcleos do 1.º ciclo que passaram a ser só dois" (Notas de campo, elemento da comissão de revisão do RI, em 05/07/2002).

A Presidente do CE, tal como nos confidenciou, teve a preocupação de consultar outras escolas e até a CAE para se inteirar da forma como o processo foi conduzido e implementado noutros contextos:

"[...] perguntei a outros agrupamentos e disseram-me que desta vez a DREN estava a ser mais exigente, por isso, por antecipação, enviei uma cópia ao CAE e que me disseram que para ser homologado, teríamos que fazer algumas alterações" (Notas de campo, Presidente do Conselho Executivo, em 05/07/2002).

Como pudemos apurar, o essencial das alterações prendeu-se com a regulamentação estabelecida no Despacho Normativo 10/99, de 21 de Julho, que clarificava a fórmula que os agrupamentos deveriam adoptar no que respeita à organização das estruturas de orientação educativa, designadamente ao nível do 1.º ciclo e do pré-escolar. A solução inicialmente encontrada no primeiro RI, embora respeitando o estipulado no DL n.º 115-A/98, não estava conforme o estipulado no Decreto Regulamentar n.º 10/99. Como se pode verificar na figura 8 (que representa o organigrama resultante da primeira revisão do RI) separam-se os docentes do pré-esclar dos docentes do 1.º ciclo ao nível da articulação curricular nos conselhos de docentes.

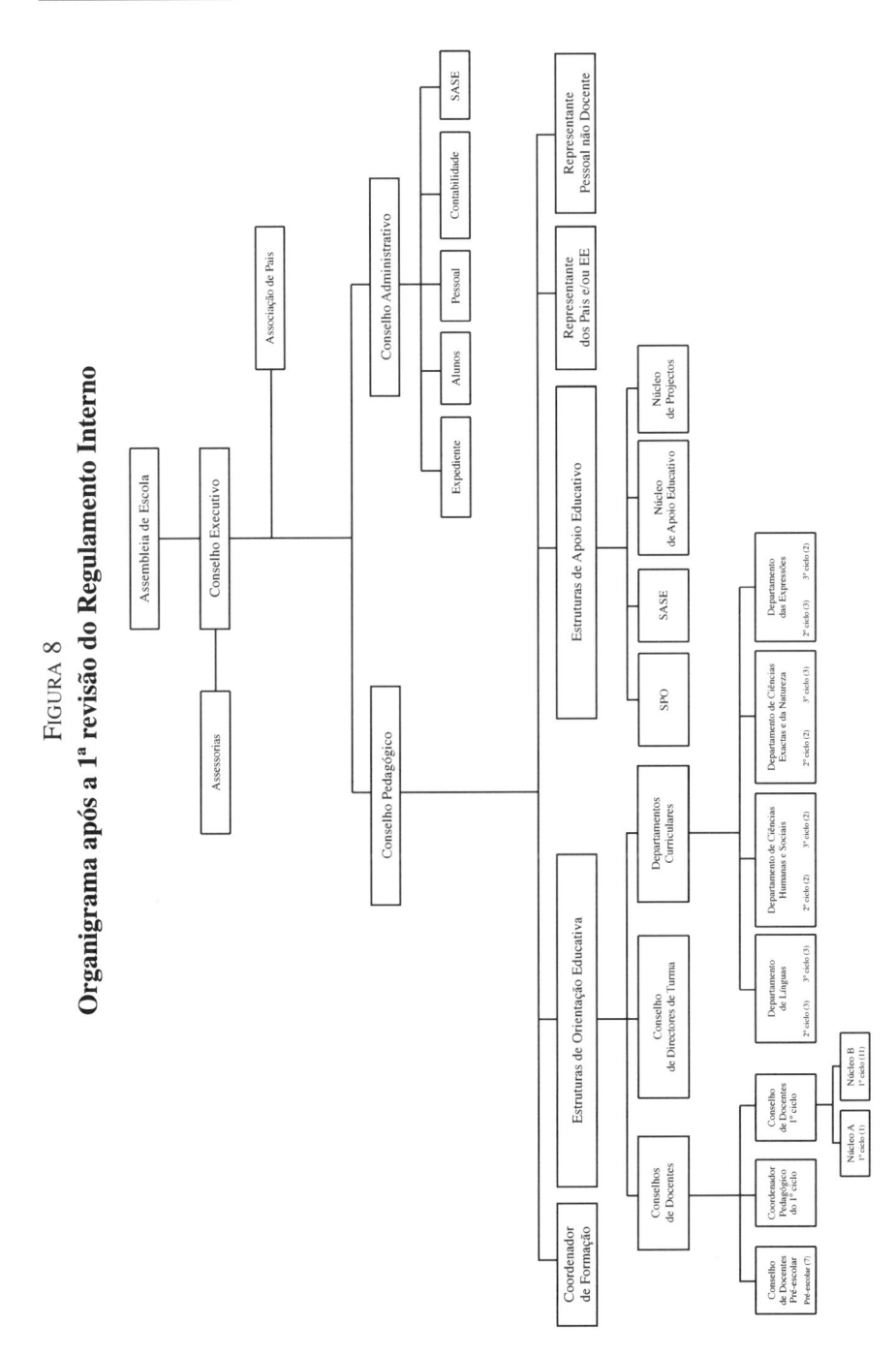

FIGURA 8

Organigrama após a 1ª revisão do Regulamento Interno

A estratégia micropolítica (Ball, 1994) de instrumentalizar o Regulamento Interno enquanto forma de controlo da estrutura organizacional ilustra bem o modo como este documento serviu, numa primeira fase, os interesses e lógicas do órgão de gestão (ao assumir a sua elaboração) e, numa segunda fase, as expectativas (e as normas) da Administração Central (ao serem introduzidas alterações que se afastavam daquilo que eram as preocupações dos actores locais) numa lógica de "management micropolitics" (Hoyle, 1999). Por outras palavras, às dinâmicas desenvolvidas pelos actores escolares na construção do Regulamento Interno sobrepôs-se a lógica burocrática e determinista da Administração Central ao impor um modelo quase único, relegando para um plano secundário um vasto conjunto de possibilidades (igualmente legítimas) enquadradas nos normativos existentes. Neste sentido, o processo de implementação do modelo de administração das escolas proposto pelo DL n.º 115-A/98 pode ser entendido à luz do que Natércio Afonso (1994, p. 56) designou, noutro contexto, como "um exemplo do uso estratégico de poder, reflectindo o interesse governamental no reforço do controlo externo sobre as estruturas de gestão da escola".

1.3.2. *Da importância do Projecto Educativo ao seu impacto na prática*

O Projecto Educativo foi elaborado por uma equipa designada pelo Conselho Executivo especificamente para o efeito. Este documento, não obstante várias vezes proclamado como fundamental para o funcionamento da escola, e desde há vários anos reconhecido como sendo da responsabilidade de todos os actores, nunca havia sido construído. Por força da imposição dos normativos, o CE decidiu nomear uma comissão a quem incumbiu de realizar tal tarefa[20], ficando os seus elementos, por conseguinte, dispensados das demais obrigações decorrentes de outras actividades no âmbito dos grupos e departamentos no final do ano lectivo. A este documento foi dada uma importância digna de registo, por

---

[20] Os próprios respondentes ao questionário admitem que a elaboração do PE não resultou da negociação de conflitos (29,6%), mostrando-se a grande maioria (52,3%) indecisa quanto ao seu processo de construção.

parte da Presidente do CE, na medida em que era encarado como "cartão de visita" da escola, correspondendo a uma aspiração antiga. Como reconhece a própria Presidente do CE, este documento serviu também para elevar as expectativas e funcionar como *prova* de trabalho produzido, sendo sinónimo de um objectivo cumprido ("nós conseguimos fazer este documento... agora já podemos dizer 'já temos um PE'"). E acrescenta:

> "[...] o PE foi feito porque tínhamos que o fazer... Penso que para primeiro documento e com um curto espaço de tempo e com um conjunto de pessoas, está bem feito [...] a maior parte não o conhece, ou leu-o e não acompanhou, e isso parte também aqui do próprio directivo, [...] eu também se me perguntar algumas questões do PE, eu não me lembro. Já o não leio, releio, há muito tempo, vou ter que o fazer agora por causa dessa questão da revisão..., fizemo-lo um bocado para cumprir calendário" (Entrevista n.º 15, Presidente do Conselho Executivo).

Embora reconheça a importância deste documento no contexto da dinâmica escolar, a Presidente sublinha que se tratou de "cumprir calendário". Do mesmo modo, os restantes entrevistados destacam a pertinência do PE, encarado como "instrumento máximo da autonomia", "trave-mestra", "guia para a acção", reconhecendo "o bom trabalho" conseguido, mas ressaltam a falta de exequibilidade e de aplicação deste documento que existe "para inglês ver" e que "não funciona na prática":

> "eu acho que é um instrumento máximo da autonomia que a escola tem, embora todos os outros também o são, o RI e o PAA, é o grande documento que influencia os interesses da minha escola... [...] realmente é mais a nível teórico porque prático tenho a impressão que vai ficar tudo na mesma" (Entrevista n.º 12, representante do pessoal docente na AE).

> "O PE deve ser a trave-mestra que todo o agrupamento deve ter. Todas as actividades da escola deveriam ser organizadas para a prossecução do PE" (Entrevista n.º 10, representante dos pais/EE na AE).

> "[...] neste momento e muito francamente, o PE é para inglês ver, eu acho que o PE não é posto em prática" (Entrevista n.º 7, representante dos pais/EE na AE).

Idêntica opinião têm os representantes da Autarquia que, apesar de reconhecerem a sua função enquanto documento norteador das políticas e práticas escolares, admitem que não é posto em prática:

> "Eu julgo que o PE é importante, tem sempre importância, […] ainda que muita coisa não passe de uma boa intenção, [...] pelo menos há uma ideia condutora que guia a acção de cada um ao longo do ano e que dá alguma... coerência ou alguma consistência àquilo que se vai fazendo" (Entrevista n.º 16, representante da Autarquia na AE).

Também os inquiridos através do questionário revelam uma certa ambiguidade e ambivalência quando avaliam a importância do PE, reconhecendo, por um lado, que é um instrumento definidor de uma política local de educação (63,6%), e, por outro, admitindo que se trata de um imperativo legal, serve para mostrar que tudo está conforme as orientações do ME (39,8%). É ainda de destacar a percentagem significativa de indecisos nas questões relativas à definição, elaboração e concretização do PE (cf. gráfico 9).

GRÁFICO 9
Opinião dos professores sobre o Projecto Educativo

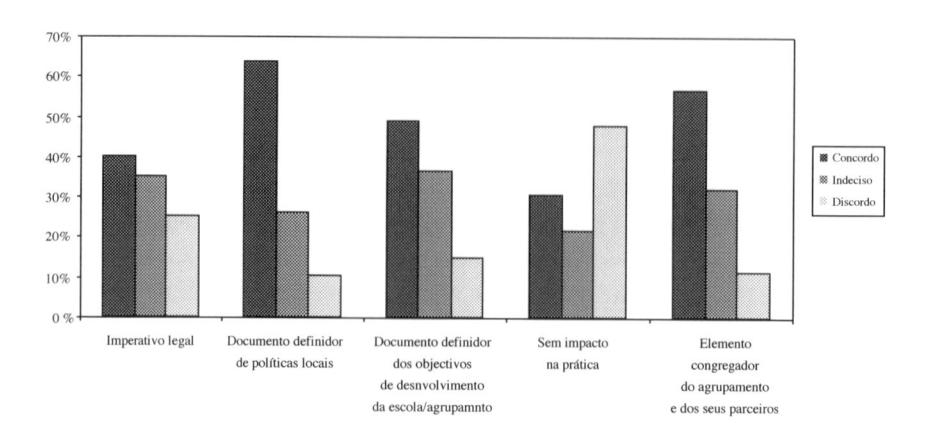

Mais uma vez se registam diferenças entre os docentes do 1.º ciclo e os dos restantes níveis de ensino, os quais tendem a ser mais críticos (e indecisos) no que se refere à pertinência do PE (cf. tabela 5). Quanto ao impacto do PE na actividade quotidiana da *Escola/Agrupamento*, as opiniões dos professores do 1.º ciclo, tal como os inquiridos de uma forma geral, dividem-se entre os que concordam (39,0%), os indecisos (30,5%) e os que discordam (30,5%).

TABELA 5
Opiniões sobre o Projecto Educativo

NÍVEL DE ENSINO	Imperativo legal			Documento definidor de políticas locais			Documento definidor dos objectivos de desenvolvimento da escola/*agrupamento*			Elemento congregador do *agrupamento* e dos seus parceiros		
	C	I	D	C	I	D	C	I	D	C	I	D
Pré-escolar	36,4%	18,1%	45,5%	45,5%	45,5%	9,0%	45,5%	45,5%	9,0%	63,6%	27,3%	9,1%
1º ciclo	56,5%	34,8%	8,7%	34,7%	47,8%	17,5%	26,1%	43,5%	30,4%	43,5%	52,2%	4,3%
2º ciclo	43,5%	34,8%	21,7%	82,6%	4,4%	13,0%	60,9%	26,1%	13,0%	60,9%	21,7%	17,4%
3º ciclo	39,7%	35,2%	25,1%	77,4%	19,4%	3,2%	58,0%	35,5%	6,5%	61,3%	25,8%	12,9%

Legenda: C = concordo; I = indeciso e D = discordo

Por seu turno, os representantes do pessoal não docente, quando se referem a este documento, são algo lacónicos e não conseguem transmitir uma ideia clara sobre a natureza, âmbito e objectivos do Projecto Educativo:

"O PE... isso tem a ver com os alunos, não é? [...] com os alunos e com a escola [...] para mim, se me perguntar se isso é bom se é mau, ... fico no meio. ... ... isso tem mais a ver com os professores, não é?" (Entrevista n.º 2, representante do pessoal não docente na AE).

"[...] eu não sei o que é o PE, as pessoas falam mas eu não posso votar contra ou a favor daquilo que as pessoas dizem porque eu não conheço, mas as pessoas não têm obrigação de mo enfiarem na cabeça; sou eu, então se eu não sei, estou calada" (Entrevista n.º 21, representante do pessoal não docente na AE).

A própria Presidente do CE admite que este documento não é objecto de leitura e análise por parte dos restantes actores e, portanto, "não está a funcionar":

"Também digo que não foi objecto de análise, nem de reformulação, de estudo, [...] considero que muita gente não o conhece. [...] como documento onde as coisas estão escritas, onde as coisas estão assimiladas. Penso que ainda não está a funcionar" (Entrevista n.º 15, Presidente do Conselho Executivo).

Relativamente à função do PE enquanto instrumento catalisador das dinâmicas escolares e referência para a construção e desenvolvimento de outros documentos (PAA, PCE), a percepção generalizada dos entrevistados aponta para a pouca influência e a fraca articulação entre aquele e estes. Esta situação decorre, pelo menos em parte, do desconhecimento (em alguns casos) ou da leitura vaga e superficial de que ele é alvo, como atestam os seguintes testemunhos:

"[...] o PE "não é um documento que sirva de referência, não é, porque é a tal coisa, a pessoa deu-lhe uma vista de olhos, fala aqui e acolá sobre isto, tem-se uma ideia geral, porque isto é tudo geral, é tudo superficial" (Entrevista n.º 1, representante do pessoal docente na AE).

"[...] acho que é um documento que tem que existir, portanto que é obrigatório existir, que está lá guardadinho mas que tenho quase a certeza que serão poucos os colegas que sabem... que têm conhecimento do que é que está lá escrito no PE. A maior parte das pessoas não planeia as actividades de acordo com o PE; tenho quase a certeza" (Entrevista n.º 13, representante do pessoal docente na AE).

Mais uma vez, a Presidente do CE admite a falta de articulação (e de coerência lógica) entre os diferentes documentos e reconhece a ausência de uma visão global e estruturante, o que remete para a desarticulação existente entre as "esferas pedagógica e financeira" já identificada em estudos anteriores (Costa & Coimbra, 2000).

"O PAA é demasiado extenso, não está de acordo com o Projecto Curricular, foi uma coisa que nós assumimos logo. O PCE surgiu depois, o PAA já estava feito. [...] não está muito adaptado. [...] quer dizer, não sei explicar se está..., [...] se o orçamento está de acordo com aquilo que se pretende do PE a cem por cento. Há sempre coisas que estão adaptadas, mas por coincidência. Ou que podem ser adaptadas, mas por coincidência, não há esta estruturação em termos globais. [...] continuo a dizer que não há um foi condutor,... esperemos que apareça agora,... um fio condutor que ligue tudo isto. ... Portanto continuamos a trabalhar um bocadinho [...] separadamente, sem ter objectivos concretos. [...] Os documentos não estão relacionados, mas têm que ser coordenados; esse é o grande desafio que temos agora." (Entrevista n.º 15, Presidente do Conselho Executivo).

O desconhecimento do conteúdo dos documentos e a falta de articulação entre eles conduz a um processo superficial (e não fundamentado) de análise e de aprovação, tal como nos refere um dos elementos da AE:

"[...] não se verifica nada, eu acho que não se faz... nem têm maneira de verificar se as pessoas estão ou não a cumprir o RI e se estão a seguir o PE acho que não se consegue ver [...] Ora bem eu falo por mim, eu não conheço o PE, eu ao estar a ler estas actividades acho 'ai que interessante' mas não sei muito bem se estão ou não de acordo com o PE [...] e aposto que a maior parte dos elementos que está lá na Assembleia também não sabe" (Entrevista n.º 13, representante do pessoal docente na AE).

Esta manifesta falta de conexão entre o PE, o PAA e o orçamento do *Agrupamento* no processo da sua elaboração, aprovação e avaliação remete para práticas que se situam mais numa lógica de cumprimento de *formalidades* ou no que outros autores, referindo-se ao Projecto Educativo, denominam de *imperativo legal* (Costa & Coimbra, 2000) ou "ritual de legitimação" (Costa, 1997), cuja repercussão nas práticas dos actores da organização escolar é pouco visível. Tal situação é reveladora de uma das faces da organização escolar que a metáfora dos *loosely coupled systems* (Weik, 1976) explica, uma vez que se verifica uma fraca articulação entre os referidos documentos e as estruturas que os definem. Por outro lado, estas práticas podem ser lidas ainda à luz da metáfora das *organized anarquies* (Cohen, March & Olsen, 1972), que assenta na existência de uma tecnologia incerta e ambígua (pouco clara), com destaque para a existência de objectivos problemáticos, não consensuais (por vezes conflituais), o que surge associado a uma participação fluida dos actores, apontando para a existência de uma instabilidade e imprevisibilidade da acção organizacional.

Assim, estes documentos (sobretudo o Projecto Educativo) assumem um "valor simbólico" que se inscreve numa perspectiva de "conformidade cerimonial" entre "as intenções e as acções" no sentido de credibilizar a própria organização e os actores que dela fazem parte (A. Afonso *et al.*, 1999, p. 58).

Como sustentam Costa & Coimbra (2000, p. 272), também no caso em estudo se verifica que o PAA se "circunscreve a um conjunto de realizações de carácter pedagógico-didáctico" e que, apesar de contemplar uma estimativa orçamental, não existe qualquer tipo de relação com o orçamento do agrupamento sendo tais actividades, na maior parte dos casos, suportadas com recurso a meios financeiros angariados pelos professores e/ou alunos e que, portanto, se encontra totalmente desfasado da "valência financeira da escola enquanto meio para a sua consecução".

De salientar que a generalidade dos entrevistados reconhece o enorme volume de actividades existentes no PAA (que nós próprios tivemos oportunidade de constatar), o que conduz à emergência de lógicas de actuação associadas a questões de natureza burocrática por parte dos professores. Dito de outro modo, os docentes recorrem a estratégias de defesa a fim de evitar o desgaste de tempo e de energia que a elaboração e justificação das propostas de actividades, e subsequente relatório, implicam.

"Ah! e então diz-se assim: 'é o mínimo de actividades possível, porque depois temos que fazer os relatórios, portanto quanto menos actividades, menos relatórios temos que fazer'. Nem que as façamos, é melhor não as pôr lá no PAA porque depois temos que justificar e fazer os relatórios" (Entrevista n.º 13, representante do pessoal docente na AE).

Deste modo, este documento ainda não assumiu a sua dimensão de "concretização operativa anual" e "primeiro nível de concretização" do PE, carecendo de um corte radical com o tradicional plano de actividades cujos "enquadramento e conteúdo" são substancialmente diferentes (Carvalho & Diogo, 1994, p. 109):

> "O PAA não está muitas vezes de acordo, em sintonia com as grandes linhas orientadoras do PE. São planos ricos de muitas actividades mas sempre baseados na lógica de disciplina" (Entrevista n.º 12, representante do pessoal docente na AE).

> "É mais um papel; ninguém liga, ninguém se lembra do nome se calhar. [...] algumas actividades que nós fazemos... porque nós, vamos fazendo exactamente as mesmas. É assim, nós temos uma, pelo menos uma por período para não dizer que não fazemos nada, dantes mandavámo-las todas, mas era um monte de papéis que tínhamos que mandar lá para baixo [escola-sede]. [...] A única coisa em que às vezes pensamos no PE é... nós as actividades vamos fazer exactamente as mesmas, como temos que mandar para lá uma, vamos mandar uma que esteja mais ou menos de acordo com o projecto, mas é só nisso. Mas também não nos preocupamos se diz directamente ou se só indirectamente é que vai ter ao tema do PE" (Entrevista n.º 8, representante do pessoal docente na AE).

Uma outra questão que merece alguma reflexão, pelo carácter caricato de que se revestiu, tem a ver com a aprovação da conta de gerência (que, aliás, tivemos oportunidade de presenciar numa das reuniões da AE). Para a apreciação de um documento tão importante em termos de prestação de contas, foi dedicado muito pouco tempo (o documento circulou pelos presentes na reunião durante cerca de 1 minuto e meio), facto a que não foi alheia a estratégia utilizada pelo Presidente da AE quando admitiu que não dominava estes assuntos (frisando que "não estamos aqui para fiscalizar ninguém"), remetendo para um representante do pessoal não docente a apresentação/explicação de tal documento (que acabou por não ser dada, uma vez que a própria funcionária confessou ter sido a primeira vez que preencheu os respectivos mapas). Por seu turno, os entrevistados referem-se a esta temática como sendo tabu, e em relação à qual não possuem conhecimentos suficientes para formularem uma opinião fundamentada, embora reconheçam a sua importância[21]:

> "[...] nós olhamos para aquilo e o termo é este: 'é como um boi a olhar para um palácio' [...] partimos do princípio que aquilo já vem feitinho e... pronto está aprovado" (Entrevista n.º 10, representante dos pais/EE na AE).

> "[...] foi a primeira vez que a gente viu aquilo... e não houve uma explicação de quem deveria ser dada, não houve uma explicação de nada" (Entrevista n.º 22, representante dos pais/EE na AE).

> "[...] foi sempre tocado tudo de uma maneira muito superficial..." (Entrevista n.º 1, representante do pessoal docente na AE).

Mais uma vez, e como já sublinhámos anteriormente, os entrevistados deixam transparecer no seu discurso justificações que se inserem numa *lógica da confiança* ou de "presunção da competência" (Alves, 1998), o que os leva a não questionar estes aspectos, facto que também surge associado a algum constrangimento ou menor à-vontade na forma de lidar com estas situações:

> "Como é que eu ia pegar na conta de gerência que nem vi, eu nem a vi, ... quer dizer, passou e formalizou-se um acto, decorre da lei que tem que ser aprovada na Assembleia, formalizou-se aquilo, não tenho duvida nenhuma." (Entrevista n.º 19, Presidente da Assembleia de Escola).

> "já não me recordo do que fiz, mas de certeza que eu agarrei na folhinha e passei à frente, isto porque eu não sei ver aquilo" (Entrevista n.º 23, representante do pessoal docente na AE).

---

[21] A este propósito, é curioso referir que uma grande percentagem de respondentes ao questionário (63,6%) mostra-se indecisa quanto à verificação atenta por parte da AE relativamente à aplicação do orçamento da escola/agrupamento, discordando desta afirmação 21,6%.

"[...] eu acho que parte um bocado deste pressuposto que as pessoas têm confiança e estão habituadas a não dar muita importância a isso; esquecem-se que se calhar é o papel preponderante e o mais importante da Assembleia. E eu muito sinceramente aquilo veio-me parar às mãos e eu tentei não me demorar muito tempo porque ainda poderia ser mal interpretado" (Entrevista n.º 1, representante do pessoal docente na AE).

"Claro aprovou-se se calhar um bocado de cruz" (Entrevista n.º 17, representante da autarquia na AE).

A generalidade dos actores reconhece a sua falta de preparação e de conhecimento que se repercute na forma como lida e gere estas questões. Decorrente desta situação, o Presidente da AE propôs a criação de "grupos de trabalho[22]" cujo objectivo consistiria em acompanhar o desenvolvimento das práticas relativamente a questões específicas, tais como o orçamento, o PE, o PAA e o RI:

"não dei muita importância a essa questão do orçamento [...] eu não estou preparado a esse nível, por isso, é que a gente criou um grupo e as pessoas... mas o objectivo é esse, é haver transparência em termos de contas" (Entrevista n.º 19, Presidente da Assembleia de Escola).

Apesar da criação destes "grupos de trabalho", na prática, a sua acção foi reduzida. A apreciação dos vários elementos que deles fizeram parte é elucidativa a este respeito:

"[...] eu fiz parte de uma secção da AE para acompanhar o orçamento e eu nunca vi um orçamento nesta escola durante três anos." (Entrevista n.º 9, representante do pessoal docente na AE).

---

[22] Na reunião da AE onde se decidiu proceder à formação dos grupos de trabalho, verificámos que a maior dificuldade esteve na constituição do grupo do "orçamento" do qual ninguém queria fazer parte, tendo um dos elementos representante dos docentes afirmado "a mim se me puserem no grupo do orçamento é uma desgraça" (Notas de campo, 19/07/2002).

Os membros destes grupos de trabalho reconhecem o papel preponderante do CE na sua dinamização e na condução da sua acção:

> "[...] os grupos de trabalho eu julgo que muitas vezes eles são mais dinamizados pelo CE do que propriamente pela AE, embora eles pertençam à AE, mas tem de ser o CE a pegar na varinha e a tentar andar com as coisas para a frente sob pena de que as coisas não funcionem" (Entrevista n.º 17, representante da autarquia na AE).

Na primeira reunião da AE do início do segundo mandato constatámos que a dinâmica de aprovação dos diversos documentos seguiu uma lógica de institucionalização de práticas resultante de um vício processual ou de um "anacronismo, conceptual e processual" (Barroso & Almeida, 2001, p. 60) que a Administração Central impôs numa primeira fase de implementação do actual modelo de administração das escolas, nomeadamente no que se refere à ordem de aprovação do PE e do RI. Como já salientámos, a Administração Central demonstrou uma maior preocupação em instituir, em primeiro lugar, o RI, o que implicou a aprovação deste documento antes da aprovação do PE. Deste modo, podemos concluir que o espaço organizacional da escola, que encerra um certo individualismo e fragmentação da actividade pedagógica, continua ameaçado por uma lógica de desagregação, na medida em que é atravessado por uma débil articulação dos seus objectivos, tecnologias e, ao mesmo tempo, das estruturas e órgãos, o que tem implicações ao nível da tomada de decisão.

1.3.3. *Autonomia(s)*

No que diz respeito à problemática da autonomia das escolas, as opiniões dos actores situam-se numa perspectiva algo redutora. Embora reconheçam uma certa "margem de liberdade" e uma maior abertura relativamente à acção dos órgãos instituídos com o actual modelo (que associam em alguns casos à possibilidade de construção local dos documentos instrumentais, tais como o PE, o RI e o PAA) admitem, no entanto, que, em termos práticos, as dúvidas persistem e que a influência das hierarquias continua a ser preponderante. Assim, sublinham que a autonomia de que dispõem é ainda reduzida e que a sua função se insere mais numa lógica de legitimação de procedimentos e de práticas:

> "Eu diria que a Administração Central com este modelo abriu um corredor com alguma margem de liberdade para os agrupamentos e os respectivos órgãos poderem dar alguns passos, e que, à medida que o tempo vai passando, o órgão executivo foi dando conta, e não só, a própria AE sabe disso, pelo menos uma boa parte dos seus elementos têm consciência disso, foi-se apercebendo que esse corredor era demasiado estreito" (Entrevista n.º 16, representante da Autarquia na AE).

> "[…] não sinto autonomia, fala-se na palavra, mas não sinto... [...] nós andamos a fazer porque está escrito. [...] Continuar a cooptar, portanto, cúmplices, legitimar as suas funções, mostrar que estão de acordo com os grandes objectivos educacionais, que estão de acordo com os normativos, mostrar que não estão nada ilegais, pelo contrário, estão de acordo com os interesses do Ministério" (Entrevista n.º 12, representante do pessoal docente na AE).

Por seu turno, a Presidente do CE admite usufruir de alguma margem de autonomia que surge associada às formas de lidar com processos e práticas burocráticos, e que, em alguns casos, se pode relacionar com o conceito de "autonomias clandestinas" (Barroso, 1997):

> "Em termos estratégicos temos alguma autonomia [...] portanto, não é uma acção planificada, fundamentada num projecto propriamente dito, mas há já estratégia" (Entrevista n.º 15, Presidente do Conselho Executivo).

Por outras palavras, não obstante a forte intervenção da Administração Central (que não produziu quaisquer alterações em termos de transferências de poderes de decisão para as escolas), os actores gozam de uma "autonomia relativa" que sabem aproveitar de acordo com os seus interesses. Deste modo, o espaço de manobra que estes possuem no seio da sua esfera de autonomia configura, frequentemente, práticas que se inserem na perspectiva da *infidelidade normativa* de Lícinio Lima (1998a).

A título de exemplo, referimos um facto relacionado com o calendário escolar ocorrido no *Agrupamento* em estudo no ano lectivo de 2001/2002. Na sequência de uma proposta apresentada pela Presidente do CE, no CP foi aprovada uma interrupção das actividades lectivas (de 24 de Abril até 3 de Maio de 2002) quando apenas tinham decorrido quinze dias após as férias da Páscoa. Este acontecimento (que não foi objecto de qualquer discussão no âmbito da AE) encerra um exemplo típico e mais evidente do conceito de *"infidelidade normativa"* e que pode representar outros que fazem parte das práticas diárias da organização escolar enquanto organização burocrática.

Quanto aos contratos de autonomia, os entrevistados são unânimes em reconhecer o pouco interesse que a temática lhes suscita e o desconhecimento da problemática que esta questão encerra. Neste contexto, são, no entanto, de salientar os recentes desenvolvimentos no âmbito da agenda política que têm enfatizado sobretudo questões de natureza curricular, desviando, assim, a atenção (e o interesse) relativamente a outros assuntos. Transcrevemos de seguida alguns exemplos elucidativos do modo como os entrevistados se pronunciam sobre os "contratos de autonomia":

> "Mas eu em relação a isso não cheguei a perceber muito bem. Contratos de autonomia com quem se fazem? Em que moldes? Está tudo ainda muito no escuro porque aquilo é muito complicado" (Entrevista n.º 7, representante dos pais/EE na AE).

> "[...] neste momento, sinceramente, não lhe sei responder ... tenho um desejo que se dessem passos nesse sentido. [...] o que interessa é que a escola funcione, que os horários sejam cumpridos, portanto tudo uma série de questões que deveriam ser quase instrumentais [...] tudo o que passe para além disso eu jugo que não é preocupação para a maioria" (Entrevista n.º 16, representante da Autarquia na AE).

> "Não sei, é um assunto em que eu não me debrucei ainda. [...] em termos concretos há um outro trabalho para fazer de base para nós chegarmos aí" (Entrevista n.º 15, Presidente do Conselho Executivo).

No atinente às repercussões do modelo proposto pelo Decreto-Lei n.º 115-A/98, de 4 de Maio, o balanço é, de um modo geral, pouco optimista, quer por parte dos entrevistados, quer por parte dos inquiridos. De um modo geral, os professores que responderam ao questionário admitem que o referido modelo implicou a participação de novos actores na administração das escolas (que consideram como um dos aspectos mais importantes decorrentes da sua implementação (58,4%), mas reconhecem a existência de aspectos que tornaram mais complexos e menos operacionalizáveis os processos e as práticas de decisão, nomeadamente, o excessivo número de reuniões que dificulta a comunicação entre os órgãos (54,6%), um acréscimo da burocracia dentro da organização escolar (79,5%) e a preponderância da decisão de cima para baixo (59,0%). Além disso, a maioria dos professores afirma que, apesar das alterações introduzidas na estrutura organizacional das escolas (nomeadamente a participação de outros agentes educativos), as práticas dos actores permaneceram inalteráveis (62,5%) e que o novo modelo veio reforçar os poderes de decisão do CE (35,2%). De referir que a maioria dos professores inquiridos (53,4%) mostra-se indecisa relativamente a este último aspecto. Por outro lado, as suas opiniões dividem-se quanto ao impacto e à melhoria efectiva do funcionamento da organização decorrente da participação dos novos actores, registando-se um número significativo de indecisos (cf. gráfico 10).

GRÁFICO 10

Participação efectiva dos novos actores no funcionamento da escola

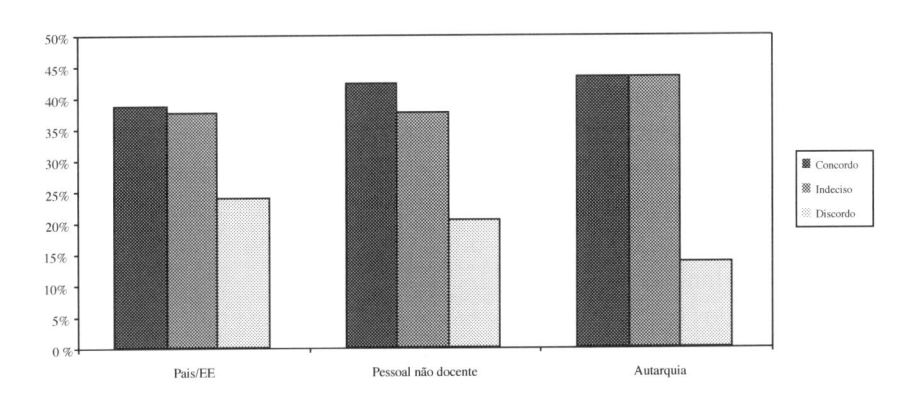

Quanto às repercussões do novo modelo, os professores inquiridos mostraram-se, mais uma vez, indecisos, nomeadamente no que diz respeito a uma maior transparência dos actos de administração e gestão (64,8%) e à existência de processos e práticas de administração e gestão mais democráticos (40,9%).

GRÁFICO 11

Principais repercussões do *novo* modelo de gestão

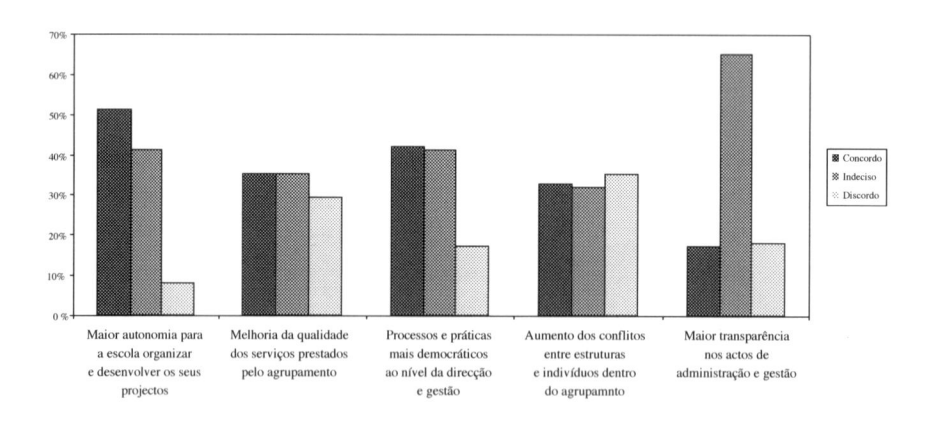

Em síntese, podemos afirmar que o processo de constituição do *Agrupamento* e de implementação do modelo de administração e gestão das escolas proposto pelo DL n.º 115-A/98 se caracterizou, por um lado, por uma forte intervenção da Administração Central, quer na fase inicial na proposta de constituição do *Agrupamento* (apoiada pela autarquia), quer durante a implementação propriamente dita, através da produção excessiva de normativos e recomendações, e por outro, por um evidente protagonismo do Conselho Executivo em executar e conduzir o processo de acordo com as normas e procedimentos decididos por instâncias superiores.

Dos dados recolhidos no *Agrupamento Azul* ressalta ainda o esvaziamento do poder da Assembleia de Escola e consequente desvalorização na estrutura hierárquica da organização escolar, opinião que é partilhada por todos os actores que participaram neste estudo. Assim, a AE não se assume como órgão de "direcção" e a sua imagem surge associada a uma estrutura "decorativa" com funções de legitimação de decisões já tomadas noutras instâncias e de uma participação encenativa dos diferentes agentes educativos (apesar de reconhecerem – teoricamente – o seu papel central na definição das políticas locais).

Estas conclusões confirmam o conjunto dos défices identificado por Barroso, Almeida & Homem (2001) no estudo realizado no âmbito do Programa de Avaliação Externa do Processo de Aplicação do DL n.º 115-A/98: o "défice de informação" (que se prende com a indefinição das competências e atribuições da AE bem como com as regras de funcionamento de órgãos colegiais), o "défice de democracia" (que diz respeito à(s) forma(s) como os processos são conduzidos, como os dossiês são apresentados e as deliberações divulgadas, e ainda, no caso do *Agrupamento Azul*, ao facto de a grande maioria dos elementos das AE serem professores, o que subverte, de algum modo, a essência de uma participação democrática), o "défice de utilidade" (que, como já referimos, se relaciona com a pouca utilidade e importância atribuída a este órgão que não exerce poderes de decisão).

Esta passividade assumida pela AE, aliada a um forte protagonismo do CE, conduziu a uma situação de subalternidade e a uma espécie de *subordinação consentida* daquela em relação a este, ao mesmo tempo que ressalta a figura da Presidente do CE que *controla* todos os processos e mecanismos de decisão, mantendo-se, todavia, refém da lógica centralista da administração. Esta situação traduz-se num certo alheamento e até apatia por parte da generalidade dos restantes actores que optam por um posicionamento de "não-participação voluntária" (Lima, 1998a), demarcando-se dos processos e práticas de decisão ao nível dos órgãos de "direcção" e "gestão".

É, portanto, neste contexto que se torna essencial compreender as lógicas e processos inerentes aos actos de apreciação e/ou aprovação do Projecto Educativo de Escola, bem como dos Planos Anuais de Actividades em que se vislumbra uma "lógica de confiança" e o "mito do profissionalismo" (Meyer & Rowan, 1988), na medida em que se observa uma demissão por parte dos novos actores (nomeadamente ao nível da Assembleia de Escola). Esta(s) prática(s) assume(m) especial relevância quando se analisa a problemática da definição das "linhas para a elaboração do orçamento" e para a apreciação da "conta de gerência" (competências atribuídas àquele órgão), o que constitui um enorme tabu e uma clara "zona de incerteza" (Crozier & Friedberg, 1977) dentro da Assembleia de Escola. A própria dinâmica encontrada para gerir esta situação conduziu a formas de "não-participação voluntária"[23], na medida em que esta pode não resultar somente da falta de interesse, alheamento ou falta de informação (pelo menos por parte de alguns actores) mas, também, da auto-rejeição de qualquer tipo de envolvimento nos processos de tomada de decisão. Por outro lado, este vazio decorrente da forma de lidar com esta zona de incerteza pode servir para garantir a preservação de alguma(s) forma(s) de poder instituído.

Apesar disso, esta recusa de participação pode ser motivada pela inexistência de condições ao nível processual (na elaboração dos próprios relatórios e das dinâmicas ou da apresentação lacónica dos mesmos), como também pode decorrer de uma "não-participação" resultante de uma motivação endógena dos próprios actores como forma de evitar o confronto e o conflito. Nesta perspectiva, a organização funciona bem se evitar o conflito, ao mesmo tempo que, com base neste tipo de (não)participação, a organização escolar desenvolve uma "ideologia para consumo externo" (Brunson, 1989). Brunson (1989, p. 5) sustenta que "if an organization cannot quite fulfil some particular norm, it may at least be a good idea to emphasize a firm intention to do so".

---

[23] De acordo com a tipologia da não-participação na organização escolar, e no plano da acção organizacional, a não-participação pode ser imposta ou forçada, induzida e voluntária. A não-participação "*imposta ou forçada* toma por referência predominante orientações externas e/ou internas [por referência expressa àqueles a quem está vedada a participação]; pode ser uma *não-participação induzida*, numa situação organizacional em que, mesmo que a participação esteja decretada, os arranjos organizacionais concretos, as práticas participativas previstas, as condições, os recursos e as possibilidades reais de participação podem conduzir a situações objectivas e subjectivas convidativas e facilitadoras da não-participação; ou pode, ainda, ser actualizada predominantemente na base de orientações meramente individuais ou de opções estratégicas de grupos e subgrupos, sem que se descortinem elementos concretos de imposição ou de indução da [...] *não-participação voluntária*" (Lima, 2001, p. 89).

Nesta perspectiva, o papel da Assembleia de Escola e a incorporação de novos actores não resultaram de preocupações com a eficiência organizacional, prevalecendo sobretudo o propósito de legitimá-la como uma estrutura de carácter formal que reflecte um conjunto de "mitos altamente racionalizados" (Estêvão, 1995) de participação e cooperação nos processos de aprovação do Projecto Educativo, na verificação dos Planos Anuais de Actividades, na aprovação dos relatórios e ainda na apreciação da conta de gerência, bem como na definição de linhas para a elaboração do orçamento, que, no actual quadro legislativo, independentemente dos resultados conseguidos, funcionam como legítimos. Acresce ainda o facto de o Projecto Educativo, não obstante reunir, em termos teóricos, um consenso generalizado enquanto "instrumento máximo da autonomia", não traduz, na prática, um documento central das políticas locais de referência para a acção dos actores escolares. Um outro aspecto que se destaca é a falta de articulação entre os documentos decisivos para a construção da autonomia (PE, PAA, RI e ainda o orçamento), sendo encarados como um *imperativo legal* e como mero *cumprimento de uma formalidade*, na perspectiva do que Almerindo J. Afonso *et al.* (1999, p. 55) designam de "*mínimo burocrático*".

CONCLUSÃO

Terminado este percurso investigativo e após uma caracterização mais ou menos exaustiva do *Agrupamento Azul*, do seu processo de constituição e da forma como decorreu a implementação das orientações consagradas no modelo de administração das escolas e agrupamentos analisado, torna-se oportuno proceder a uma síntese das principais conclusões que emergem dos resultados obtidos, bem como das leituras/implicações que eles encerram.

Uma das principais conclusões deste trabalho diz respeito à ausência de alterações substantivas no "modelo praticado", quer ao nível da participação dos diferentes actores, quer ao nível do exercício da autonomia. Não obstante a criação de um órgão como a Assembleia de Escola que se pretenderia central na definição das políticas escolares (e que pressuporia a participação de novos actores e a construção de parcerias e de sinergias locais), o que encontrámos foi a confirmação da tradição fortemente centralizadora do Estado (e das estruturas desconcentradas da Administração Central), cuja influência continua a ser determinante porque condicionadora e limitadora dos processos e práticas de decisão e governação das escolas.

Constatámos, ainda, que a operacionalização da proposta prevista no Decreto-Lei n.º 115-A/98, de 4 de Maio, ficou marcada por um processo eminentemente hierárquico em que prevaleceu a lógica da imposição administrativa a partir do centro do "sistema educativo", e também da indução política local/autárquica, em detrimento de uma dinâmica dos próprios actores. Mais concretamente, a Autarquia assumiu a liderança de todo o processo de constituição do *Agrupamento*, facto que provocou alguma resistência e um clima de incerteza e cepticismo relativamente a um projecto que não era partilhado por todos os actores, com especial destaque para os professores do 1.º ciclo.

Contudo, as expectativas iniciais (pelo menos por parte de alguns dos entrevistados), que iam no sentido de potenciar dinâmicas locais, não chegaram a concretizar-se, uma vez que, na prática, não se registaram mudanças (positivas) designadamente no que concerne a uma maior capacidade de decisão e de participação, em parte devido à forma como todo o processo decorreu – imposição política –, o que contribuiu para acentuar posições críticas e de alguma desconfiança.

A Assembleia de Escola que, pelo menos no plano do discurso e das representações, era vista, pela generalidade dos actores, como um órgão central na definição das políticas educativas institucionais, na prática, passou a ser descrita como uma estrutura "decorativa" sem visibilidade exterior, nem repercussão na actividade quotidiana das escolas que integram o *Agrupamento*.

Quando questionados sobre as competências atribuídas à Assembleia de Escola, os actores manifestam posições algo paradoxais, na medida em que, se, por um lado, reconhecem a sua importância enquanto órgão de "direcção" na organização escolar, por outro, não conseguem identificar, com clareza, as suas atribuições, prevalecendo uma imagem negativa, quer junto dos actores que dela fazem parte, quer junto dos professores inquiridos. De uma forma geral, pode dizer--se que, no caso do *Agrupamento Azul*, os actores aplicaram o modelo de gestão sem dele possuírem um conhecimento sustentado, agindo, frequentemente, com base em concepções e representações inconsistentes. Alem disso, é de salientar a inexistência de mecanismos formais de comunicação e de informação entre os representantes na Assembleia de Escola e os seus representados cuja articulação se faz de um modo informal e insuficiente.

Esta realidade, como prevíamos inicialmente, pode entender-se como consequência da centralidade do órgão de gestão (Conselho Executivo) que, neste caso, assumiu um papel determinante em todo o processo de implementação do *Agrupamento*, desde a constituição dos órgãos até à condução (e *controlo*) dos procedimentos e dos mecanismos de decisão (ou seja, desde a confecção de listas até à elaboração do Regulamento Interno). Neste contexto ganhou particular realce a figura da Presidente do Conselho Executivo dado estar presente em todos os órgãos, situação que conduziu a um certo alheamento (e até inércia) por parte dos restantes actores que optaram por posições menos interventivas e menos participativas.

De facto, dos dados recolhidos no *Agrupamento Azul* ressalta uma clara desvalorização da Assembleia de Escola cuja actuação se encontra marcada por uma posição de subalternidade e uma espécie de *subordinação consentida* face ao protagonismo assumido pelo órgão de gestão. Por outras palavras, a participação (encenativa) dos elementos da Assembleia de Escola surge ligada a um conjunto de rituais que legitimam decisões já tomadas noutros contextos, de que resulta uma certa demarcação dos processos e práticas de direcção.

Este tipo de (não) participação é também associado, por alguns dos elementos entrevistados, à falta de (in)formação, ao desconhecimento dos procedimentos a utilizar e à forma como os processos são conduzidos (nomeadamente no que diz respeito à preparação da documentação a discutir e a aprovar, ao modo como os documentos são apresentados e as temáticas formuladas no âmbito da Assembleia de Escola e à escassez de tempo para analisar os assuntos em discussão, todos estes sendo aspectos que concorreram para *esvaziar o sentido* da Assembleia de Escola).

No entanto, a postura passiva por parte de alguns elementos da Assembleia de Escola (nomeadamente os pais, também eles professores) pareceu corresponder a uma actuação estratégica que encerra um conflito latente ou encoberto, actuação essa que pretende, por um lado, evitar a exposição de uma imagem negativa da instituição e dos próprios elementos que a compõem e, por outro, salvaguardar as "boas relações domésticas" (Falcão, 2000). Daqui resulta a acção neutralizada deste órgão que se pauta por uma espécie de aprovação tácita dos documentos em apreciação.

Ora, estas práticas e as racionalidades a elas inerentes revelam a ausência de distinção entre órgãos de "direcção" e órgãos de "gestão". A generalidade dos actores atribui ao Conselho Executivo as funções de direcção e gestão que associam a razões ligadas à tradição, ao poder de influência e até ao estipulado nos normativos legais (onde a distinção entre elas não está totalmente clara), o que reforça, mais uma vez, a centralidade da "Direcção Executiva" na organização escolar.

Neste contexto, é de destacar ainda a postura de ambivalência assumida pelo Conselho Executivo (nomeadamente da sua presidente) que, ora se refugiava na Administração Central (e na sua tradição centralizadora) para justificar acções, processos e práticas, ora se voltava para os que a elegeram com o intuito de legitimar as suas práticas.

Por outro lado, o protagonismo do Conselho Executivo (e da sua presidente) na condução de processos e práticas de decisão surge ainda *justificado* e *legitimado* pelo domínio da informação que a sua posição lhe confere, a qual, devido aos débeis mecanismos de transmissão de informação existentes no agrupamento de escolas estudado, dificilmente é do conhecimento dos que dela fazem parte.

Da análise do processo de constituição do *Agrupamento Azul* e da implementação do modelo proposto no Decreto-Lei n.º 115-A/98, de 4 de Maio, ressalta ainda o carácter anacrónico que marcou a elaboração e aprovação do Projecto Educativo e do Regulamento Interno, processo que se institucionalizou numa fase posterior, nomeadamente aquando da revisão destes documentos após o período normal de vigência (correspondente ao primeiro mandato de três anos). De salientar que a revisão do Regulamento Interno se pautou por uma forte intervenção da Administração Central que determinou a fórmula da estrutura organizativa (uniformizando-a) no sentido de (cor)responder aos seus interesses, nomeadamente de controlo e *regularização* das práticas sócio-educativas (designadamente ao nível do 1.º ciclo e do pré-escolar).

Relativamente ao Projecto Educativo, a generalidade dos actores que participaram neste estudo, embora, no campo teórico, o definam como "instrumento máximo da autonomia", o facto é que não é assumido, dentro da organização escolar, como um documento político e como referência para a sua actuação quotidiana. Pelo contrário, e tal como acontece no caso dos restantes documentos, ele é encarado um mero *imperativo legal*. Acresce ainda o facto de o Plano Anual de Actividades, apesar de reunir um vasto leque de actividades, não ser encarado como instrumento concretizador (anual) do Projecto Educativo, o que, de certo modo, conduz à emergência de lógicas de actuação associadas a aspectos de natureza burocrática por parte dos professores (alguns dos quais encontram estratégias de defesa, refugiando-se em procedimentos rotineiros).

Nesta medida, é notória a desarticulação (e a ausência de intenção/preocupação em proceder a uma articulação) entre o Projecto Educativo, o Regulamento Interno, o Plano Anual de Actividades e o respectivo orçamento, o que denota uma fragmentação entre a área financeira e a actividade pedagógica.

Uma outra conclusão que ressalta deste trabalho prende-se com a autonomia limitada que os actores dizem possuir (que, muitas vezes, confundem com autonomia profissional), a qual se situa apenas no plano retórico, inserindo-se sobretudo numa lógica de legitimação (e não de construção) de procedimentos e de práticas que ocultam lógicas centralistas contraditórias, o que nos permite afirmar que os próprios actores aderem à agenda política que, nos últimos tempos, se tem centrado em questões de âmbito curricular (naturalizando e decalcando processos e práticas do modelo anterior de "gestão democrática").

Apesar desta falta de autonomia, é possível identificar práticas pontuais que pressupõem uma determinada margem de "poder de decisão", as quais, por referência aos diplomas legais, são consideradas práticas marginais de autonomia ou "autonomias clandestinas" (Barroso, 1997) que se traduzem em "infidelidades normativas" (Lima, 1998a). Estas práticas (atomizadas) reflectem, muitas vezes, os juízos discricionários de quem possui maior poder de influência dentro da organização escolar. Dito de outro modo, estes processos de decisão podem ser entendidos à luz do modelo decisional do "caixote do lixo" (Cohen, March & Olsen, 1972), na medida que as soluções encontradas nem sempre correspondem a uma justificação racional, ou podem também ser entendidos à luz do modelo político, na medida em que pressupõem lógicas e interesses singulares e/ou grupais.

Não obstante circunscrever-se a um contexto específico, este trabalho permitiu identificar um conjunto de aspectos que possibilitam uma análise mais compreensiva de algumas questões ligadas aos processos de "direcção" e "gestão". Reconhecemos que se trata de uma leitura possível, ou se quisermos de uma leitura provisória, de um fenómeno complexo cuja multiplicidade de dimensões não foi aqui explorada (nem podia ser, dada a natureza e âmbito do estudo), nomeadamente no que diz respeito às relações da Assembleia de Escola e do Conselho Executivo, não apenas entre si, mas também relativamente às relações destes órgãos com o Conselho Pedagógico e o Conselho Administrativo – aspectos que gostaríamos de desenvolver em futuros trabalhos de investigação.

Em síntese, o modelo proposto pelo Decreto-lei n.º 115-A/98, de 4 de Maio, introduziu apenas alterações morfológicas na administração das escolas e não produziu mudanças significativas no que diz respeito aos processos e práticas, tendo-se registado uma manutenção do *status quo*, ou seja, uma "evolução na continuidade" (N. Afonso & Viseu, 2001a). Por outras palavras, não se verificaram alterações substantivas nas rotinas e procedimentos de gestão escolar, que continuam marcadas pelo dilema entre o forte peso normativista da Administração Central e as práticas instituídas e interiorizadas do modelo anterior, conhecido como modelo da "gestão democrática". Assim, assiste-se a um movimento contraditório que inclui, ao mesmo tempo, autonomia (pelo menos no plano dos discursos) e centralismo, decisões locais e decisões nacionais.

Para além do reforço da actividade regulamentadora da Administração Central, surgem como pontos críticos deste modelo: a) a falta de preparação dos actores para participarem activamente nos órgãos do agrupamento de escolas; b) o carácter eminentemente hierárquico que caracterizou todo o processo; c) o papel corporativista dos professores no processo de decisão e d) a ambivalência do "Conselho Executivo" que, desenvolvendo a sua actividade através de uma "gestão micropolítica" (Hoyle, 1999), se mantém refém da Administração Central e se assume como o "último elo da *desconcentração radical*" (Lima, 1995b).

Para que a autonomia exista no plano das práticas, é imperioso ultrapassar o "modelo centralizado e o paradigma do Estado Educador que lhe está subjacente" (Fernandes, 1995) no sentido da territorialização das políticas educativas, a qual só poderá ter êxito se for acompanhada de uma territorialização de meios e recursos (Fernandes, 1995), com vista à emergência de práticas autonómicas e ao "exercício efectivo de práticas democráticas e participativas na escola" (Lima, 1999b, p. 71).

Em suma, continua a existir uma estrutura de direcção exterior à própria escola (localizada nas diferentes instâncias da Administração Central, a nível nacional, regional e local) que toma as decisões centrais, deixando às escolas a escolha de pequenos detalhes e de decisões triviais, o que lhes permite adaptar o modelo às realidades locais numa actuação de tipo *bricolage*. Por outras palavras, não se regista uma efectiva mudança de paradigma da administração do "sistema educativo" e das escolas, prevalecendo lógicas centralistas e critérios economicistas em detrimento de processos democráticos e participativos.

Apesar destas conclusões, é importante manter uma atitude crítica e pró-activa que combata o (aparente) determinismo – centralista e burocrático – que tem caracterizado as políticas educativas, uma vez que a autonomia, à semelhança da democracia, resulta de práticas que se vão construindo e reconstruindo num exercício contínuo e num aprofundamento permanente.

BIBLIOGRAFIA

ABRAHAMSSON, Bengt (1993). *Why Organizations? How and Why People Organize*. Newbury Park: Sage Publications.

AFONSO, Almerindo J. (1991). *O Processo Disciplinar como Meio de Controlo na Sala de Aula*. Braga: IEP – Universidade do Minho.

AFONSO, Almerindo J. (1994). "Ambiguidades discursivas em torno de um modelo de gestão". In *IGE, InFormação*, ano 3, n.º 2, pp. 32--39.

AFONSO, Almerindo J. (1995). "O novo modelo de gestão das escolas e a conexão tardia à ideologia liberal". *Revista Portuguesa de Educação*, vol. 8, n.º 1, pp. 73-86.

AFONSO, Almerindo J. (1997). "O neoliberalismo educacional mitigado numa década de governação social-democrata". *Revista Portuguesa de Educação*, vol. 10, n.º 2, pp. 103-137.

AFONSO, Almerindo J. (1998). *Políticas Educativas e Avaliação Educacional*. Para uma análise sociológica da reforma educativa em Portugal (1985--1995). Braga: IEP-Universidade do Minho.

AFONSO, Almerindo J. (1999a). "A autonomia como tópico discursivo na história recente dos modelos de administração das escolas". *Território Educativo*. n° 5, pp. 19-25.

AFONSO, Almerindo J. (1999b). "A(s) Autonomia(s) da Escola na Encruzilhada entre o Velho e o Novo Espaço Público". *Inovação*, vol. 12, n.º 3, pp.121-137.

AFONSO, Almerindo J. (2000). "Políticas educativas em Portugal (1985-2000): a reforma global, o pacto educativo e os reajustamentos neo-reformistas". In: A. F. Catani & R. P. Oliveira (orgs.) *Reformas Educacio-nais em Portugal e no Brasil*. Belo Horizonte: Autentica Editora, pp. 17-40.

AFONSO, Almerindo J. (2001). "A redefinição do papel do Estado e as políticas educativas: Elementos para pensar a transição". *Sociologia, Problemas e Práticas*, n.º 37, pp. 33-48.

AFONSO, Almerindo J. *et al.* (1999). *Projectos educativos, planos de actividades e regulamentos internos*. Porto: ASA.

AFONSO, Natércio (1992) "Análise política das organizações escolares". *Aprender*, n.º 15, pp. 42-49.

AFONSO, Natércio (1994). *A Reforma da Administração Escolar. A abordagem política em análise organizacional*. Lisboa: Instituto de Inovação Educacional.

AFONSO, Natércio (1995a). "A administração escolar – reflexões em confronto". *Inovação*, vol. 8, n.º 1 e 2, pp. 7-40. [mesa redonda moderada por Berta Macedo].

AFONSO, Natércio (1995b). "Que fazer com esta "reforma"? Notas à margem de um relatório". *Inovação*, vol. 8 n.º 1 e 2, pp. 105-122.

AFONSO, Natércio (1999). "A autonomia das escolas públicas: Exercício prospectivo de análise da política educativa". *Inovação*, vol. 12 n.º 3, pp. 45--64.

AFONSO, Natércio & VISEU, Sofia (2001a). "A reconfiguração da estrutura e gestão das escolas públicas dos ensinos básico e secundário – estudo extensivo". In João Barroso. *Relatório Global da Primeira Fase do Programa de Avaliação Externa*. Lisboa: Centro de Estudos da Escola-FPCE-UL. Disponível em http://correio.cc.fc.ul.pt/~ceescola/.

AFONSO, Natércio & VISEU, Sofia (2001b). "Participação e funcionamento das escolas: o ponto de vista dos presidentes das assembleias". In João Barroso. *Relatório Global da Primeira Fase do Programa de Avaliação Externa*. Lisboa: Centro de Estudos da Escola-FPCE-UL. Disponível em http://correio.cc.fc.ul.pt/~ceescola/.

AGUIRRE, Esperanza (1997). "Hay que ampliar la libertad de elección de centro". (Entrevista). *Cuadernos de Pedagogía*, 255, pp. 8-14.

AINLEY, P. (2001). "From a National System Locally Administered to a National System Nationally Administered: The New Leviathan in Education and Training in England". *Journal of Social Policy*, vol. 30 n.º 3, pp. 457-476.

ALONSO, Rafael F. (2002). *Una educación de calidad para todos. Reforma y contrarreforma educativas en la España actual.*. Madrid: Siglo Veintiuno.

ALVAREZ, Manuel (1997a). "La Formación de Equipos Directivos en España". In Luís, A., Barroso, J., Pinhal, J. (Eds). Forum Português de Administração Educacional – *A Administração da Educação: Investigação e Práticas*. Loulé. pp. 77-83.

ÁLVAREZ, M. F. (1997b). "La dirección educativa profesional". *Cuadernos de Pedagogía*, 262. [Versão CD-ROM]

ALVES, José Matias (1998). "Regulamento Interno: Texto e pretexto para outras práticas organizacionais". In Fernando Diogo (org.). *Regulamento Interno o Construção da Autonomia das Escolas*. Porto: ASA. pp. 24-30.

ANDERSON, G. (1996). "The cultural politics of schools: implications for leadership". In K. Leithwood et al. (eds.) *International Handbook of Educational Leadership and Administration*. Kluver Academic Press. pp. 947-966.

ANDERSON, Lesley (2000). "Farewell to Grant Maintained Status: the future of self-governing schools". *School Leadership & Management*, vol. 20, n.º3, pp. 371-385.

ANTUNES, Fátima (2001). "Os locais das escolas profissionais: Novos papeis para o Estado e a europeização das políticas educativas". In Stephen R. Stoer, Luiza Cortesão & José A. Correia (orgs.). *Transnacionalização da educação – Da crise da educação à "educação" da crise*. Porto: Edições Afrontamento. pp. 163-208.

AZEVEDO, Joaquim (1992). "Vamos Falar da Reforma com Joaquim Azevedo". (entrevista). *Noesis*, n.º 24, pp. 61-70.

AZEVEDO, Joaquim (2000). *O ensino secundário na Europa. O neoprofissionalismo e o sistema educativo mundial*. Porto: Asa.

BACHARACH, Samuel B. & MUNDELL, Bryan L. (1993). "Organizational politics in schools: micro, macro and logics of action", *Educational Administration Quarterly*, vol. 29, n.º 4, pp. 423-452.

BALL, Stephen J. (1994). *La micropolítica de la escuela: Hacia una teoría de la organización escolar*. Barcelona: Paidós (tradução espanhola).

BALL, Stephen (1999). Performativities and Fabrications in Education Economy: Towards the Performative Society? Conferência apresentada no Congresso anual da AARE, Melburne, Austrália.

BALL, Stephen J. (2001). "Directrizes Políticas Globais e Relações Políticas Locais em Educação". *Currículo sem Fronteiras*, vol. 1, n.º 2, pp. 99-116.

BALL, Stephen; CARDOSO, Clementina; REAY, Diane; THRUPP, Martin & VINCENT, Carol (2002). *Education Policy in England. Changing Modes of Regulation: 1945-2001*. Institute of Education and King's College London – University of London. Disponível em http://www.fpce.ul.pt/ /centros/ceescola/

BALDRIGE, J. Victor (1971). *Power and Conflict in the University*. New York: John Wiley & Sons, Inc.

BALDRIGE, J. Victor (1983). *Organizational characteristics of colleges and universities*. J. V.

BARROSO, João (1997). *Autonomia e Gestão das Escolas*. Lisboa: Ministério da Educação.

BARROSO, João (1999). "Regulação e autonomia da escola pública: O papel do Estado, dos professores e dos pais". *Inovação*, vol. 12, n.º 3, pp. 9-33.

BARROSO, João (2001). *Relatório Global da Primeira Fase do Programa de Avaliação Externa*. Lisboa: Centro de Estudos da Escola-FPCE-UL. Disponível em http://correio.cc.fc.ul.pt/~ceescola/.

BARROSO, João (2002). "Organização e regulação do sistema educativo: sentido de uma evolução". In Barroso, et al. *Análise da evolução dos modos de regulação institucional do sistema educativo em Portugal*. Faculdade de Psicologia e de Ciências da Educação – Universidade de Lisboa. Disponível em http://www.fpce.ul.pt/centros/ceescola/

BARROSO, João (2003). "Organização e regulação dos ensinos básico e secundário, em Portugal: Sentidos de uma evolução". *Educação e Sociedade*. vol. 24, n.º 82, pp. 63-92.

BARROSO, João; AFONSO, Natércio; BAJOMI, Iván; BERKOVITS, Balázs; IMRE, Anna & EROSS, Gábor (2002). *Systèmes éducatifs, modes de régulation et d' évaluation scolaires et politiques de lutte contre les inégalités en Angleterre, Belgique, France, Hongrie et au Portugal*. Disponível em http://www.fpce.ul.pt/centros/ceescola/

BARROSO, João; ALMEIDA, Ana Patrícia & HOMEM, Luísa Fernandes (2001). "Imagens em Confronto". In João Barroso. *Relatório Global da Primeira Fase do Programa de Avaliação Externa*. Lisboa: Centro de Estudos da Escola-FPCE-UL. Disponível em http://correio.cc.fc.ul.pt/~ceescola/.

BARTHELEMY, Véronique (1999). "Décentralisation et rôle des chefs d' établissement scolaire: les retombées administratives et pédagogiques". In Albano Estrela & Júlia Ferreira (Orgs). II Congresso Internacional da AIPELF/AFIRSE – *Educação e Política*. Lisboa: Universidade de Lisboa/FPCE, pp. 227-239.

BATES, R. J. (1987). "Corporate culture, schooling and educational administration". *in Educational Administration Quarterly*, vol. 13, n.º 4, pp. 79-115.

BENÍTEZ, M. Puelles (1980). *Educación e Ideología de la España Contemporánea*. Barcelona: Politeia.

Benítez, M. Puelles (1999). "La educación en la restauración democrática española". *Revista Portuguesa de Educação*, vol. 12, n.º 1, pp. 31-56.

Benítez, M. Puelles (2000). "Política y Educación: Cien Anos de Historia". *Revista de Educación*, (número extraordinário), pp. 7-36.

Bernal, J. L. (1994). "El Estado de la Cuestión". *Cuadernos de Pedagogía*, 222, [versão CD-ROM]

Blase, J. (1989). "The micropolitics of the school: the everyday political orientation of teachers toward open school principals", *Educational Administration Quarterly*, vol. 25, n.º4, pp. 377-407.

Blase, J. (1991). "The micropolitics perspective", In Joseph Blase (ed.) *The Politics of Life in Schools. Power, Conflict and Cooperation.* London: Sage Publications, pp. 1-18.

Blase, J. & Anderson, G. (1995). *The Micropolitics of Educational Leadership: From control to empowerment.* London: Cassell.

Blau, Peter, M. & Scott, W. Richard, (1977). *Organizações Formais.* São Paulo: Editora Atlas.

Bogdan, Robert & Biklen, Sari (1994). *Investigação qualitativa em educação. Uma introdução à teoria e aos métodos.* Porto: Porto Editora.

Bolman, Lee G. & Deal, Terrence E. (1989). *Modern approaches to understanding and managing organizations.* San Francisco: Jossey-Bass Publishers.

Bonal, Xavier. (1998). "La política educativa: dimensiones de un proceso de transformación (1976-1996)". In R. Gomà e J. Subirats (coord.), *Políticas públicas en España. Contenidos, redes de actores y niveles de gobierno.* Barcelona: Ariel.

Brunsson, N. (1989). *The organizations of hypocrisy, talk, decisions, and actions in organizations.* New York: John Wiley & Sons.

Bryman, Alan (2001). *Social Research Methods.* Oxford: University Press.

Bush, Tony (1986). *Theories of Educational Management.* London, Harper & Row.

Bush, Tony (1997). "Research, Training and Practice in Educational Administration: United Kingdom". In Luís, A., Barroso, J., Pinhal, J. (Eds). *A Administração da Educação: Investigação e Práticas.* Forum Português de Administração Educacional. Loulé.

Bush, T., Colman, M, & Golver, D. (1993). *Managing the Autonomous Schools. The Grant-Maintained Experience.* London: Paul Chapman.

Bush, T., West-Burnham, J. (1994). "Introduction: enduring principles in a climate of change". In Bush, T. and West Burnham, J. (Eds.) *The Principles of Educational Management.* Harlow, Longman.

CANÁRIO, Rui (1992). "Escolas e mudança da lógica da reforma à lógica da inovação". In A. Estrela & M. Falcão (orgs.) II Colóquio Nacional da AIPELP/AFIRSE – A Reforma Curricular em Portugal e nos Países da Comunidade Europeia. Lisboa: Universidade de Lisboa/FPCE, pp. 195--220.

CANÁRIO, Rui; ALVES, Natália & ROLO, Clara (2000). "Territórios Educativos de Intervenção Prioritária: entre a 'igualdade de oportunidades' e a 'luta contra a exclusão'". In Ana M. Bettencourt *et al. Territórios Educativos de Intervenção Prioritária*. Lisboa: IIE – ME, pp. 139-170.

CARVALHO, Angelina, DIOGO, Fernando (1994). *Projecto educativo*. Porto: Edições Afrontamento.

CAVACO SILVA, Aníbal. (1991). *Ganhar o Futuro*. Lisboa: Imprensa Nacional Casa da Moeda.

CHITTY, Clyde (1994). "Consensus to conflict: the structure of educational decision-making transformed". In David Scott (org.) *Accountability and Control in Educational Settings*. London: Cassel, pp. 8-31.

CHITTY, Clyde (2002). "The Role and Status of LEAs: post-war pride and fin de siècle uncertainty". *Oxford Review of Education*, vol. 28, n.º 2 & 3, pp. 261-273.

CLEGG, S. (1998). *As Organizações Modernas*. Oeiras: Celta Editora.

COHEN, Michael; MARCH, James. & OLSEN, Johan. (1972). "A garbage can model of organizational choice", *Administrative Science Quarterly*, vol. 17, n.º 1, pp. 1-25.

COMISSÃO DE REFORMA DO SISTEMA EDUCATIVO (1988). *Proposta Global de Reforma – Relatório Final*. Ministério da Educação, Gabinete de Estudos e Planeamento. Lisboa.

CONSELHO DE ACOMPANHAMENTO E AVALIAÇÃO (1996). *Avaliação do Novo Regime de Administração Escolar (Decreto-Lei n.º 172/91)*. Lisboa: Ministério da Educação.

CONSELHO NACIONAL DE EDUCAÇÃO (1991). "Parecer n.º 4/90 do Conselho Nacional de Educação". In *Pareceres e Recomendações 1990*. Lisboa: Ministério da Educação/CNE, pp. 139-176. [publicado em 1991]

CONSELHO NACIONAL DE EDUCAÇÃO (1998). "Parecer n.º 3/97 do Conselho Nacional de Educação". In *Pareceres e Recomendações 1997*. Lisboa: Ministério da Educação/CNE, pp. 89-125. [publicado em 1998]

CORREIA, A. STOLEROFF, A. & STOER, S. (1993). "A Ideologia da modernização no Sistema Educativo em Portugal". *Cadernos de Ciências Sociais*, n.º 12/13, pp. 25-51.

COSTA, Jorge Adelino (1996). *Imagens Organizacionais da Escola*. Porto: Edições Asa.

COSTA, Jorge Adelino (1997). *O Projecto Educativo da Escola e as Políticas Educativas Locais: Discursos e Práticas*. Aveiro: Universidade de Aveiro.

COSTA, Jorge Adelino & COIMBRA, Cristina (2000). "Gestão financeira *versus* gestão pedagógica nas escolas: da desarticulação manifesta à estratégia esperada" In Jorge A. Costa; António Neto Mendes & Alexandre Ventura (orgs.) *Liderança e estratégia nas organizações escolares*. Aveiro: Universidade de Aveiro. pp. 269-284.

CROZIER, Michel (1963). *Le Phénomène Bureaucratique*. Paris: Editions du Seuil.

CROZIER, M. & FRIEDBERG, E. (1977). *L' Acteur et le Système: Les contraintes de l'action collective*. Paris: Éditions du Seuil.

CUNHA, Pedro d' Orey (1997). *Educação em debate*. Lisboa: Universidade Católica Editora.

DAHL, Robert A. (1991). *Modern Political Analysis*. Englowood Cliffs: Prentice-Hall.

DALE, Roger (2000a). "Globalization and education: demonstrating a 'common world educational culture' or locating a 'global structured educational agenda'?". *Educational Theory*, vol. 50, n.º 4, pp. 427--448.

DALE, Roger (2000b). "Globalization: a new world for comparative education?". In Jürgen Schriewer (org.). *Discourse Formation in Comparative Education*. Berlin: Peter Lang. pp. 87-109.

DAY, Christopher; HARRIS, Alma; HADFIELD, Mark; TOLLEY, Harry & BERESFORD, John (2000). *Leading Schools in Times of Change*. Open University Press.

DAY, Christopher (2001). *Desenvolvimento Profissional de Professores. Os desafios da aprendizagem permanente*. Porto: Porto Editora.

DELAIRE, G. (1993). *Le chef d' établissement. Techniques et practique du management*. París, Berger-Levrault.

DEMAILLY, Lise; MONFROY, Brigitte; TONDELLIER, Michel & VERDIÈRE, Juliette (2002). *Analyse de l' évolution des modes de régulation institutionnalisée dans le système éducatif français*. CNRS/IFRÉSI – CLERSÉ, Université de Lille. Disponível em http://www.fpce.ul.pt/centros/ /ceescola/reguledc.htm.

DENZIN, Norman K. & LINCOLN, Yvonna S. (2000) (eds.). *Handbook of Qualitative Research* (2ª edição). Thousand Oaks: Sage Publications.

DEROUET, Jean-Louis (1999). "A autonomia dos estabelecimentos de ensino em França : As conquistas e as dificuldades de uma política de descentralização". *Inovação*, vol. 12, n.º 3, pp. 35-44.

DFEE (Departement for Education and Employment) (1997). *Excellence in Schools*. London: The Stationery Ofice.

DINIS, L. Leandro (2001a). *Fórum/RAAG: da informação à regulação*. Faculdade de Psicologia e de Ciências da Educação – Universidade de Lisboa Disponível em http://correio.cc.fc.ul.pt/~ceescola/

DINIS, L. Leandro (2001b). *Tempos, Ritmos e Processos: da comissão executiva instaladora à direcção executiva*. Faculdade de Psicologia e de Ciências da Educação – Universidade de Lisboa Disponível em http://correio.cc.fc.ul.pt/~ceescola/

DUTERCQ, Yves (2000). "Administration de l'éducation: nouveau contexte, nouvelles perspectives". *Revue Française de Pédagogie*, , n.º 130, pp. 143-170.

EGIDO, M. Inmaculada (1998). *Directores escolares en Europa*. Madrid: Editorial Escuela Española.

ELLIOT, J. (1993). "What have we learned from action research in school-based evaluation?". *Educational Action Research*, vol. 2 n.º 1, pp. 133-37.

ELLSTROM, Per-Erik (1983). "Four faces of educational organizations". *Higher Education,* n.º 12, pp. 231-241.

ENGUITA, M. F. (1993). *La profesión docente y la comunidad escolar: crónica de un desencuentro*. Madrid: Ediciones Morata.

ERICKSON, Fredrerick. (1986). "Qualitative methods of research on teaching". In: M. Wittrock (ed.). *Handbook of Research on Teaching* (3ª edição). New York: Macmillan, pp. 119-161.

ESTÊVÃO, Carlos (1995). "O novo modelo de direcção e gestão das escolas portuguesas: a mitologia racionalizadora de uma forma organizacional alternativa". *Revista Portuguesa de Educação*, vol. 8, n.º 1, pp. 87-98.

ESTÊVÃO, Carlos V. (1998). *Redescobrir a escola privada portuguesa como organização*. Braga: Universidade do Minho.

ESTÊVÃO, Carlos (1999). "Escola, Justiça e Autonomia". *Revista Portuguesa de Educação*, vol. 12, n.º 3, pp. 139-155.

ESTÊVÃO, Carlos (2000). "A Administração Educacional em Portugal: Teorias Aplicadas e Suas Práticas". *Revista de Administração Educacional*, vol. 2, n.º 6, pp. 9-20.

ESTÊVÃO, Carlos (2001). "Políticas educativas, autonomia e avaliação. Reflexões em torno da dialéctica do reajustamento da justiça e da modernização". *Revista Portuguesa de Educação,* vol. 14, n.º 2, pp. 155-178.

ETZIONI, Amitai, (1972). *Organizações modernas*. S. Paulo: Pioneira.

ETZIONI, Amitai, (1974). *Análise Comparativa de Organizações Complexas. Sobre o poder, engajamento e seus correlatos*. Rio de Janeiro: Zahar.

FALCÃO, Mª. Norberta (2000). *Parcerias e poderes na organização escolar. Dinâmicas e lógicas do conselho de escola*. Lisboa: Instituto de Inovação Educacional.

FENPROF (1991). Apreciação sobre o modelo de gestão das escolas dos ensinos básico e secundário, e da educação pré-escolar, aprovado em Conselho de Ministros de 21/02.91. Lisboa, FENPROF.

FENPROF (1997). *Parecer sobre as Propostas do Ministério da Educação. Autonomia, Administração e Gestão das Escolas*. Lisboa, FENPROF, Novembro, n.º 144, pp. 1-16.

FENPROF (2001). *Direcção e Gestão das Escolas*. Lisboa, FENPROF, Fevereiro, n.º 170, pp. 9-32.

FERNANDES, A. Sousa (1988a). "A Distribuição de Competências entre a Administração Central, Regional e Local da Educação Escolar segundo a Lei de Bases do Sistema Educativo", in CRSE-ME. A Gestão do Sistema Escolar. Lisboa: GEPME.

FERNANDES, A. Sousa (1988b). "A Opinião dos Autores" (entrevista). In *Jornal da FENPROF*, n.º 44/MAR/ABR, pp. 14-16.

FIRESTONE, William A. & HERRIOTT, Robert E. (1982). "Two Images of Schools as Organizations: An Explication and Illustrative Empirical Test", *Educational Administration Quarterly*, vol. 18, n.º 2, pp. 39-59.

FITZ, J., HALPIN, D. & POWER, S. (1993). *Grant Maintained Schools: education in the market place*. London: Kogan Page.

FORMOSINHO, João (1985). *A Escola como Burocracia*. Universidade do Minho (policopiado).

FORMOSINHO, João (1988a). "Princípios para a Organização e Administração da Escola Portuguesa", In Comissão de Reforma do Sistema Educativo, Ministério da Educação. A *Gestão do Sistema Escolar. Relatório de Seminário*. Lisboa, Gabinete de Estudos e Planeamento do Ministério da Educação, pp. 53-102.

FORMOSINHO, João (1988b). "A Opinião dos Autores" (entrevista). In *Jornal da FENPROF*, n.º 44/MAR/ABR, pp. 14-16.

FORMOSINHO, J. & MACHADO, J. (2000). "A Administração das Escolas no Portugal Democrático". In Formosinho, J; Ferreira, F. & Machado, J. *Políticas Educativas e Autonomia das Escolas*. Edições ASA: Lisboa.

FORMOSINHO, João; Fernandes, António & Lima, Licínio (1988). "Ordenamento Jurídico da direcção e gestão das escolas" in CRSE. Documentos Preparatórios II. Lisboa: GEPME.

FREIRE, Paulo (1996). *Pedagogia da Autonomia: Saberes necessários à prática educativa*. São Paulo: Paz e Terra.

FRIEDBERG, E. (1993). *O Poder e a Regra: Dinâmicas da Acção Organizada*. Lisboa: Instituto Piaget.

GOMES, Rui (1993). *Culturas de Escola e Identidades de Professores*. Lisboa: Educa.

GRÁCIO, Rui (1986). "'Modernizar' o ensino em Portugal?". *Seara Nova*, n.º 5, pp. 24-29.

GRACE, Gerald (1995). *School Leadership. Beyond Education Management*. London: The Falmer Press.

GRONN, P. (1986). "Politics, power and the management of schools". In Eric Hoyle (ed). *The Management of Schools*. London: Kogan Page, pp. 45-55.

HALLIDAY, J. (1995). *Educación, gerencialismo y mercado*. Morata.

HELSBY, G. & MCCULLOCH, G. (1997). *Teachers and the National Curriculum*. London: Cassell.

HOYLE, Eric (1988). "Micropolitics of Educational Organizations". In A. Westoby (ed.) *Culture and Power in Educational Organizations*. Milton Keynes: Open University Press, pp. 25-269.

HOYLE, Eric (1982). "Educational organizations: micropolitics", *Educational Management and Administration*, vol. 10, n.º 2, pp. 87-98.

HOYLE, Eric (1999). "The Two Faces of Micropolitics", *School Leadership & Management*, vol. 19, n.º 2, pp. 213-222.

KEITH, Sherry & GIRLING, Robert H. (1991). *Education Managent and Participation: New Directions in Educational Administration*. Boston: Allyn and Bacon.

LIMA, Licínio C. (1988a). "Modelos de Organização da Escola Básica e Secundária. Para uma Direcção Democrática e uma Gestão Profissional", In Comissão de Reforma do Sistema Educativo, Ministério da Educação. A *Gestão do Sistema Escolar. Relatório de Seminário*. Lisboa, Gabinete de Estudos e Planeamento do Ministério da Educação, pp. 149-195.

LIMA, Licínio (1988b). "A Opinião dos Autores" (entrevista). In *Jornal da FENPROF*, n.º 44/MAR/ABR, pp. 14-16.

LIMA, Licínio (1992). "Organizações educativas e administração educacional em editorial". *Revista Portuguesa de Educação*, vol. 5, n.º 3, pp. 1-8.

LIMA, Licinio (1994). "Modernização, racionalização e optimização. Perspectivas neo-taylorianas na organização e administração da educação". *Cadernos de Ciências Sociais*, n.º 14, pp. 119-139.

LIMA, Licínio (1995a). "Reformar a Administração Escolar: A recentralização por *controlo remoto* e a *autonomia* como delegação política". *Revista Portuguesa de Educação*, vol. 8, n.º 1, pp. 57-71.

LIMA, Licínio (1995b). "Crítica da racionalidade técnico-burocrática em educação: das articulações e desarticulações entre investigação e acção". In *Actas do II Congresso da Sociedade Portuguesa de Ciências da Educação*, vol. 1, pp. 25-37.

LIMA, Licínio (1995c). "A administração escolar – reflexões em confronto". *Inovação*, vol. 8, n.º 1 e 2, pp. 7-40. [mesa redonda moderada por Berta Macedo].

LIMA, Licínio (1996). "Educação de adultos e construção da cidadania democrática: Para uma crítica do gerencialismo e da educação contábil". *Inovação*, vol. 9, n.º 3, pp. 283-297.

LIMA, Lícinio (1997). Prefácio: In Leonor Torres, *Cultura Organizacional Escolar. Representações dos professores numa escola portuguesa.* Oeiras: Celta Editora. Pp. xi-xviii.

LIMA, Licínio (1998a). *A Escola como Organização e a Participação na Organização Escolar. Um Estudo da Escola Secundária em Portugal (1974-1988).* (2ª edição) Braga: Universidade do Minho. (1ª edição em 1992)

LIMA, Licínio (1998b). "A Administração do Sistema Educativo e das Escolas". In *A Evolução do Sistema Educativo e o PRODEP: Estudos Temáticos.* vol. I. Lisboa: Ministério da Educação/Departamento da Avaliação, Prospectiva e Planeamento, pp. 15-96.

LIMA, Licínio (1999a). "E depois do 25 de Abril de 1974. Centro(s) e periferia(s) das decisões no governo das escolas". *Revista Portuguesa de Educação*, vol. 12, n.º 1, pp. 57-80.

LIMA, Licínio (1999b). "Autonomia da Pedagogia da Autonomia". *Inovação*, vol. 12, n.º 3, pp. 65-84.

LIMA, Licínio (2000a). *Organização Escolar e Democracia Radical. Paulo Freire e a governação democrática da escola pública..* S. Paulo: Cortez.

LIMA, Licínio. (2000b). "Administração Escolar em Portugal: Da revolução, da reforma e das decisões políticas pós-reformistas". In: A. F. Catani & R. P. Oliveira (orgs.) *Reformas Educacionais em Portugal e no Brasil.* Belo Horizonte: Autêntica Editora.

LIMA, Licínio (2001). *A Escola como Organização Educativa. Uma abordagem sociológica.* S. Paulo: Cortez.

LIMA, Licínio (2003). "Democratizar a gestão é o maior dos desafios" in Cadernos da Fenprof, n.º 37, pp. 10-11.

LIMA, Licínio & AFONSO, Almerindo J. (1993). "A emergência de políticas de racionalização, de avaliação e de controle da qualidade na reforma educativa em Portugal". *Educação & Sociedade*, n.º 44, Abril, pp. 33--49.

LIMA, Licínio & AFONSO, Almerindo J. (1995). "The Promised Land: school autonomy, evaluation and curriculum decision making in Portugal". *Educational Review*, vol. 47, n.º 2, pp. 165-172.

MALE, Trevor (2001). "Is the National Professional Qualification for Headship Making a Difference?". *School Leadership & Management*, vol. 21, n.º 4, pp. 463-477.

MARÇAL GRILO, Eduardo (1999). *Intervenções 96/99.* Lisboa: Ministério da Educação.

MARCH, James G. (1981). "Footnotes to Organizational Change", *Administrative Science Quarterly*, n.º 26, pp. 563-577.

MARCH, James G. & OLSEN, Johan P. (1976). *Ambiguity and Choice in Organization.* Bergen: Universitetsforlaget.

MARCH, James G. & SIMON, Herbert A. (1979). *Les Organisations.* Problèmes psycho-sociologiques. Paris: Dunod.

MEURET, Denis; BROCCOLICHI, Sylvain & DURU-BELLAT, Marie (2001). *Autonomie et choix des établissements scolaires: finalités, modalités, effets.* Bourgogne: Irédu, CNRS – Université de Bourgogne. Disponível em http://www.u-bourgogne.fr/IREDU/cahiers.htm

MEYER, John & ROWAN, Brian (1988). "The Structure of Educational Organizations". In J. Adam Westoby (ed.) *Culture and Power in Educational Organizations.* Milton Keynes: Open University Press, pp. 87-112.

MILES, M. & HUBERMAN, M. (1984). *Qualitative data analyses.* Beverly Hills: Sage.

MINTZBERG, H. (1982). *Structure et Dinamique des Organisations.* Paris: Les Edictions d'Organisation.

MORGAN, Gareth (1996). *Imagens da Organização.* São Paulo: Atlas.

NOAH, Harold J. (1973). "Defining Comparative Education: Conceptions". In Reginald Edwards et al (eds.). *Relevant Methods in Comparative Education.* Hamburg: UNESCO – Institute for Education. pp. 109-117. Disponível em http://www.hku.hk/cerc/1c.html.

NOAH, Harold J. & ECKSTEIN, Max A. (1969). *Toward a science of comparative education*. New York: Macmillan. Disponível em http://www.hku.hk/cerc/1c.html.

NÓVOA, António (1993). "The Portuguese state and Teacher Educational Reform: A Sociohistorical Perspective to Changing Patterns of Control". In Popkewitz (org.) *Changing Patterns Power, Social Regulation and Teacher Educational Reform*. New York: State University of New York Press, pp. 53-86.

NÓVOA, António (1999). "Para uma análise das instituições escolares". In António Nóvoa (coord.) *As organizações escolares em análise* (3ª edição). Lisboa: Publicações Dom Quixote, pp.13-43.

ORTEGA, Elena Martín (1999). "A Direcção e a Gestão das Organizações Escolares – reflexões acerca da reforma espanhola". In *Autonomia gestão e avaliação das escolas*. Porto: Asa, pp. 25-45.

ORTON, Douglas J. & WEICK, Karl E. (1990) "Loosely Coupled Systems: A Reconceptualization*", Academy of Management Review*, vol. 15, n.º 2, pp. 203-223.

PADGETT, Deborah K. (1998). *Qualitative Methods in Social Work Research. Challenges and Rewards*. Thousand Oaks: Sage Publications.

PARTIDO POPULAR (1996). *Con la nueva mayoría*. Programa electoral. Madrid.

PESTANA, Fernão (1988). "Factor Determinante na Reforma". In *Jornal da FENPROF*, n.º 47/Fev., p. 16.

PFEFFER, J. & SALANCIK, G. (1978). *The external control of organizations*. New York: Haper & Row.

PINHAL, João & DINIS, L. Leandro (2002). "Aumento da Autonomia das Entidades Locais". In Barroso, *et al. Análise da evolução dos modos de regulação institucional do sistema educativo em Portugal*. Faculdade de Psicologia e de Ciências da Educação – Universidade de Lisboa. Disponível em http://www.fpce.ul.pt/centros/ceescola/

ROBSON, Colin (1993). *Real World Research*. A Resource for Social Scientists and Practitioner-Researchers. Oxford: Blackwell.

ROCHEX, Jean-Yves (1999). "Quand l' école 's' adapte' à la diversité sociale. Questions à la politique ZEP et à sa mise en œuvre". In Bourdon, Jean & Thelot, Claude. *Éducation et Formation, l' apport de la recherche aux politiques éducatives*. Paris: CNRS Editions, pp. 67-84.

SÁ, Virgínio (2002). "As políticas de escolha da escola pelos pais: Da bondade das intenções à desilusão das realidades, ou talvez não!". In Jorge A. Costa; António Neto Mentes & Alexandre Ventura (orgs.) *Avaliação de Organizações Educativas*. Aveiro: Universidade de Aveiro, pp. 69-92.

SCHRIEWER, Jürgen (1996). "Sistema mundial y redes de interrelación: La internacionalización de la educación y el papel de la investigación comparada". In Miguel A. Pereyra *et al* (orgs.). *Globalización y descentralización de los sistemas educativos*. Barcelona: Ediciones Pomares – Corredor. pp. 17-58.

SERGIOVANNI *et al.* (1987). *Educational governance and administration*. Englewood Cliffs, N. J., Prentice-Hall.

SHARP, Paul (2002). "Surviving, not Thriving: LEAs since the Education Reform Act of 1988". *Oxford Review of Education*, vol. 28, n.º 2 & 3, pp. 197-215.

SHULMAN, L. (1986). "Paradigms and Research Programs in the study of teaching: a contemporary perspective". In M. Wittrock (ed.). *Handbook of Research on Teaching* (3ª edição). New York: Macmillan, pp. 3--36.

STAUSS, Anselm L. (1987). *Qualitative analysis for social scientists*. New York: Cambridge University Press.

STAKE, R. E. (1995). *The art of case study research*. Thousand Oaks: Sage Publications.

SUCENA, Paulo (1996). "Do Pacto e da Prática ou a Fuga ao Real". In: A. Teodoro (org.) *Pacto Educativo: aspirações e controvérsias*. Lisboa: Texto Editora, pp. 45-51.

TEODORO, António (1991). "Reforma Educativa: da retórica às mudanças necessárias". In *Jornal da FENPROF*, n.º 74, Janeiro, p. 3.

TEODORO, António (1994). *Política Educativa em Portugal. Educação, desenvolvimento e participação política dos professores*. Venda Nova: Bertrand.

TEODORO, António (2001b). "Organizações internacionais e políticas educativas nacionais: A emergência de novas formas de regulação transnacional, ou uma globalização de baixa densidade". In Stoer, S. R.; Cortesão, L. & Correia, J. A. (orgs.) *Transnacionalização da educação. Da crise da educação à 'educação' da crise*. Porto: Edições Afrontamento, pp. 125-161.

TORRES, Leonor (1997). *Cultura Organizacional Escolar. Representações dos professores numa escola portuguesa*. Oeiras: Celta Editora.

TRAVERSO, J. Damián (1978). *Educación y Constitución*. Madrid: Instituto de Estudios Políticos, MEC.

TURNER, Colin (1988). "Organizing educational institutions as anarchies", in Adam Westoby (ed.), *Culture and Power in Educational Organizations*, Milton Keynes, Open University Press, pp. 79-83.

VALÉRIO, Manuela (1991). "Novo modelo de gestão não tem pernas para andar". In *Jornal da FENPROF*, n.º 82, Outubro, p. 10.

VERHINE, Robert E. (2000). Nota de Apresentação: In Marta Luz S. de Castro & Flávia Obino C. Werle (orgs.). *Educação Comparada na Perspectiva da Globalização e da Autonomia*. São Leopoldo: Editora Unisinos.

VIÑAO FRAGO, A. (1998). "Neoliberalismo a la española. Limites, contradicciones y realidades". *Cuadernos de Pedagogía*, 270, [versão CD-ROM]

WARRIER, Charles K. (1984). *Organizations and Their Environments: Essays in the Sociology of Organizations*. London: Jai Press Inc.

WEICK, Karl. (1976). "Educational Organizations as Loosely Coupled Systems", in *Administrative Science Quarterly*, vol 21, n.º 1, pp. 1-19.

WEBER, Max (1993). *Economía y Sociedad: Esbozo de Sociología Comprensiva*. Madrid: Fundo de Cultura Económica.

WHITTY, G., POWER, S. & HALPIN, D., (1998) *Devolution and Choice in Educational: the school, the state and the market*. Buckingham: Open University Press.

YIN, Robert (1993). *Applications of Case Study Research*. Thousand Oaks: Sage Publications.

ÍNDICE DE FIGURAS

ÍNDICE DE GRÁFICOS

ÍNDICE DE TABELAS

ÍNDICE DE QUADROS

ÍNDICE

CAPÍTULO III
A ESCOLA COMO ORGANIZAÇÃO EDUCATIVA

CAPÍTULO IV
O PROCESSO DE CONSTRUÇÃO
DO *AGRUPAMENTO AZUL*

CAPÍTULO V
DINÂMICAS E RACIONALIDADES DE ACÇÃO
NO *AGRUPAMENTO AZUL*